ちくま学芸文庫

皇帝たちの都ローマ

都市に刻まれた権力者像

青柳正規

筑摩書房

目次

第二章　秩序ある都――アウグストゥスの政治……93

皇帝たちの都ローマ

都市に刻まれた権力者像

第一章　壮麗な都へ

——カエサルの野望——

今ここにおぞましいことが起きています。君の仲間のあの田舎者（カエサル）が、ローマをつくりかえようとしているのです……。あの男の大きさを包み込むだけの十分な広さをもっているにもかかわらず、彼はローマがみすぼらしいと考えているのです。

キケロ『アッティクスへの手紙』XIII. 33 a.

（紀元前 45 年）

1　危機に立つローマ

軍の弱体化

カエサルが生まれたのは、一般に紀元前一〇〇年七月一三日とされているが、その一年もしくは二年前とする説もあり、確かではない。確かなことは、当時、ローマは大きな困難に直面しており、社会全体が混乱していたということである。

イタリア中部を流れるテヴェレ川の下流左岸にあるローマは、紀元前六〇〇年ごろ、都市としての発展を開始する。紀元前四世紀初頭まで、そこはイタリア半島に点在するさまざまな都市とかわることのない小国であった。しかし、ローマ社会を二分する勢力である貴族と平民の身分闘争を巧みに解決し、中小の土他を所有する市民による良質な軍隊を整備したときから、ローマは周辺地域だけでなく南イタリアにも勢力を拡大し、やがて西地中海域の雄カルタゴと直接対決するほどの大国に成長した。ローマに対

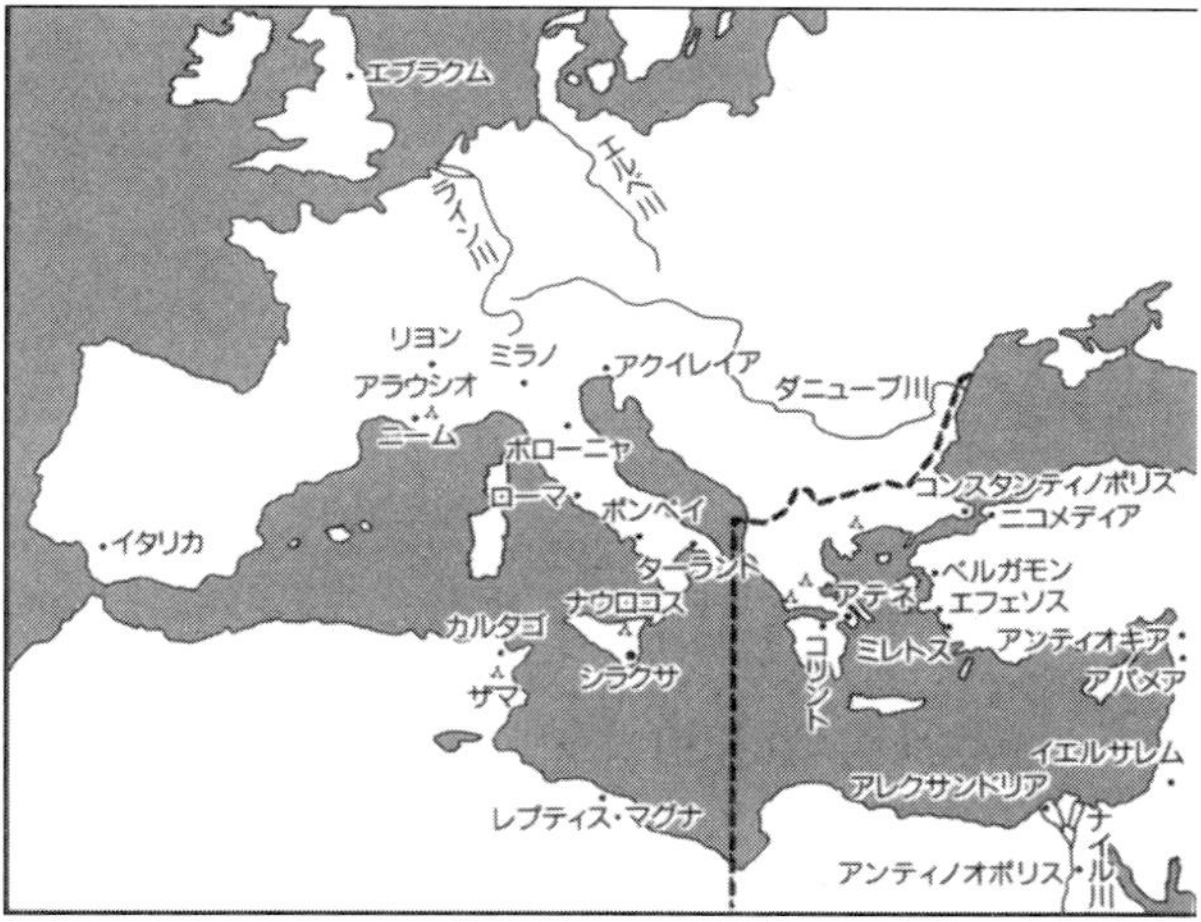

1　古代ローマ世界と本書に関連する地名

して徹底した敵愾心をもつハンニバルとの戦いは、国家存亡の危機にまで至ったが、ザマの戦い（前二〇二年）を勝利することによって西地中海域での覇権を確立する。

その後、ローマの触手は東地中海域にのびた。そこは、アレクサンドロス大王に従った将軍たちの末裔が支配する王国や、古い歴史と文化の伝統を誇る都市が、たがいに紛争を繰り返していた地域である。優れた政治的洞察力と軍事力によってローマは、紀元前一八八年、シリアを支配するセレウコス朝とアパメアの和約を締結することに成功し、実質的にこの地域もローマの意向を無視することができなくなった。

紀元前二世紀は赫々たる隆盛の時代であり、ローマ市民の誰もが将来のより大きな発展を確信していた時代である。しかし、その確信とは裏腹にローマ社会をむしばむ病巣が着実に拡大しつつあった。

地中海域の各地で繰り広げられる戦争に兵士として駆りだされたのは、中小の土地所有者である。彼らは、戦うための武器を自ら調達したばかりか、出兵期間中は耕作すべき土地を一時的にせよ放置しなければならず、収入の道も閉ざされた。しかも、戦争は、以前のようにローマ周辺で行われるのではなく、ギリシアや小アジア、それに北アフリカのような遠隔の地が多くなり、それだけ出兵期間も長くなった。ローマの繁栄の象徴である版図の拡大は、一般兵士にいっそうの負担を強いることになった。

唯一の希望は、戦勝の後に分け与えられる戦利品と新たに獲得した土地の分配だったが、その多くは貴族や有力者の間で分割され、一般兵士、つまり経済基盤のもっとも脆弱な中小土地所有者の懐を潤すことはなかった。その結果、彼らは所有していた耕作地を貴族や大土地所有者に手放すことになり、無産階級に没落していったのである。民兵の集まりであるローマ軍の、その中核を担う中小土地所有者の多くが土地を失い、無産市民に没落したので、軍隊勤務に必要な資格財産額に達する兵員を確保することがむずかしくなり、ローマ軍は急速に弱体化した。

グラックス兄弟の失敗

軍の弱体化は、ローマ社会全体の構造に深く根ざしていた。そのことを本質から理解し、根本的な社会改革の必要を唱えたのがグラックス兄弟である。兄のティベリウスは、ヒスパニア遠征に従軍した際、ローマ軍の資質がいちじるしく低下していることを体験し、その原因が、エトルリア地方で目撃したように荒廃した農地にあることを看取していた。以前の実り多い耕作地に戻すには、奴隷によってではなく、土地を所有する活力に満ちた自由農民が直接耕作する必要があり、彼らの経済的回復こそが軍の再建につながると考えた。

帰国後の紀元前一三四年、護民官に就任したティベリウスは、農地改革を強引な方法で推し進めた。改革の主な内容は、公有地占有面積を五〇〇ユゲルム（一二五ヘクタール）までとし、子供がいる場合に限り、一人当り二五〇ユゲルムの追加を認め、最高一〇〇〇ユゲルムに制限するというものであった。改革が実行に移され、効果を発揮した暁には、供出された公有地がより多くの市民に再分配され、健全な中小土地所有者の数が増えるはずであった。しかし、あまりに強引性急な改革であったため、また名門貴族（ノビレス）を中心とする大土地所有者の既得権を侵害するものであったため、元老院階級だけでなく彼らにそそのかされた下層市民からも反対を受け、グラックス兄弟の改革は失敗に終わった。

適切な改革の手立てもないままに、紀元前一一二年、ユグルタ戦争が勃発した。元老院委託のもとに北アフリカのヌミディア王国を分割統治していたユグルタが、分割統治の同僚アデルバルを倒し、単独統治を開始したからである。ギリシア的教養を身につけ、ローマの長所短所を知りつくしていたユグルタは、巧みに元老院議員を買収し、ローマの干渉を避けつつ野望の実現に走ったことから、元老院も軍団派遣に踏み込まざるを得なかった。北アフリカに派遣されたものの一刻も早い帰国を望む兵士たちは戦闘意欲に欠け、戦争は膠着状態のまま泥沼化していった。また、北イタリアにまで南下してきたゲルマン人のキンブリ族とテウトニ族は、ローマ軍を蹴ちらし、さらに南下する勢いを見せていた。紀元前一一三年、ノレイアの戦いでどうにかゲルマン人を敗退させたものの、ローマ軍の弱体化を知ったケルト人は、ガリアの各地で蜂起し、アラウシオの戦いでは、八万人のローマ兵が殺されるという事件さえ起こった。

マリウスの軍制改革

「前門の虎、後門の狼」という追いつめられた状況にローマがあるとき、彗星のごとく歴史の舞台に登場したのがガイウス・マリウス（前一五七―前八六年）である。執政官を何人も輩出した名門貴族の家系とは異なり、マリウスがその家系では初めての執政官であるため「新人」という差別に甘んじざるを得ない市民であったが、ユグルタ戦争を実質的に終結させ、ゲルマン人の侵攻を阻止し、ケルト人にも一矢を報いたのはマリウスその人だったのである。

弱体化したローマ軍を再建するにあたり、マリウスは、グラックス兄弟のような社会基盤そのものからの本格的な改革に手をつけたわけではない。応急の危機打開策として、また速効性のある改革としてマリウスが実行したのは、貧民を志願兵として兵籍に加えるということである。志願兵には武器と武具が与えられただけでなく、給与も支払われたので、貧民にとっては経済的安定を得ることのできる職業となった。そればかりか戦利品の分け前や一時金の恩恵に浴すこともでき、退役後は、仕えた将軍の政治力によって一定の土地を所有することも可能であった。一方、彼らにさまざまな便宜を供与する将軍たちは、国家に対してではなく、自分たちに対して忠誠を誓う部下を擁することになり、その武力を背景に自らの政治力を拡大し、政治基盤をより強固なものとすることができた。社会構造自体に原因する矛盾がその根底から改革されることはなく、軍の再建という対症療法だけが先行したため、社会矛盾はよりいっそう拡大した。その典型的な例が、将軍の庇護民と化した兵士たちの私兵化であり、その結果、ローマ社会内部での政治抗争は、軍事抗争にまで発展することになり、内乱はさらに激化した。

2 マリウス

カエサルが生まれたのは、マリウスの軍制改革が実行に移され、ローマ軍が往時の名声を少なくとも対外的に取り戻しつつあった時代のさなかである。しかも、カエサルは、ローマの由緒ある貴族の家系に属しながら、叔母ユリアはマリウスの妻という、激しく対立する二つの勢力、門閥派（オプティマテス）と民衆派（ポプラレス）の両方に出自をたどることのできる、いわば生まれながらにしての内乱の申し子であった。

2 紀元前二世紀までのローマ

マリウスは自ら断行した軍制改革が時宜にかなった適切な処置であったことを、数々の輝かしい戦勝で実証した。軍事上の成功は即政治家マリウスの力を強化することになり、事実、彼が率いる民衆派は急速に勢力を拡大していった。彼は「新人」という差別呼称をむしろ逆手にとって、民衆出身であることを強調し、上流階級の人間でないことを喧伝した。しかし、民衆の出とはいっても日々の生活に汲々とする平民ではなく、れっきとした騎士階級の出身であり、巨万の富を有する大金持ちだったのである。つまり、門閥派と民衆派に二分される政治勢力は、ローマ社会全体から見ればごく一握りの、地位も名誉も財力も抜きんでていた人々が、より大きな権力を獲得するための、政争を勝ち抜くための、きわめて政治的な党派でしかなかった。たしかに民衆派は門閥派よりも一般民衆の利益を考慮したとはいえ、彼らの多くは貴族もしくは有力な騎士階級の人間であり、グラックス兄弟もローマを代表する名門貴族の出であった。

権力闘争と建築競争

民衆派も門閥派も、大国にふさわしい統治制度の構築というような建設的理念をもっていたわけではなく、党派間の権力闘争に終始したため、暴力的な脅迫や弾圧による恐怖政治と無政府状態がローマを支配することさえあった。そうであるからなおさらのこと、将軍たちは激しい政争を勝ち抜くためにも征服戦争を地中海域の各地で展開し、その勝利によって政治的基盤の確立をはかる必要があった。その結果、ローマの領土は以前にもまして早い速度で拡大し、都のローマにあっては、その功績を人々に知らせるため、競うようにして公共建築や神殿が建立整備されていった。熾烈な権力闘争は、活発な建築競争を助長したのである。

紀元前一世紀初頭のローマは、すでに数十万の人間が住む大都市であった。膨大な人口を養うため、アウェンティヌス丘南側のテヴェレ川左岸にエンポリウムとポルティクス・アエミリアが紀元前一九三年に建設されていた。テヴェレ川河口の港町オスティアから運ばれてくる物資の荷揚げと集積のための施設である。エンポリウムはテヴェレ川左岸の広大な地域を一変させるほどの、いわば港湾施設の大規模な集合体であり、ポルティクス・アエミリアは、主に小麦の集積貯蔵を目的とする倉庫兼取引所のような建物である。天然

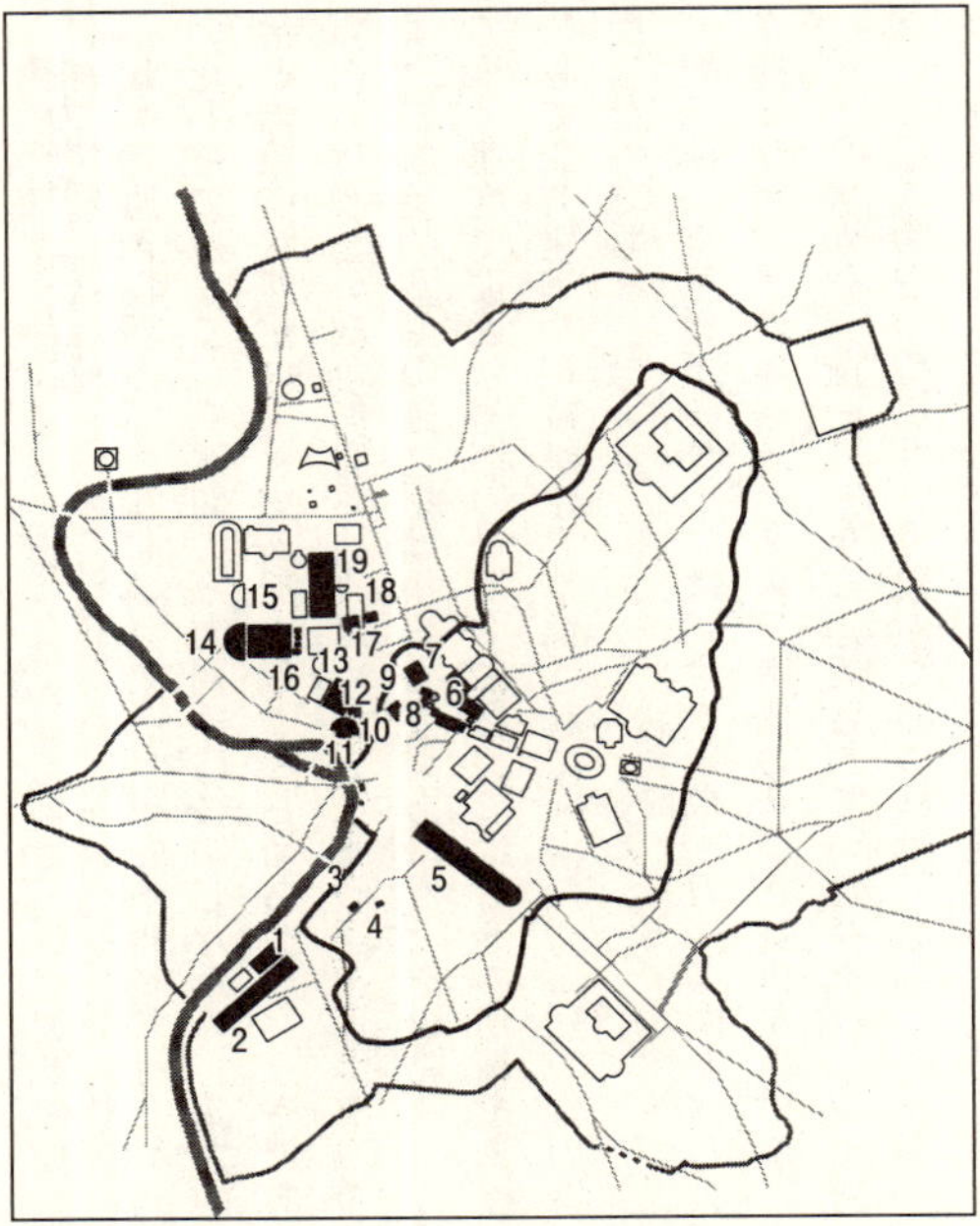

3　紀元前１世紀のローマ
1. エンポリウム　2. ポルティクス・アエミリア　3. ユノ・レギナ神殿　4. ミネルウァ神殿　5. 大競馬場　6. フォルム・ロマヌム　7. カエサル広場　8. 公文書館　9. ユノ・モネタ神殿　10. ユピテル神殿　11. マルケルス劇場　12. アポロ神殿とベッロナ神殿　13. オクタウィア回廊　14. ポンペイウス劇場　15. ポンペイウス回廊　16. ラルゴ・アルジェンティーナの４神殿　17. ウィラ・プブリカ　18. マルス祭壇　19. サエプタ・ユリア

セメント（カエメントゥム）を用いた大建築としてはローマ最古の建物で、コンクリートという新しい工法による連続ヴォールトが、広大な内部空間の実現を可能とした。幅六〇メートル、奥行四八七メートル、総面積三万平方メートルにもおよぶこの建物は、ローマ市民の旺盛な胃袋を満たすための重要な役割を担っていた。

エンポリウムからフォルム・ボアリウム（牛市場）にかけての左岸一帯が、食料市場として整備されるにともない、市民の社会生活の中心である中央広場（フォルム・ロマヌム）も再開発による整備事業が進められた。市民の政治集会場であるコミティウムと元老院議事堂（クリア・ホスティリア）、サトゥルヌス神殿やカストル神殿のような宗教建築、それに旧商店街（タベルナエ・ウェテレス）と新商店街（タベルナエ・ノウァエ）などが広場のまわりに立ち並んでいたそれまでのフォルム・ロマヌムは、古色蒼然とした地方都市の広場でしかなかったからである。

第二次ポエニ戦争（前二一八―前二〇一年）後、東地中海域に進出したローマ人は、アテネの重厚な文化の蓄積、ペルガモンの壮麗、アンティオキアの整然とした都市計画、そしてアレクサンドリアの見事な街並みに直接触れ、それらの都市とは対照的な、ローマの雑然とした貧弱さを恥じ入るように認識せざるを得なかった。

しかも、第二次ポエニ戦争の戦利品としてローマにもたらされたギリシア美術の傑作は、ローマの文化的後進性をなおさらのように印象づけた。紀元前二一二年、マルケルスがシラクサから運んだ数々の美術品は「ギリシアの美術品に対する憧憬の念」（リウィウス、第二五巻四〇）をはじめてローマ人に植えつけた。戦利品としての美術品のなかには、ターラントからもたらされたヘラクレス像のような超一流の作品も含まれていた。アレクサンドロス大王の宮廷彫刻家であり、ギリシア彫刻の巨匠として令名の高いリュシッポスによる巨像である。ギリシア世界でも傑作として高く評価されていた多くの作品を、ローマのあちこちで見ることができるようになった。まぶしいほどのきらびやかさと、心を浄化させてくれるような崇高さをもつこれらの美術品は、ローマの陰鬱で貧相な街並みをいやがうえにも浮彫りにした。

商業施設の再開発

しかし、古来の伝統を重んじ、臆病なほどに神々の意思を尊重するローマ人は、都の美化という理由だけで元老院議事堂や神殿を建てかえることはなかった。数々の歴史的決定がなされ、伝統のしみ込んでいる元老院議事堂は、紀元前六世紀に創建されて以来、何度も火災にあって建てかえられていたが、以前の形式を継承しており、新しいヘレニズム風の建物として再建するにはそれなりの理由が必要であった。神殿に関しても、再建を要請する神意としての火災や落雷、もしくは執政官や監察官（ケンソル）、凱旋将軍の関与が必要であったが、都合よく天災が起こるわけではなく、斬新な建築様式で市民の不興を買う危険をおかす公職者は少なかった。紀元前二世紀前半のローマ人がフォルム・ロマヌムの美化と機能充実のためにまず手がけたのは、政治的にも宗教的にも制約のない商業施設の再開発である。

紀元前一八四年、大カト(マルクス・ポルキウス・カト・ケンソリウス)は、元老院議事堂の西脇にバシリカを建設し、自らの氏族名(ポルキウス)を付してバシリカ・ポルキアと命名した。裁判を行う場所であると同時に商取引の場でもあるバシリカは、現代のイスラム都市に見られるスーク(市場)のような機能をもつ建物である。建築ジャンルとしての起源が十分に解明されているわけではないが、おそらく南イタリアのギリシア都市もしくはギリシア本土の都市にあった同様の建物を手本にしていると推定される。つまり、ギリシア文化の影響によって生まれた商業施設としての建物である。

ローマで最初のバシリカを建設した大カトは、ギリシア文化をローマに導入し、ギリシア的に生きることを推進したスキピオ一族に対抗して、ローマの質実剛健を美徳とする古来の習俗を固持しようとした人物である。とくに紀元前二一五年制定された奢侈禁止令であるオッピウス法の順守をローマ市民に強く訴えた。外出の際、婦人が二分の一リブラ(一六四グラム)以上の貴金属製装身具を身につけたり、さまざまな色で染めた衣服をまとうことを禁じ、一頭以上の馬にひかせた馬車に乗ることを禁じた法律である。このオッピウス法擁護のために、大カトはつぎのような演説をしている。

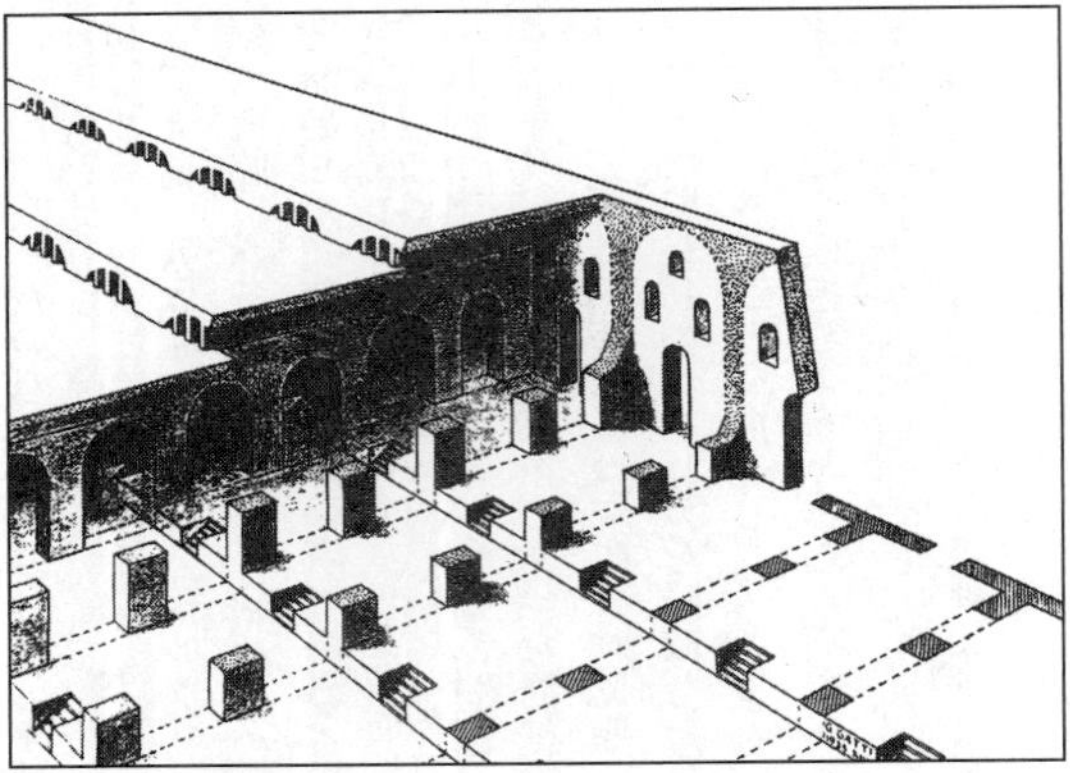

4　ポルティクス・アエミリア

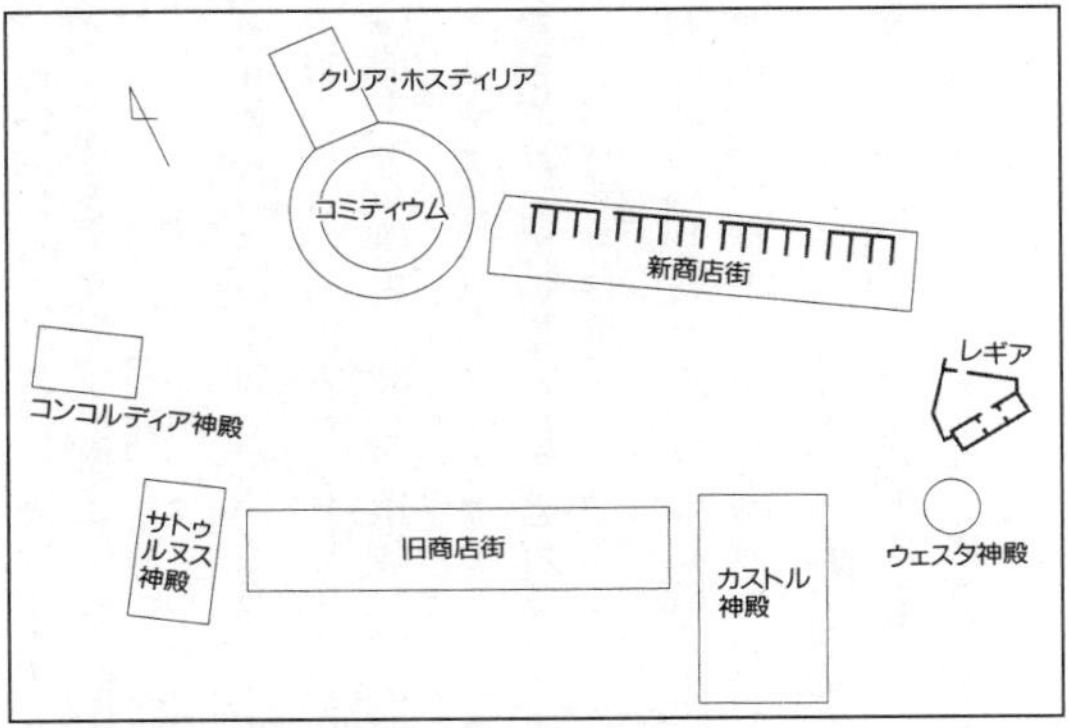

5　紀元前３世紀のフォルム・ロマヌム

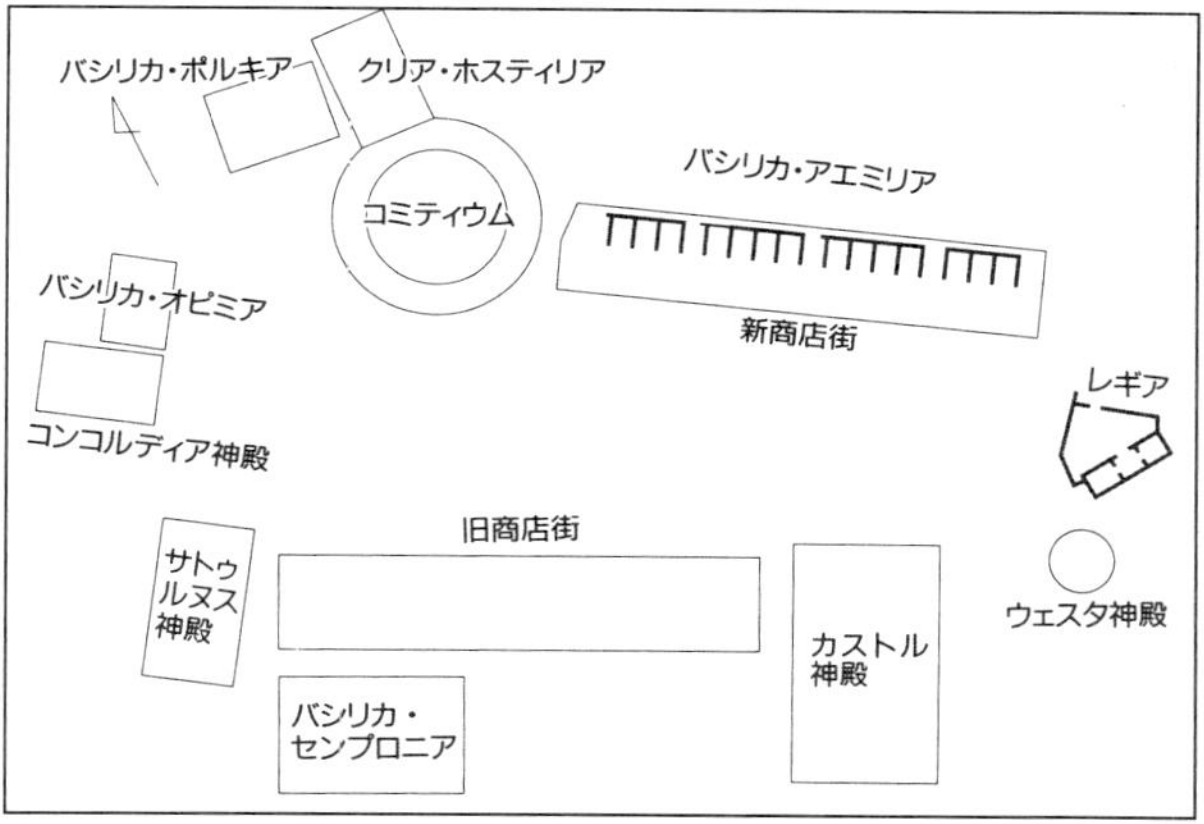

6　紀元前2世紀末のフォルム・ロマヌム

「わが国の命運は、日ごとに繁栄隆盛し、われわれはすでに、甘言と悪しき歓楽に満ちた土地、ギリシアとアシアの横断を終わり、王家の宝庫に手をつけている。そうであるからこそなおのこと、われわれによって征服されたにもかかわらず、これらの豊かさがわれわれを征服するのではないかと私は恐れる。私のいうことを信じてほしい、シラクサからもたらされた彫刻は、この街にとって有害でしかない。コリントとアテネからの美術品を誉めたたえ崇拝する一方で、土でできたローマの神々を嘲笑する言葉をあまりに多く耳にしてきた。しかし、私は、われわれの神々が尊重され、われわれに恩恵をもたらしてくれることを望み、神々が

ふさわしい場所にあり続けるなら、いつまでも恵み深くあられることを希望する」（リウィウス、第三四巻四）

これほど強くローマ固有の伝統に固執し、ギリシア文化の排斥に執着した大カトであったにもかかわらず、バシリカというギリシア的要素をもつ建物を都の中心部に建設したのは、ローマをとりまく全体的な文化情勢が、ギリシア化へと大きく動きだしていたためである。

ついで、紀元前一七九年、同じ機能をもつ建物が、フォルム・ロマヌムの北側を占めていた新商店街をとり込むかたちで建設された。バシリカ・アエミリアである。また、広場を挟んで新商店街の反対側に並ぶ旧商店街の裏には、紀元前一七〇年、バシリカ・センプロニアがスキピオ・アフリカヌスの邸宅跡につくられた。さらに、コンコルディア神殿の北隣にバシリカ・オピミアが建立された（前一二〇年）。

ヘレニズム文化摂取という「近代化」

これら一連のバシリカ建設は、地中海のほぼ全域を支配下に置いたローマの経済が活発化し、その状況に対応するためであったが、同時に、ヘレニズム都市の広場に面して列柱の並ぶストアのような、整然とした都市景観をつくるための装置でもあった。イタリアの地方都市とかわらない貧弱な街並みが、徐々にヘレニズム風の「近代」都市へと脱皮を始

7　ペルガモン復元図

めていた。

代表的なヘレニズム都市であるミレトスやペルガモンの壮麗とはくらべようもなかったが、その強大な経済力を背景に推進されていた都市ローマの再整備事業と、貴族たちのあいだに蔓延しつつあったギリシア趣味は、ギリシア人の建築家や美術家の関心をひきつけずにはおかなかった。セレウコス朝とマケドニア王国はすでに往時の活力を失って最期のあがきをしているときであり、エジプトのプトレマイオス朝も外国から多くの美術家を招聘するほどの力はなかった。地中海域全体を見渡して、彼らを好条件で招いてくれるのは、ギリシア文化のパトロンを自認するペルガモンのアッタロス王家とローマ人だけであった。そのペルガモンも最後の王アッタロス三世が、王国自体をローマに遺贈して歴史の舞台から消えていった。地中海域で唯一の鷹揚なパトロンが住むローマに、ギリシア人美術家が仕事をもとめて集まってきた。そのような建築家の一人にヘルモドロスがいた。

サラミス出身のヘルモドロスがローマで活躍したのは、紀元前一四六年から紀元前一〇二年までの約四〇年間である。ローマに来るまでの彼が、どのような修業を積んでいたのかを伝える資料はなにもないが、おそらく当時もっとも評判の高い建築家であったヘルモゲネスの様式に近い建築を得意としていたと推定される。繊細華麗な建築である。ローマ滞在中、彼は執政官や凱旋将軍の注文によって、ユピテル・スタトル神殿やマルス神殿を、ローマ最初の大理石造りの建物として建立した。当時、イタリア半島では大理石の採石場は発見されておらず、すべてを海外から、とくにギリシアと小アジアから輸入していた。その高価な石材を使用した輝くように美しい建物は、ローマ市民の目をひきつけたばかりか、贅沢（ルクスリア）のよろこびを同時に教えたのである。また、ヘルモドロスは、新市街地として開発されつつあったカンプス・マルティウスに造船所（ナウァリア）も建設している。ギリシア最新の建築様式をローマにもたらしたばかりでなく、優れた造船技術も伝授したことになる。

紀元前二世紀のローマで活躍した美術家たちの名前は、かなりの数が文献に記されており、アテネ出身の、もしくはその地で修業を積んだ彫刻家や画家が多い。彼らは、注文主であるローマの貴顕の好みに応じて、あるいはギリシア文化に通じた教養人としての体面を彼らに与えるため、当時流行の彫刻や絵画だけでなく、過去に一世を風靡した巨匠たちの作風を模した作品も自由につくり出した。

ギリシア美術がローマに浸透すると、フォルム・ロマヌムやカピトリヌス丘に並んでいた古い肖像彫刻が撤去され、ギリシアの英雄像に似せた新しい肖像彫刻がそれらにとってかわった。よき市民であることを象徴するトガをまとう姿が、それまでの肖像彫刻の一般的なタイプであったが、新しいタイプは、英雄アキレウスのような裸の肉体を誇示した肖像彫刻だった。ギリシア人とは違って、裸で人前にでることを慎みのない行為と考えていたローマ人にとっては驚くべきことであり、ギリシア人の好む男性愛と重複させて眉をひそめる市民も多くいた。このため、上半身だけを鎧で覆う妥協のタイプも生まれたが、紀元前二世紀末には裸体像があたりまえのこととなっていた。

8　アキレウス・タイプの肖像彫刻

質実剛健で勇敢な男らしさを美徳（ウィルトゥス）とする大カトのような伝統主義者たちは、次第にそして着実に、人間らしい全人格（フマニタス）をあるがままに表出し、ヘレニズム的な「近代化」を推進しようとするスキピオたちの一派に排斥されていった。

紀元前二世紀のローマは、王政期（前六世紀）から引き継いだエトルリア文化と古イタリア文化の軛《くびき》から脱却し、国際文化としての影響力をふるっていたヘレニズム文化の積極的な吸収に努め、その文化圏の一員となることを望んだ。それが、この時代の文化的「近代化」の証だったのである。

白く輝く大理石造りのいくつかの神殿は、灰色の凝灰岩、褐色の材木、彩色の施されたテラコッタ製化粧板からなる古い神殿のなかでひときわ光彩を放ち、新しい時代の到来を告げていた。以前の戦利品が血に染まった敵の武器や武具であったのに対し、この時代になると、マケドニアやコリントからの見事な美術品が中心となった。都ローマに、ギリシアの美術品があふれるようになると、昔からの彫刻や記念碑がいっそう古めかしく映り、このためギリシア風の新しいモニュメントに置きかえられていった。貴族の邸館には、ローマに移住してきたギリシア人美術家のつくったさまざまな彫刻が並び、なかには本物のギリシア彫刻とまちがえて自慢する貴族もいた。

ローマ人は繊細華麗でしかもきらびやかな豪奢をあわせもつヘレニズム文化の虜《とりこ》となった。文化的後進性から抜け出し、ローマを近代化するためには、ヘレニズム文化を摂取することがもっとも効果的であることを十分認識していたからである。しかし、ヘレニズム文化の担い手である王国や都市国家の政治に対してはむしろ軽蔑の念を深くしていた。たがいの抗争に明け暮れ、政治上、軍事上の実行力と決定力を失っているヘレニズム国家の政治は、ローマ人の手本にはならなかった。ローマ人は独自に自分たちの政治制度を模索し、確立しなければならなかった。

公共基盤の整備

フォルム・ロマヌムとテヴェレ川の川岸には、誇り高いローマ人を十分満足させるようなヘレニズム風の公共建築が立ち並ぶようになった。都の景観自体がかわりつつあった時代、直接目に触れることの少ない公共基盤も徐々に整備されていた。

カピトリヌス丘、パラティヌス丘、それにオッピウス丘やカエリウス丘に囲まれた低地にあるフォルム・ロマヌムは、広場として整備される以前、周辺の丘から流れこむ小川がつくる小さな沼が点在する沼沢地であった。紀元前六世紀の都市化とともに、市民が集う広場が必要となり、テヴェレ川へつながる排水溝が設けられ、沼沢地は干拓された。クロアカ・マクシマ（大下水溝）と呼ばれるこの排水溝は、紀元前四世紀前半に暗渠化されたと推定される。紀元前三九〇年のケルト人襲来を経験したローマが、都市の周囲に城壁をめぐらせたころである。クロアカ・マクシマは、フォルム・ロマヌムからテヴェレ川までの延長が約一・五キロにおよび、通過する周辺地域の下水道としても機能した。したがって、ローマの中心部を貫通する幹線下水道でもあった。

クロアカ・マクシマが整備されてから約半世紀たった紀元前三一二年、ローマで最初の水道であるアッピウス（アッピア）水道が建設された。ローマの東約一二キロにある泉を水源地とする水道で、防御上の目的から大部分が地中深く埋設されていた。おそらく、クロアカ・マクシマで蓄積した土木技術が活用されたのであろう。その後、紀元前二七二年にはアニオ・ウェトゥス水道が、そして、マルキウス（マルキア）水道とテプラ水道が紀元前一四四年および紀元前一二九年にそれぞれ建設された。

ネルウァが皇帝だった一世紀末、水道長官のフロンティヌスが著した『ローマ水道論』によれば、これら四系統の水道が給水する合計量は四五万立方メートルにものぼる。建設後の改修などで給水量が増大したと考えられるが、紀元前二世紀末の時点でも三〇万立方メートル以上の給水能力があったことは確かで、数十万の人口に十分対応できる水道がすでに整備されていたのである。

最初の水道を建設したアッピウス・クラウディウスは、その同じ年に南イタリアのカプアまで通じる総延長約二〇〇キロのアッピウス（アッピア）街道を開通させた。また、第二次ポエニ戦争が終決するまでに、北へのびるアウレリウス（アウレリア）街道とフラミニウス（フラミニア）街道も完成した。ローマから南北へのびる幹線道路が整備されたあとの紀元前二世紀には、それらと並行するかもしくはそれらを延長する多くの街道がさらに建設され、同世紀末までに、イタリア半島全体の道路網とヒスパニアや黒海入口まで通じる街道が完成した。そして、ローマを発する幹線道路がテヴェレ川を渡るところには、

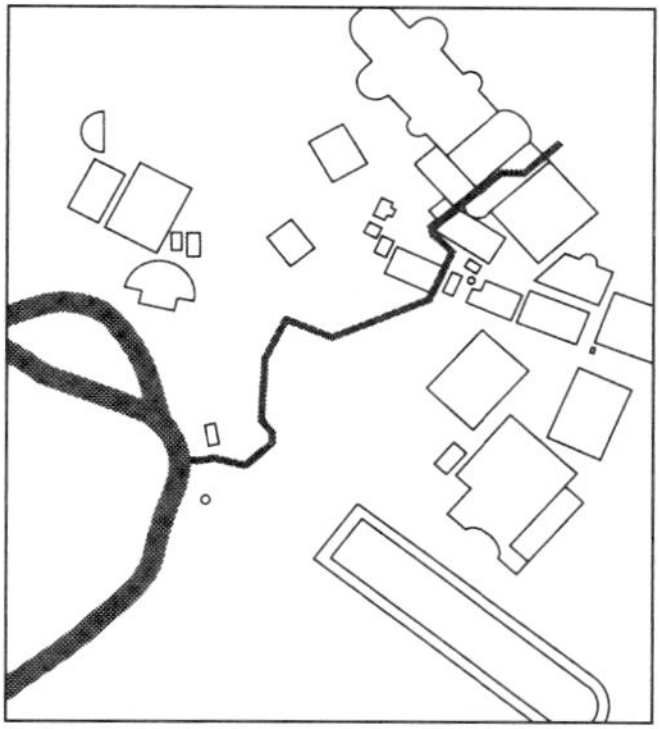

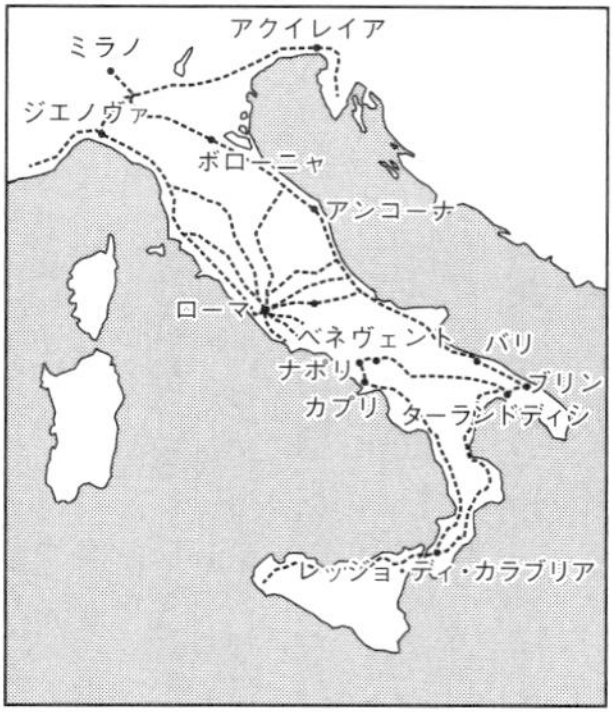

(左上) 9　クロアカ・マクシマの経路
(右上) 10　テヴェレ川への排水口
(左下) 11　共和政末期の街道
(右下) 12　テヴェレ川にかかるアエミリウス橋

アエミリウス橋（前一四二年）やムルウィウス橋（前一〇九年）のようなローマで最初の石造橋も建設された。

これらの建設事業を直接監督したのは、時々の執政官と監察官が中心で、その栄誉をたたえるため、彼らの名前がそれぞれの水道や街道に付された。それはアッピウス・クラウディウス以来の伝統的な慣習となっていた。しかし、建設費用は、名を付された個人が負担するのではなく、元老院承認のもと、国庫（アエラリウム）から支出された。保守的で現状維持に流れやすい元老院が、目に見える効果の現れにくい社会基盤充実のための公共事業に膨大な支出を認めたのは、国家としての将来の発展にゆるぎない確信を抱いていたからである。

食糧をはじめとする物資の搬入、貯蔵、流通の施設が整い、上下水道がある程度整備され、地方都市への交通網がはりめぐらされた紀元前二世紀、それらの恩恵に浴する者とそうでない者との格差が次第に顕著となった。水道を自宅にひくような公共基盤の充実を直接に利用できる富裕な市民は、広壮な一戸建ての邸宅を構えるようになり、そうでない一般の市民は、狭い地域に集住して、都市生活の利点を生み出すと同時に、地域として共同水汲み場のような公共基盤を活用した。その結果、「高級住宅街」と庶民の住む地域が次第にはっきりとした輪郭をもつようになる。

市街地のなかではもっとも南に位置するアウェンティヌス丘は、共和政初期、貴族の台頭に抵抗して平民がたてこもった場所であり、貧民に対する食糧配給所があったので、平民にとっては聖地のような性格をもっていた。しかし、中心部に近く、神域も点在する閑静なところだったので、次第に貴族たちの住む地域にかわっていった。スブラ、ウィクス・トゥスクス、ウェラブルム、カエリウス丘には小さな家が雑然と密集し、活気に満ちた地域を形成していた。とくにフォルム・ロマヌムの北にあるスブラは、職人や零細商人の家だけでなく貴顕の邸館が混在する特殊な地域で、カエサルの家もそのなかにあったが、やがて庶民だけが住む地域になった。ウィクス・トゥスクスは、フォルム・ロマヌムからテヴェレ川に通じる街路の名前であると同時に、その道筋一帯を指す街区の名称でもある。王政期の昔、エトルリア人（ラテン語ではトゥスキ）が住んでいた地域で、職人や商人だけでなく、いかがわしい商売を営む者も数多く住む古い下町であった。

　一方、貴族たちが多く住んでいたのはパラティヌス丘と、オッピウス丘の末端に位置するカリナエである。フォルム・ロマヌムに近い利便性と、周囲を見渡せる眺望のよさが選択の理由である。

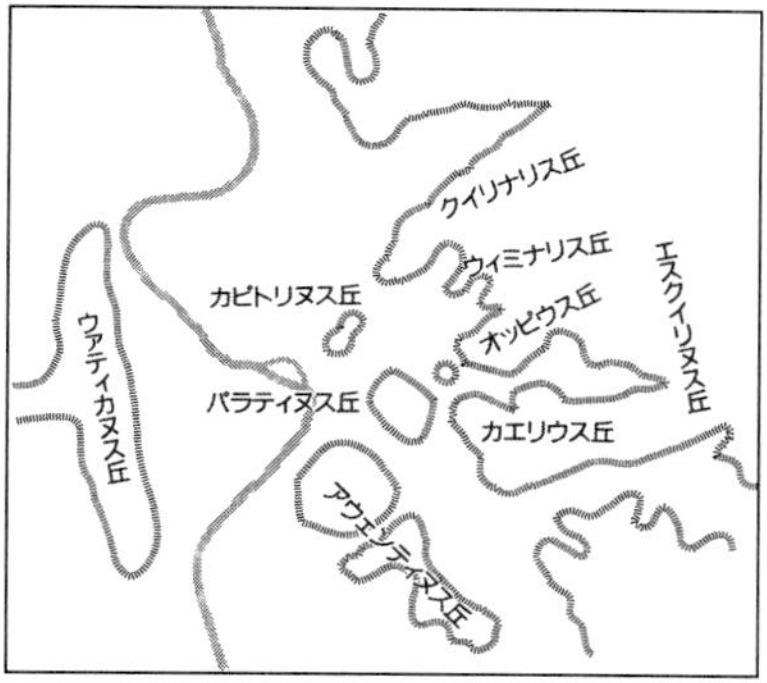

13　ローマの地形

パラティヌス丘に多くの貴族が住むようになると、この丘をほかの地域とは違う特別の場所とするための伝承が確立していった。つまり、ローマ発祥の地とする伝承である。貴族が、自分たちを一般市民と区別するために考えだした、政治的、社会的意図に基づく伝承にすぎないことは、発掘によっても証明されている。

ありあまる財力を有する貴族は、かつて放牧地にすぎず、市街地の外だったウィミナリス丘やクイリナリス丘にも邸宅を構えるようになった。高密化しつつあった市街地のなかでは貴族といえども望むべくもない広大な庭園に囲まれた邸宅で、彼らは郊外別荘にいるときのような生活を楽しんだ。

以上の地域とは一線を画していたのがカピトリヌス丘である。王政期からアクロポリスとしての位置を与えられていたこの丘は、ほかの地域に住宅や公共建築がつぎつぎと建設されたときも、北側のアルクスは要塞としての、南側のカピトリウムはユピテル・カピトリヌスの神域としての性格を維持していた。しかし、紀元前四世紀に貴族たちがこの丘に住むことを禁止する法律が制定されていることから、徐々にではあるが、カピトリヌス丘にも市街地化の波が押し寄せていたことがわかる。また、紀元前九三年、神官団はかなりの面積を個人へ売却しており、それを購入できたのは貴族や騎士階級の人間であった。

カエサルが生まれたころのローマは、第二次ポエニ戦争直後の時代にくらべれば、はるかに整備された都市に発展していた。しかし、都市全体を対象とする整備計画のもとに進められたわけではなく、時々の公職者や凱旋将軍の個人的意向が直接に反映した整備事業であった。このため、ヘレニズム風の都市へと衣がえをはかったにもかかわらず、虫食いのような状態にすぎなかった。

3 スラの時代

共和政の実質的崩壊

マリウスの部下だったスラは、次第に力をたくわえて門閥派を代表する有力者となり、民衆派を圧倒するまでに成長した。そのころ、黒海沿岸のポントゥス王国を支配するミトリダテス六世は、ローマの東方領土に攻撃をしかけ、その地に住むギリシア人にローマへの反乱を呼びかけた。ローマ属州となってからは重税と徴税請負人の苛酷な搾取に悩まされていたギリシア人は、解放者ミトリダテスの呼びかけに応じ、積年の恨みをはらすべく、小アジアのエフェソスで、八万人ものローマ人とイタリア人を虐殺した（エフェソスの晩《ばん》禱《とう》、前八八年）。元老院は執政官のスラに軍最高指揮権を与え、ミトリダテス征伐を命じた。ところが、民衆派の牙城である民会は、その指揮権をスラから剝奪してマリウスに付与したのである。勝利と栄誉を、そして莫大な戦利品を手にすることのできるはずの戦争遂行権を奪われたスラは、南イタリアから兵を率いてローマに攻めのぼり、武力によって首都を制圧、最高指揮権を奪回して東征へと向かった。

東方での戦いで目覚ましい成果をあげたスラは、凱旋将軍として、莫大な富をたずさえて都に戻り、元老院を中心とする、つまり門閥派による統治体制を再建したのである。しかし、共和政の頂点に立つ執政官スラが兵を率いてローマに攻め入るという、ローマの歴史にかつてない暴挙は、ローマ共和政の実質的な崩壊を意味していた。

グラックス兄弟のときから法廷での審判人となる権利を獲得していた民衆派の中核である騎士階級は、スラによってふたたびその権利を剝奪され、元老院議員しか審判人になれなくなった。また、平民会決議（プレビスキトゥム）は、元老院の承認なくしては有効とならず、民会の最高位者である護民官も、ひとたびその職につくとほかの一切の公職につけなくなった。こうして支配体制から民衆派を排除し、彼らの権利を制限しようとする数々のことが制度化されていった。

コミティウムの改造

一方、元老院の重要性がいちじるしく増大し、関与する仕事も増えたため、スラは元老院議員の数をそれまでの三〇〇人から六〇〇人に増員した。その結果、元老院議事堂として使用されていたクリア・ホスティリアでは狭すぎてすべての議員を収容できないので、新しい議事堂を建設することになった。クリア・ホスティリアを撤去して同じ場所につくられた議事堂は、現在、聖マルティーナ・エ・ルカ教会堂の下にあって発掘が不可能なので詳細は判明していない。ただし、火災などの天災を理由としてではなく、元老院制度の改革という理由で建てかえが行われたことは、のちにカエサルが元老院議事堂を移築する際の格好の先例となった。元老院議事堂の建てかえにともない、その前面にあったほぼ円形の小さな広場である民会の集会場（コミティウム）も改造された。

　コミティウムは、「ともに行く」という言葉に由来するローマ市民のもっとも重要な政治集会である民会を指すと同時に、民会や平民会が開催される場所の名称でもあった。ケントゥリア民会、トリブス民会などいくつかの民会があるものの、基本的には市民の総意を反映させることのできる政治機関だった。したがって、乱暴ないい方をすれば、元老院は貴族院や上院に相当し、民会は衆議院や下院に相当する機関だったのである。共和政期に入って両者が制度として整備されていく過程にあっては、ギリシア都市の市参事会であるブレウテリオンと民会のエクレシアステリオンの影響を否定できないが、ローマ社会内部のあいつぐ身分闘争の結果、民会の権限は大幅に拡大された。その拡大された権限をたたえるかのように、コミティウムの周囲には、ローマの起源を物語る牝狼の彫刻とイチジクの木（フィクス・ルミナリス）、都

14　スラ

市の自由を象徴するマルシュアス像、同盟戦争で功績をあげたマエニウスの記念柱など、さまざまなモニュメントや彫刻が置かれていた。また、外国使節団の宿であるグラエコスタシス、演説を行う場所ロストラ、それに聖なる井戸や祭壇がコミティウムをとりまいていた。王政期から共和政期までの歴史を証言する数多くの記念物が並んでいたのである。スラは元老院議事堂の建てかえを口実に、コミティウム改造にも手を下し、民会の権威を象徴するような彫刻とモニュメントの移転もしくは撤去を進めた。民衆派の有力者を追放するだけでなく、その一派を何千人という規模で虐殺し、都から政敵を完全に抹消しようとしたスラの政治戦略の一環と見なすことができる。徹底した粛清と同じように、コミティウムの改造も徹底していた。

彫刻やモニュメントの撤去だけでなく、コミティウム南端にある祭壇や碑文の記された石柱をも隠蔽しようとしたが、神聖なものであるため撤去するわけにいかなかった。そのために、コミティウムのグラウンド・レヴェル全体を一段かさ上げし、その工事で周囲よりも低くなった祭壇と石柱のある部分を地下に埋め込んでしまったのである。そして、それらがあった場所に、黒大理石の大きな石板をかぶせたため、爾来、そこはニゲル・ラピス（黒い石）と呼ばれるようになった。

ニゲル・ラピスと同じレヴェルでコミティウムに石を敷きつめたスラは、フォルム・ロマヌム全域にもトラヴァーチン（大理石よりも質の劣る石灰岩の一種）による舗装を施した。

15　聖マルティーナ・エ・ルカ教会堂

17　マルシュアスをあらわす貨幣

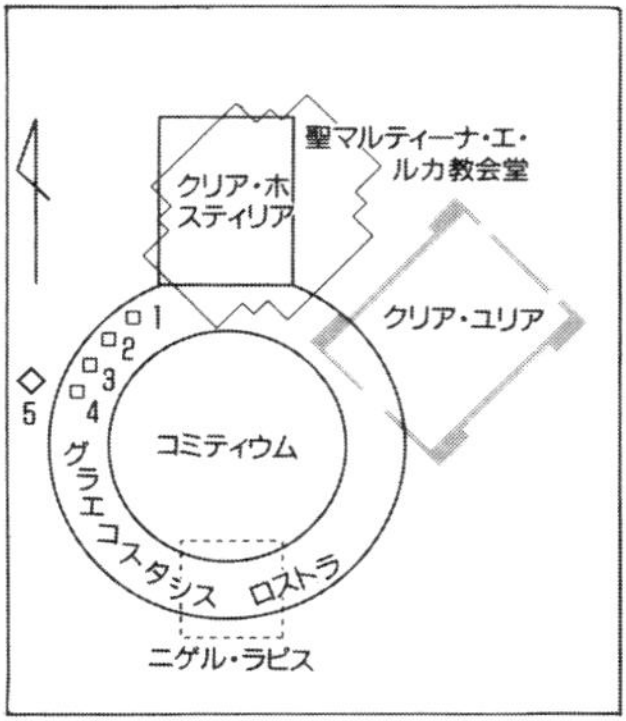

16　コミティウム
1. アットゥス・ナウィウス像
2. いちじくの木
3. 牝狼像
4. マルシュアス像
5. マエニウス記念柱

そして、アレクサンドロス大王をはじめとするヘレニズム王国の王にならった自らの騎馬像を、スラは広場の中央に設置した。独裁官に就任し、絶対的権力を掌握したからこそ可能だったのである。

彼は、また、フォルム・ロマヌムに面しているカピトリヌス丘の急峻な東斜面に公文書館（タブラリウム）を建設することにした。それまでの公式文書が、サトゥルヌス神殿やウィラ・プブリカなどに分散保管されていたのを、一括して集中保管するための建物である。フォルム・ロマヌムの西側に屛風のようにそそりたつ公文書館は、広場を睥睨《へいげい》するような圧倒的な威圧感によって、スラの権力を広場に集まる市民のすべてに印象づけるはずであったが、竣工を見ることなくカンパニア地方に突然退き、紀元前七八年に息をひきとった。

スラが権力を行使した期間は約一〇年という短い年月にすぎず、なによりも敵対する民衆派の勢力を排斥しようとする恐怖政治ではあったが、独裁官としての絶対的権力がグラックス兄弟以来の混乱状態に一時的な安定をもたらしたことは否めない。なぜなら、この期間に、建築、美術をはじめとするローマ文化が飛躍的に発展し、数々の画期的な成果が実現しているからである。それらのなかには、古くはエトルリア文化、新しくはギリシア文化の直接、間接の影響があるものの、ローマ固有の要素として将来展開することになるいくつかの重要な萌芽が認められる。

ローマ独自の建築

マリウスが目覚ましい戦果をあげていた紀元前一〇〇年ごろ、ヘレニズム建築を十分に咀嚼《そしやく》したローマ人は、彼らが得意とする土木技術と華麗なヘレニズム建築とを合体させた神域の建設に着手した。テッラチーナのユピテル・アンクスル神殿やチヴォリのヘルクレス神殿である。それらはいずれも急峻な断崖の上にあり、連続アーチによってつくられた人工基盤の上に建立された。天然セメントを自由に活用できる土木技術の蓄積なしには実現できない工事である。斜面や断崖を人工基盤によって何段かのテラス状に整備し、そこに神殿と神殿に至る参道および付属の建物を配置して、強引ともいえる厳密な左右対称性を神域全体に与えることができるようになった。そのもっとも典型的な例が、スラの時代に完成したプラエネステのフォルトゥナ・プリミゲニア神域である。計算されつくした舞台装置を見るかのような、完璧な構成をもつ建築である。

18　ニゲル・ラピスで覆われた記念物（復元想像図）

これらローマ建築の独自性をもつ初期の神域が、いずれもローマの周辺都市でつくられたのは、伝統、因習に縛られた都ローマでは新奇なるものとして受けとめられる恐れがあったからである。ローマ人が宗教的伝統にいかに強く束縛されていたかは、カピトリヌス丘に屹立するユピテル神殿の改修に典型的なかたちで見ることができる。大国ローマの栄光にふさわしい装いを与えるため、スラはアテネのオリュンピエイオンに使用されていた大理石の円柱を戦利品としてローマに運び、ユピテル神殿の改修に利用した。しかし、基本的なプランと高い基壇をかえることはできず、屋根も以前と同じ庇《ひさし》が長くつきでた重々しいタイプのままであった。その二つのイタリア固有の要素に挟まれた円柱だけがヘレニズム建築特有の優美な大理石にとりかえられた。華奢で弱々しい円柱が、重々しくアルカイックな屋根に調和するはずがなかった。

したがって、紀元前二世紀と同じように都では、この新しいタイプの建築は公文書館という公共建築にはじめて採用されるのであり、宗教建築に採用されるまでにはなお半世紀近くの時間が必要だった。前にも述べたように、カピトリヌス丘の東斜面を利用してつくられた公文書館は、フォルム・ロマヌムの西側景観を一新させた。広場からは、この公文書館の建設によって、カピトリヌスの丘全体が巨大な建造物であるかのように見えた。広場からの西側景観が見事に整備され確定したものになったため、それ以外の広場周辺も順次整備されていくはずであった。しかし、スラの構想は、フォルム・ロマヌムにトラヴァーチンの舗装を施し、公文書館の建設に着手することで終わってしまった。

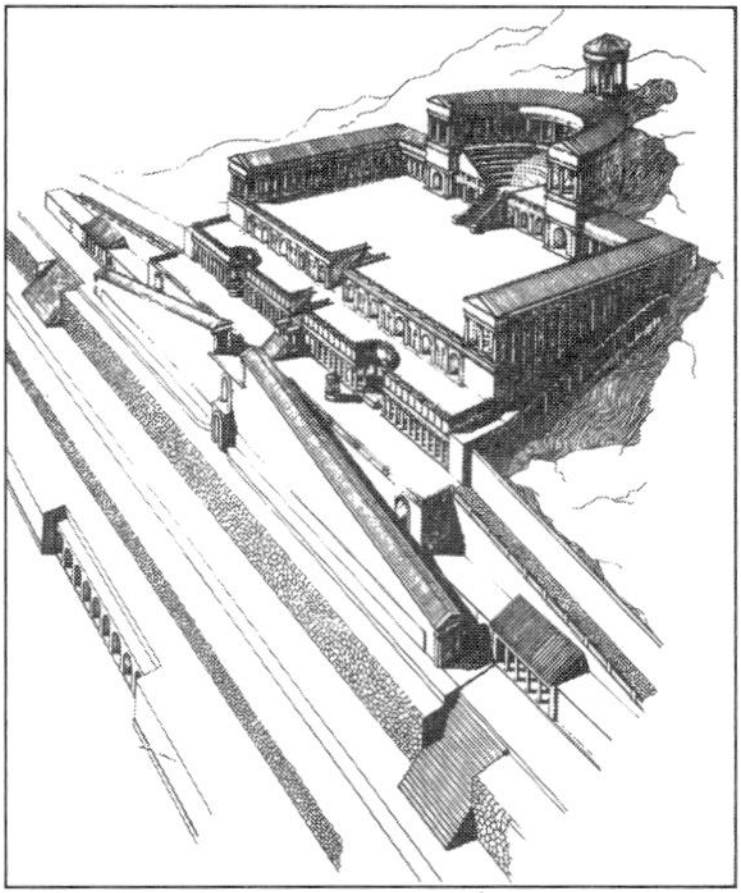

19　フォルトゥナ・プリミゲニア神域（プラエネステ）

20　公文書館（タブラリウム）

東地中海域のヘレニズム世界でも、いくつかの建物を左右対称に配置した整然とした広場や神域がすでにあった。おそらく紀元前一〇〇年ごろからローマ周辺で整備される神域は、それらの先例を参考にしたのであろう。しかし、ヘレニズム世界の先例は、自然の地形をつくりかえて敷地全体に厳密な左右対称性を与えるようなことはなかった。自然の地形が許す範囲で、できるかぎり整然とした空間を実現しようとする程度であり、その意味では自然と人工のおだやかな調和といえた。一方、ローマ周辺の神域やカピトリヌス丘の公文書館は、自然の地形を強引なほどに改変し、構想されたとおりの厳密な左右対称性を実現している。スラの時代からとくに顕著となるこの新しい建築タイプの構成要素は、住宅のなかにも認められるようになる。

紀元前三世紀までのローマ住宅は、玄関を入ってすぐのところにあるアトリウムという広間を中心に、いくつかの寝室や居室が配置されていた。アトリウムの天井中央には、採光のための天窓があき、その真下に、雨水を受ける水盤（インプルウィウム）がつくられていた。アトリウムと周辺の部屋にとって唯一ともいえる光源はアトリウムの天窓しかなく、薄暗く陰鬱な室内だった。アトリウムの奥に採光をかねた小さな庭（ウィリダリウム）が付随していることもあるが、室内を陽光で満たすことはなかった。

第二次ポエニ戦争以降、東方ヘレニズム世界の豪華で開放的な宮殿建築に接したローマ人は、それまでの伝統的な住宅をそのままにして、ウィリダリウムのある住宅の奥の部分

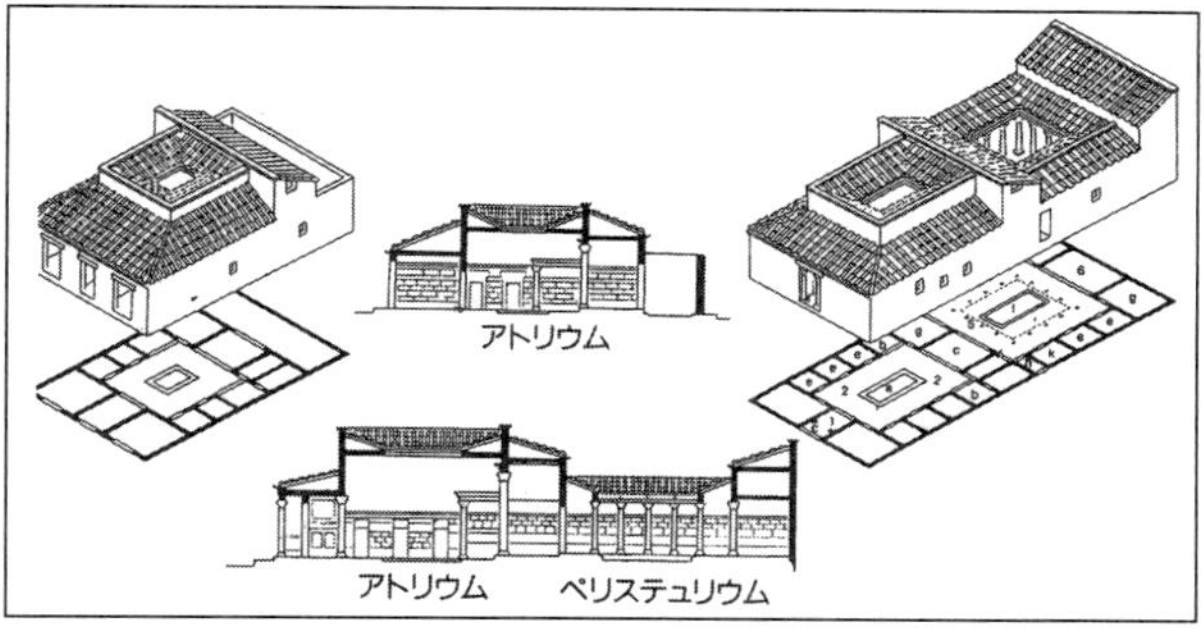

21　古いタイプの住宅とペリステュリウムをもつ住宅

により大きな列柱中庭（ペリステュリウム）をつけ加え、その周囲に食堂（トリクリニウム）や寝室を並べた。ローマの伝統的な住宅にヘレニズム住宅のペリステュリウムをつけ加えて、各室を左右対称に並べた新しい住宅タイプをつくりだしたのである。それは、縁側をもつ和風の住宅に、応接間だけを洋室としてつけ加えた、戦前のわが国の住宅にも共通する外来要素の受容法である。

ローマ固有の部分が住宅の前半分を占め、ヘレニズム世界に由来する部分が後ろ半分を占める新しいタイプの住宅は、ローマ的要素とヘレニズム的要素とを前後に並べる構成であり、ローマの土木技術による人工基盤の上にヘレニズム風の建物がのる神域や公共建築は、二つの要素を上下に組み合わせている。二つの要素から構成されているという点において、新しいタイプの住宅と大規模建築とのあいだに相違はなく、ただ組み合わせ方が水平方向と垂直方向という違いをもつだけである。

この新しいタイプの住宅で客をもてなす食堂や居室は、紀元前一〇〇年ごろから壁画で装飾されるようになる。さまざまな色大理石の化粧板を貼りめぐらせたヘレニズム宮殿の、その豪華な壁面を壁画によって再現した。ヘレニズム宮殿とはくらべようもないローマの住宅ではあったが、壁に描きだされた虚構の豪華さにローマ人はひとときの満足を覚えたのである。ローマに住みながらヘレニズム宮殿のなかにいるような錯覚を与えてくれる装置を自らつくりだし、しかも、それが単なる幻想であることをローマ人は十分に認識していた。住宅という現実の空間のなかに、現実ではない空間をつくりだし、身のまわりの空間を高次元化しようとする試みであった。

22　スラ時代の壁面装飾（ポンペイ）

同様の試みは、いまだ緑の多いウィミナリス丘やクイリナリス丘に生まれつつあった広大な敷地をもつ貴族の屋敷や庭園にも見ることができる。限られた土地しかない市街地のなかでは不可能な広々とした庭園を、造園術（アルス・トピアリア）を駆使してつくりだした。それは、現実としての自然の整備であると同時に、田園の高次元化、つまりパラデイソス（楽園）の創出だった。現実を現実として認識しながら、虚構としてのパラデイソスを楽しむことのできるローマ人は、現実と理念を一致させようとつねに苦労したギリシア人とは異なり、その両方の価値をそれぞれに認識し評価しようとした。現実を直視したローマ人のたぐい稀な政治的洞察力や異文化摂取を積極的に進めた折衷主義はこの認識法を基盤としており、その具体的な表象が室内を飾る壁画であり、庭園であった。それはまた、元老院を軸とする共和政を標榜しながら、過去の共和政との訣別を明らかにしようとする政治的意図の表明でもあるスラのフォルム・ロマヌムを中心とする数々の造営事業にも色濃く反映している。

4　ポンペイウスの時代

スラの炯眼

カエサルは一六歳のとき、マリウスの寡婦である叔母ユリアのとりなしによって、いまや民衆派を率いる最大の実力者となっていたキンナの娘コルネリアと結婚した。スラが東方遠征でローマを不在にしている好機を利用して、執政官の地位にあったキンナは、スラの勢力駆逐に努めた。執政官の婿となったカエサルは、ローマ屈指の家柄と恵まれた財力によって、結婚した年、早くもユピテル祭司に就任する。ローマでもっとも高位の大神祇官に次ぐ栄誉ある聖職であり、執政官にのぼりつめるためのまたとないポストだった。しかし、東方から戻ったスラは民衆派に襲いかかり、キンナを殺害することによって都ローマでも勝利をおさめた。民衆派は、徹底した弾圧の対象となり、冬の時代を迎えた。キンナの娘婿であるカエサルもその一味として聖職を剝奪されたばかりでなく、財産も没収された。命を奪われずにすんだだけでも幸運といわねばならなかった。放浪の身となり、毎日のように装いをかえて追っ手の目をごまかしていたころ、友人縁者のとりなしによってようやくスラの赦免を得ることに成功した。赦免を与えるにあたって、スラはつぎのような警告を発したという。

「よろしいとも、あなた方に譲歩しよう。彼をどのようにでもするがいい。けれどもただこのことだけは忘れないでもらいたい。あなた方がこんなに熱心にその無事息災を願っておられるあの男が、いつかは、私やあなた方が結束して守っている門閥《もんばつ》派を滅ぼすであろうということを。というのも、カエサルの中にたくさんのマリウスがいるのだから」（国原吉之助訳、スエトニウス『ローマ皇帝伝』第一巻一）

恐怖政治の立役者とはいえ位人臣をきわめた、人を見る目に優れた男の言葉である。その男も紀元前七八年に他界した。

新市街地の開発

スラの死後、ふたたび激しさを増した門閥派と民衆派の政争のなかから台頭してきたのが、スラの部下だったポンペイウスである。マリウスの残党をヒスパニアで破り、燎原の火のように南イタリアに広まった奴隷反乱（スパルタクスの乱）を鎮圧したポンペイウスは、スラ亡きあとのローマにおける押しも押されもせぬ第一人者となった。絶大な権力を握ったポンペイウスは、次第に、優柔不断で足枷となるばかりの元老院をうとんずるようになり、民衆派に近づいていった。

23　ポンペイウス

ポンペイウスの変節は、カエサルにとってよろこばしい出来事であった。民衆派の祖としていまだに人気の高いマリウスの血縁であることを広言することによって、その人気にあずかることができるからである。しかも、紀元前六九年ころ、マリウスの寡婦である叔母のユリアが他界し、葬儀をとりしきることになったカエサルは、叔母への追悼よりもマリウスの後継者としての自分を前面に押しだす機会としてこの葬儀を利用した。さらに、造営官に就任するとその役職を利用して、剣闘士競技をフォルム・ロマヌムで開催した。明らかに市民の歓心を買うための催し物で、三二〇組にものぼる剣闘士を闘わせたという。地方都市には、すでに石造の円形闘技場をもつポンペイのような町もあったが、都ローマには何万人もの観客を収容でき

24　ケンスス（戸口調査）

る恒久の施設はなく、広場に仮設の観客席を設けて競技を行ったのである。

円形闘技場という娯楽施設一つをとりあげても、ローマの基盤整備が停滞していたことは明らかである。紀元前二世紀後半からこの時代までに、地方都市のいくつかは新しい都市計画による整備改造を推進していたが、政争の激しい都では、権力者個人の業績を誇示する記念物の建立はされても、都全体を視野におさめた整備改造は、そのプランさえ立案されていなかった。権勢をほこったスラでさえ、フォルム・ロマヌム周辺の整備に終わっている。

ポンペイウスは、フォルム・ロマヌム周辺にその名をのこしたスラに対抗するかのように、カンプス・マルティウスの整備に力を注いだ。フォルム・ロマヌム周辺を旧市街地の中心部とするなら、カンプス・マルティウスは紀元前二世紀後半に入って開発され始めた新市街地である。

軍神マルスの原を意味するカンプス・マルティウスは、西に大きく蛇行するテヴェレ川とクイリナリス丘に囲まれた低地で、王政期の昔は王家が所有する放牧地だった。王家の所領であったため、共和政に移行してからも公有地として、放牧や軍事訓練に使用された。約二五〇ヘクタールものの広さがある低地のほぼ中心にはマルスの祭壇があり、その近くに、紀元前四三七年ごろ、ウィラ・プブリカが建設された。監察官が戸口調査（実質的には徴兵検査でもあった）を行う場所として五年ごとに使用されたほか、外国からの使節団の宿泊所、執政官の接見場所、それに監察官管轄の公文書保管所や凱旋行進を行う将兵の待機所でもあった。もちろん、カピトリヌス丘に、紀元前七八年、公文書館が建設されてからは、公文書保管所としての機能はなくなったと推定される。また、紀元前四三三年、疫病退治を祈願してアポロ神殿が、ウィラ・プブリカからさほど遠くないところに建設された。ローマでは、カストル神殿に次ぐ二番目のギリシア神を祀る神殿である。

数えるほどの建物しかなかったカンプス・マルティウスが、注目を浴びるようになるのはミトリダテス戦争のころからである。多大の戦費を捻出するため公有地であるカンプス・マルティウスのかなりの部分が個人に売却され、新たな発展の可能性をもつ地域となった。土地売却に至った直接の理由が戦費捻出にあったことは確かであるが、当時、手狭となりつつあった旧市街地を拡張する目的も同時に含まれていたものと推定される。

それから約二〇年が過ぎたとき、ポンペイウスはカンプス・マルティウスの本格的な整備に着手した。その核となったのが劇場の建設である。

劇場の建設

奇妙なことにポンペイウスが劇場を建設するまで、都ローマには恒久施設としての劇場がなかった。もちろん、プラウトゥスやテレンティウスのような優れた劇作家を紀元前二世紀に輩出しており、ギリシアの悲劇や喜劇、南イタリアの笑劇（アテラナ劇など）も人気を博していたので、演劇活動が低調だったというわけではない。ただそれらを上演する、何千人もの観客を収容できる恒久施設としての劇場がなかっただけである。アテネやエピダウロスには丘の斜面を利用した壮麗な劇場が紀元前四世紀にはつくられていた。それらを手本とした劇場がシラクサやポンペイにもあった。ギリシア都市とその文化圏に属する都市の劇場施設を熟知していたローマ人は、紀元前一五四年、パラティヌス丘の斜面を利用して本格的な劇場建設に着手する。しかし、同年発布された元老院布告によって工事は停止され、計画自体が放棄された。ギリシア文化が浸透しつつあったローマではあるが、ギリシア文化の柔弱で快楽的な側面に対する拒否感も一方で根強く存在していた。ローマ人が否定的にとらえるギリシア文化の代表的なジャンルの一つである演劇の拠点づくりが、質実剛健を旨とする伝統主義者によって反古にされたのである。このため、以前と同じように仮設の劇場だけがローマで演劇を楽しめる場所だったのである。

ポンペイウスは、カンプス・マルティウスの整備をかねたこの地域の中心施設として、

25　ポンペイウス劇場

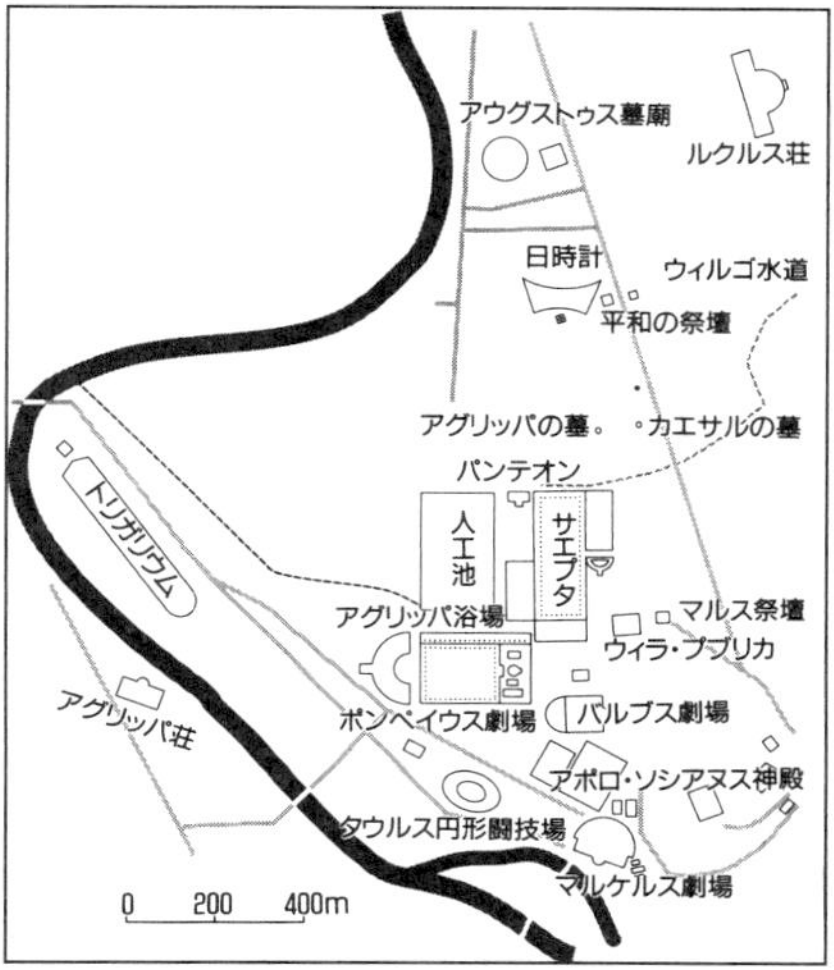

26　紀元前１世紀後半のカンプス・マルティウス

劇場と巨大な列柱回廊の建設に着手した。列柱回廊は、市民にとっての新しい憩いの場になるだけでなく、上演中に突然襲ってくる雷雨などのときの一時的な雨宿りの場所として劇場になくてはならない施設であった。

ローマで最初の本格的劇場であるばかりでなく、一万人以上を収容できるポンペイウス劇場は、その威容のゆえに大理石劇場（テアトルム・マルモレウム）とも大劇場（テアトルム・マグヌム）とも呼ばれた。幅約九五メートルの舞台をとり囲む半円形の観客席は直径約一四〇メートルあり、何段もの階段状になって数十メートルの高さにまで達した。その最上部中央に白亜のウェヌス・ウィクトリクス神殿がそびえ、観客席はこの神殿へ詣でるための階段のようでさえあった。事実、神殿だけでなく劇場全体が神域（テンプルム）として勝利の女神ウェヌスへ奉献された。ギリシアの習俗がローマ社会に浸透していたとはいえ、質実を旨とする先祖の習慣（モス・マイオルム）が生きていた社会にあって、余暇（オティウム）を楽しむためだけにこれほど豪華な建造物をつくることは、伝統的美徳を口実とする反対勢力の格好の攻撃対象となる可能性があった。神殿の建立および劇場全体を神域として奉献したのはそのような攻撃をそらす

27　ラルゴ・アルジェンティーナの神殿

ためである。

ウェヌスは、ローマ古来の豊穣と多産をつかさどる女神であり、その神域であれば、たとえ劇場としての機能と目的が明白であっても、頑迷な伝統主義者の口を封じることができた。しかも、ポンペイウスにとってのウェヌスは、黒くすすけたローマ固有の豊饒神ではなく、輝けるギリシアの美神アフロディテだったのであり、同時にポンペイウスの守護神でもあった。つまり、表面的には、ローマで昔から崇拝されている女神を祀る神域の建立であり、その意味で伝統順守と敬虔の表明であったが、実際は、市民の歓心を買うための娯楽施設であり、自らの政治的立場を強化するための道具だったのである。このような政治的意図を、公的、表面的な目的で隠蔽した造営事業は、スラの時代から権力者たちが用いてきた常套手段であった。

劇場の東に隣接して建設された列柱回廊（ポンペイウス回廊）は、東西一八〇メートル、南北一三五メートルにもおよぶ広大な敷地を占め、中央の緑豊かな中庭を大理石の円柱が囲んでいた。劇場の付属施設としてだけでなく、市民が散歩や会話を楽しむ憩いの場でもあり、たまには元老院の会議が開催されることもあった。

カンプス・マルティウスが新市街地として発展するきっかけとなった劇場と列柱回廊は、いずれもほぼ正確に東西方向の軸線をもっている。それを決定しているのは、列柱回廊の東隣に並ぶ四基の神殿である。現在、ラルゴ・アルジェンティーナと呼ばれる広場に遺構を見せているこれらの神殿は、いずれも東を正面にしてたがいに庇を接するように南北に並び、北からA神殿、B神殿、C神殿、D神殿と名づけられている。紀元前三〇〇年ごろから紀元前二世紀初頭にかけて順次建立された神殿であり、ギリシア・ローマ神殿の規範にのっとり東を正面としている。

当時、この地域は空地も多く、神殿建築の規範を守るだけの余裕があったためである。より多くの建物が立ち並んでいた旧市街地では、すでにこのような規範を守る余裕はなく、神殿正面はさまざまな方角を向いている。宗教建築の規範が決定した軸線にそって劇場と列柱回廊という大規模な公共建築が建造されたため、その後、この地域に建設される建物も東西方向、もしくはそれに直交する南北方向の軸線をもち、都のなかでは例外的な整然とした景観をもたらすようになる。その意味で、ポンペイウスのカンプス・マルティウス整備計画は、それまでの造営事業とは異なり、限られた範囲とはいえ面的な広がりを対象としている点で高く評価できる。

5　カエサルの野心

ローマ宗教界の頂点へ

抜け目のないカエサルは、叔母や妻など近親者の葬儀を自己宣伝の場に最大限利用するだけでなく、権力者であるポンペイウスと、ローマ最大の富豪であるリキニウス・クラッススにとりいることにも大きな努力をはらった。大衆の力、権力者の力、そして金の力を、来るべきときに備えて着々と貯えていた。

財務官（クアエストル）に就任した紀元前六九年もしくは翌年、カエサルはヒスパニアに赴任し、大いに懐を潤すとともに元老院の議席を確保した。紀元前六五年、都の治安だけでなく儀式や祭りを管轄する造営官に選出されると、かつてない規模の剣闘士の闘いや猛獣の殺しあいを開催して市民の喝采をあびた。また、紀元前六三年、わずか三八歳で大神祇官に就任した。特定の神に仕えることなく、宗教的なあらゆる行為と儀式を監督し、市民の出生、結婚、養子縁組、葬儀などをつかさどり、暦と年代記を管轄する大神祇官は、市民の精神生活と日常生活に深くかかわっていた。したがって、カエサルが就任するまでは、功成り名遂げた政治的野心のない名望家が就任する名誉職であった。しかし、カエサルは政治的野心を実現する手段の一つとして、大金を投じてこの聖職を手に入れ、ローマ宗教界の頂点に君臨したのである。

大神祇官が宗務をつかさどるところはレギアといった。フォルム・ロマヌムの東端にある平面が五角形の小さな建物である。王政期の昔、王（レクス）が住む公邸であったことからレギアと呼ばれるこの建物は、共和政期に入ると大神祇官の執務所となり、暦も保管されていた。火災などによって何度も建てかえられたが、創建時の平面プランが変更され

28　レギア（復元想像図）

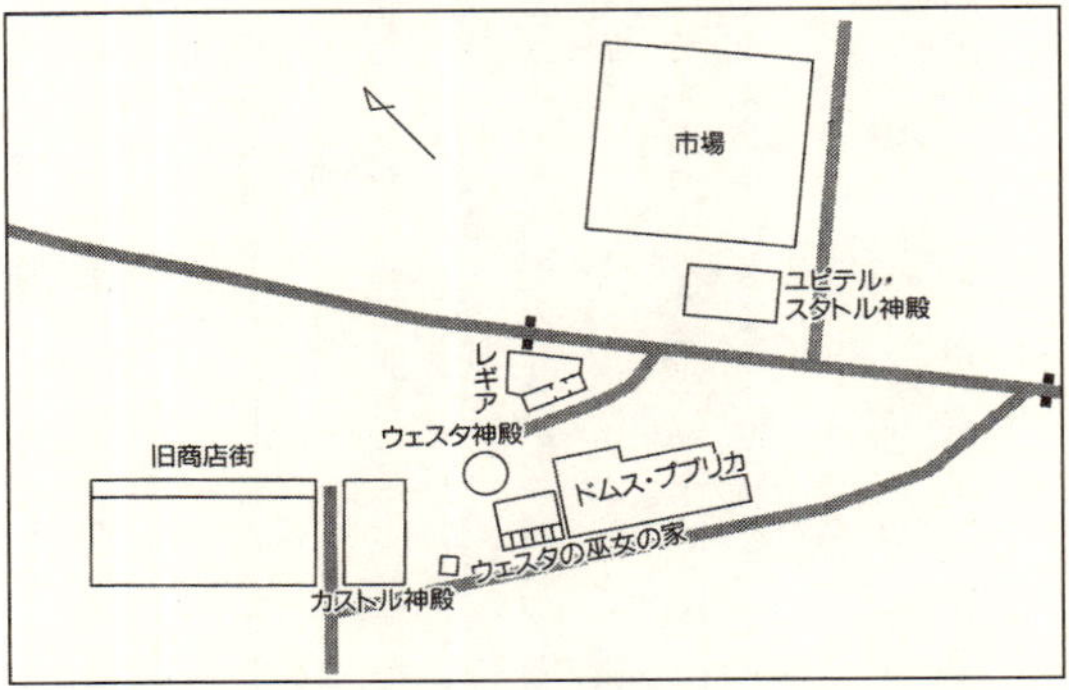

29　レギア、ウェスタの巫女の家、ドムス・プブリカ

ることはなかった。レギアの前を通る街路を挟んで南側には、ウェスタの巫女たちが起居する「ウェスタの巫女の家（アトリウム・ウェスタエ）」があり、その一角をドムス・プブリカが占めていた。大神祇官の公邸である。カエサルは、スブラに私邸をもっていたが、大神祇官に就任したときからこの公邸に住んだものと思われる。フォルム・ロマヌムにも、元老院にも歩いて数分とかからない場所である。

キケロの悲劇

権謀術数の限りをつくして権力への階段をのぼりつつあったカエサルの前に立ちはだかったのは、元老院体制に執着する小カトでありキケロであった。とくに、優れた著述家であると同時に元老院派を代表する政治家でもあったキケロは、元老院体制に終止符をうち、権力を独占することがカエサルの真の目的であることを見抜いていた。炯眼のキケロは、さまざまな陰謀や混乱の陰にカエサルの関与があることを見抜き、その糾弾に大きな努力を払った。

なかでも、生命の危険をも顧みず昂然とキケロが立ち向かった陰謀こそ、カエサルの手下カティリナ一味によるクーデター計画である。高貴な生まれであるにもかかわらず、放蕩堕落の生活で莫大な借金をかかえたカティリナは、都に寄生する不法者やスラの部下だった不平分子を糾合して国家転覆をねらった。富の再分配とそれまでの負債の帳消しとい

30　キケロ

う一味のスローガンは、借金に追いつめられた人間の苦しまぎれの賭けでしかなかったが、貧しい平民の賛同を得たばかりか、猟官運動のため借財に借財を重ねていたカエサルの利害とも一致していた。しかし、決行の日が近づき形勢かならずしも有利でないことを知ったカエサルは、政敵であるキケロに一味の計画を密告した。キケロは不逞の輩による国家転覆計画を暴露し、苛酷ともいえる糾弾演説を、紀元前六三年一二月三日、元老院で繰り広げ、その結果、一味は断罪に処せられ、カティリナはローマから追放された。当時の政治的混乱と不安定な社会を象徴する出来事であった。

カティリナの陰謀を未然に防いだのは、キケロの鍛えぬかれた弁舌であり、その弁舌をふるったのは元老院会議においてであったが、場所は元老院議事堂ではなく、コンコルディア神殿だった。元老院の会議は、当時、元老院議事堂であるクリア以外の、神殿や神殿前の広場で開催されることもあり、決して珍しいことではなかった。

フォルム・ロマヌムの西端、カピトリヌス丘の斜面が終わるところにあるコンコルディア神殿は、広場よりも一段と高い地点にあって、フォルム・ロマヌム全体を見下ろしていた。その正面階段の最上段から国家の危急を元老院議員と市民に訴えかけたキケロは、舞台の上にただ一人立ち、熱弁をふるう名優のようであった。しかも、彼の背後に舞台背景のようにそびえる建物は、国家統一の象徴であるコンコルディア（協調）を祀る神殿である。国家への忠誠心を思い起こさせるのにもっとも適した場所でのキケロの雄弁が、人々の心に深い感銘を与えずにはおかなかった。最高の舞台装置と当代随一の雄弁家による糾弾は、カティリナの野望を無残にも崩壊させたのである。

しかし、地中海帝国ともいうべき大国に成長していたローマを、元老院体制によって統治することがもはや不可能であり非現実的であることは誰の目にも明らかであった。伝統と体面を重んじるあまり、緊急の重要案件でも元老院は長時間の審議を繰り返し、ようやく結論がでるころには時宜を失っていることが多々あった。しかも、その結論でさえ、民会を代表する護民官の拒否権にあってしばしば反古にされた。ゲルマン人、ガリア人、ヒスパニア人、シリア人、ヌミディア人などの異民族をかかえる多民族国家ローマには、並みはずれた権力を掌握する指導者が必要だった。覇権をこころざすカエサルの野望は、その点で時代の要請に合致していたのである。一方、キケロの悲劇は、たとえカエサルを倒すことができたとしても、その後の政治的展望を示すことのできない後ろ向きの政治家だったことにある。

カエサルの危機

カエサルは、自らの才知と、ポンペイウスの名声と、クラッススの財力とを合体させた三頭政治体制を築くことに成功し、その余勢をかって執政官に当選した。紀元前五九年一月一日から一年間の任期中、自らの政治基盤の強化に腐心しただけでなく、任期後の身の振り方にも万全を期した。イタリアからさほど遠くないガリアとイリュリクムの統治権を確保したのである。当時のカエサルに唯一欠けていた輝かしい戦功をあげるために、また自らの軍隊を実戦を通して鍛錬するためにまたとない任地である。ガリアに赴いたカエサルは、窮地に陥ることもあったが、赫々たる勝利をつぎつぎにあげ、その詳細は逐次ローマに知らされた。フォルム・ロマヌムの南西隅にあるサトゥルヌス神殿の高い基壇の東壁が、公式文書の掲示場所であった。市民は、そこに張りだされる戦況報告に熱中し、喝采をあげた。

万事がカエサルの思惑どおりに進んでいるかのようであった。カエサルの娘ユリアを妻に迎えていたポンペイウスは、カリナエの壮麗な邸宅で老後に訪れた心安まる私生活を堪能していた。クラッススは、ローマを遠くあとにして東方での戦果をもとめて兵を進めていた。ところが、紀元前五四年、ユリアはポンペイウスの子を産み落とした直後に他界し、子供も母親のあとを追った。カエサルとポンペイウスを結んでいた太い絆が、断ち切られてしまったのである。しかも翌年、クラッススはカッラエで、パルティア軍の襲撃をうけ、

表１　共和制後期の公職（政務官）

職名	選出期間	任期	人数	資格	職務	特権	カエサル
執政官 consul	ケントゥリア民会	１年	２名	法務官経験者 43歳以上	民政、軍事に関する最高命令権、元老院会議と民会の召集主宰 １月１日就任	先導吏12名を同行、トガ・プラエテクスタの着用、象牙製床几に着席	前59年 〃48年 〃46年 〃45年
法務官 praetor	ケントゥリア民会	１年	６～16名	財務官経験者、一般にその後護民官を経験している者 40歳以上	執政官のそれに次ぐ最高命令権、属州における最高命令権、民会の召集主宰、訴訟の管掌	先導吏６名を同行、トガ・プラエテクスタの着用、象牙製床几に着席	前62年
監察官 censor	ケントゥリア民会	１年半	２名	執政官経験者、公職で最高の名誉職	原則として４年ごとに選出、５年ごとの戸口調査を管轄、元老院議員の欠員補充と追放、風紀監督、公共建築の造営 通常は春に就任	トガ・プラエテクスタの着用、象牙製床几に着席	
造営官 aedilis	トリブス民会	１年	４～６名		警察、公共施設の管理、食糧確保、公的催し物の主宰	トガ・プラエテクスタの着用、象牙製床几に着席	前65年
財務官 quaestor	トリブス民会	１年	20～40名	30歳以上	12月５日就任	床几に着席	前69年
護民官 tribunus plebi	平民会	１年	10名	財務官経験者	全市民の保護、元老院会議の招集 12月10日就任	栄誉権としての生命、身体の神聖不可侵性、ベンチに着席	前44年

軍徽章を奪われただけでなく、自らの命も失ってしまった。都をあとにしているカエサルの政治的安定の基盤であった三頭政治体制がもろくも崩れてしまったのである。

しかも、カエサルにはもう一つのやっかいな問題がひかえていた。それは、執政官に就任した者は、満一〇年の期間をおかなければふたたび同じ職に就任できないという規定である。カエサルが執政官に就任したのは紀元前五九年一月一日であるから、紀元前四八年一月一日にならなければ再度執政官につくことはできなかった。紀元前五九年の執政官任期完了時に、五年間のガリアとイリュリクムにおける統治権を元老院から保障されており、その後、五年間が延長されていた。つまり、紀元前四九年三月一日までは統治権と軍団の最高指揮権が確保されていたが、その後の数カ月は、軍隊の後ろ楯もないまったくの無防備で政敵の前に身をさらさねばならなかった。そのような状態で、属州統治の実態審査を受けることは政治生命の終焉を意味した。元老院のねらいもそこにあった。

カエサルはさまざまな妥協案を元老院に提示したが、元老院は、それらをことごとく拒絶したばかりか、いまやカエサルにとって最大の政敵であること明らかなポンペイウスにこれみよがしの多くの特権さえ授与した。スラの死後、民衆派に与《くみ》したポンペイウスは、三頭政治が解消したころからふたたび門閥派へ回帰していた。

カエサルにとって最後のよりどころである友人のマルクス・アントニウスとカッシウスが護民官特権である拒否権を行使しようとしたとき、元老院はこの神聖不可侵の特権をも無効とした。都でのかけひきがもはや無駄と知った二人の護民官は、兵を従えてラヴェンナに駐留しているカエサルのもとに参じた。

「さてカエサルは、護民官の拒否権が無効とされ、彼ら自身首都から脱出したという知らせを受けとると、直ちに数箇大隊をこっそりと先発させる。しかし疑惑の念を一切与えぬように表面をいつわり、公けの見世物に出席し、建てる手筈をととのえていた剣闘士養成所の設計図を検討し、いつものように盛大な宴会にも姿を見せた」(国原吉之助訳、スエトニウス『ローマ皇帝伝』第一巻三一)

カエサル、ルビコン川を渡る

紀元前四九年一月一一日のこの宴会をカエサルは気分が悪いといって途中で退席し、先遣部隊に合流した。そして翌朝早く、ラヴェンナとリミニのあいだを流れるルビコン川をカエサルは兵を率いて渡った。夏にはほとんど水が涸れてしまうような小川ではあるが、このルビコン川こそ、カエサルの任地ガリアとイタリアを分かつ境界だった。任地のなかにいる限り、軍団の最高指揮権を有しているのであるから、軍隊を率いて行動するのはカエサルの自由であった。しかし、任地を出るとき軍隊をともなうことは、大逆罪として厳に禁止されており、祖国の敵として極刑に処せられた。そうであるにもかかわらず、カエサルは兵を率いてルビコン川を渡った。「賽は投げられた」のである。

その知らせは、遅くとも一五日にはローマに届いたはずである。都は混乱の極致に陥り、ポンペイウスと多くの元老院議員は、財宝と将兵をかき集めてローマをあとにした。共和政をあくまでも守ろうとする人々が、共和政の拠って立つところであるローマを退去したのである。カエサルはポンペイウスを追って各地を転戦し、翌年八月九日、ギリシアのファルサロスでの総力戦で敵軍を粉砕した。果てしない内乱の危険をかかえていた両雄の対決に終止符が打たれた。崩壊の瀬戸際にあった大国ローマが、カエサルの覇権によって救われたのである。その意味で、世界史上きわめて重要な意義をもつ戦いであった。

最大の兵力を誇った軍隊が壊滅し、裸同然となったポンペイウスは、アレクサンドリア駐在のローマ軍とその地のエジプト軍の力をかりて戦線をたて直すしかなかった。しかし、ポンペイウスを求めてようやくアレクサンドリアにたどり着いたカエサルが発見したのは、すでに暗殺された老将軍であった。カエサルのたぐい稀な才知とその娘ユリアを愛したかつての庇護者、ローマ市民の厚い信頼を一身に集めた将軍、その無惨な姿にカエサルは落涙したという。

クレオパトラとの同盟

カエサルはエジプトをクレオパトラの手にゆだねる決心をした。不安定な政情のなかでエジプトをローマの属州として支配した場合、その富と豊かな農産物をひとり占めにする

31　クレオパトラ

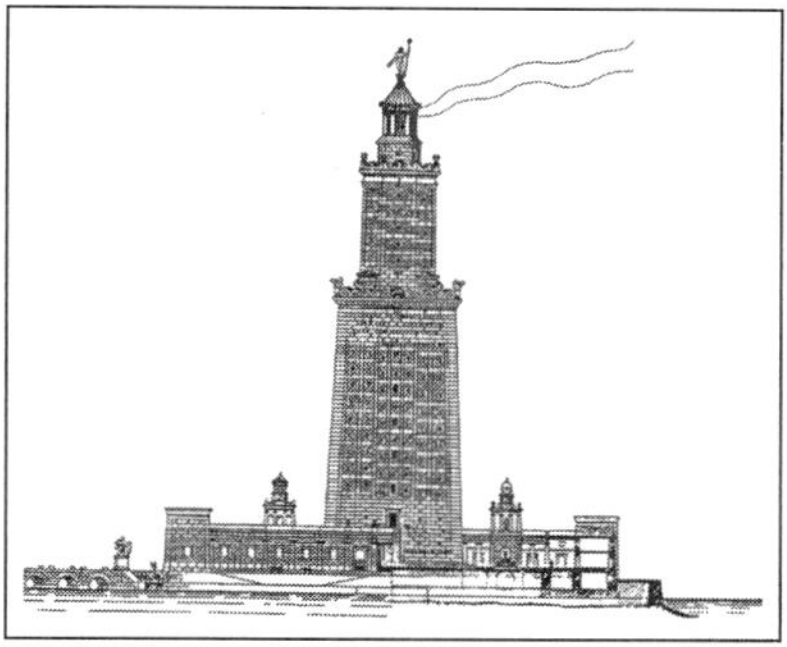

32　アレクサンドリアの灯台（復元図）

属州総督がいつ反乱ののろしをあげるかもしれなかった。しかも、ファラオ時代からの伝統にギリシアの要素が混じりあう複雑で特殊な社会と文化を築きあげているエジプトは、すでに三〇〇年近くの統治経験をもつプトレマイオス朝の女王にまかせ、その女王を支配するのが得策であった。そのため、クレオパトラの共同統治者であり弟のプトレマイオス一三世を退ける戦争を遂行する必要があったが、百戦錬磨のカエサルにとって不可能なことではなかった。計画通りプトレマイオスを戦場で死に追いやり、カエサルとクレオパトラの間に、すなわちローマとエジプトの間に強固な政治同盟が成立した。そのことをさらに磐石なものとするかのように、二人の間にカエサリオン・プトレマイオスが生まれた。

　アレクサンドリアに一年近く滞在することによって、カエサルはこの国に久しく絶えていた政治的安定をもたらすと同時に、彼自身も大きな収穫を得た。

それは、これほど壮大華麗な都市が、人間の手によって、都市計画によって建設されたという事実を確認したことである。アレクサンドロス大王が建築家デイノクラテスに命じた基本設計に基づいて、プトレマイオス朝の王たちはアレクサンドリアを地中海域でもっとも見事な都市に育てあげた。沖合に浮かぶファロス島に高さ一六〇メートルにもおよぶ、のちに世界の七不思議の一つとして称讃されることになる大灯台を建設した。その島と本土を結ぶ防波堤は、七スタディオン（約八四〇メートル）あることからヘプタスタディオンと称され、その北側にエジプト一の良港を生みだした。都市全体の四分の一以上の面積を占める王宮が港に面してつくられ、数々の公共建築と神殿が建立された。なかでも、王宮内に建設された王立研究センターとしてのムセイオンと図書館、それにセラピス神殿に設けられたもう一つの図書館は、アレクサンドリアを地中海一の文化都市に発展させた中心施設である。

首都整備計画

スラよりも、ポンペイウスよりも強大な権力を一身に集め、いまや誰一人として行く手を阻む者のいないカエサルにとって、長年頭に描いてきた統治制度を実現することはむずかしくはなかった。しかし、その制度によって統治される大国ローマの首都は、大国にふさわしい威厳と壮麗を備えてはいなかった。大規模な根本的な改造整備の必要を、カエサルは痛切に感じていた。ローマの広大な版図を全体としてとらえた包括的な統治制度が必要であるように、首都を全体としてとらえた都市計画が必要であった。そのためには、アレクサンドリアのように、学者と建築家の知恵を集めて基本計画を立案しなければならない。クレオパトラに再会を約してアレクサンドリアを発《た》つとき、カエサルはそう考えたに違いない。

ローマに戻ると、すぐに計画立案に着手し、可能なものから実行に移していった。その状況は文献にもつぎのように記されている。

「さて、首都を建設し飾ることについて、また版図を防衛し拡大することについて、カエサルは日に日にますます多くの、より雄大な計画をたてていた。

まず空前絶後の結構をもつマルス神殿を、かつて模擬海戦を催していた池を埋めて平らにし、その上に建てること、最も壮大華麗な劇場をタルペイユスの崖に接し、背中合せに建てること。（中略）

ギリシア語とラテン語の図書を、できるだけたくさん収集し公開すること、マルクス・ウァロに蔵書の購入と整理の任務を与える」（国原吉之助訳、スエトニウス『ローマ皇帝伝』第一巻四四）

これ以上簡潔に述べることができないほど圧縮された文章なので、いくつかのことを補いながらカエサルの首都整備計画の全体像を復元してみよう。

33　ヘルクラネウムの街並み

ローマで最初の大図書館建設の任務をカエサルに委託されたウァロは、護民官を務めあげたポンペイウス派の要人であるばかりかカエサルの軍と直接に剣を交えた武将でもあった。カエサルが、その政治上、軍事上の経歴を無視してウァロを抜擢したのは、当時もっとも博識の学者として世評高かったからである。『農業論』『ラテン語論』をはじめ文学、歴史、哲学、数学、法律に関する六二〇巻もの膨大な書物を著したまさに百科全書派の学者であった。カエサルがウァロに当初委託した主な仕事は二つある。一つは、設立を予定している大図書館に収蔵すべき書物の収集であり、いま一つは、首都整備計画を立案するにあたって都ローマの歴史を、とくに神殿などの建造物に関する故事来歴を調査収集し、その地誌を編纂することである。いまは失われてしまった『古代神聖論』の、とくに「場所」に関する巻は、カエサルに提出した調査報告書に基づいて著されたものと推定される。

都市の成り立ち、重要な建造物の由来、都市機能を支える公共基盤などの調査に基づいてカエサルは総合都市整備計画法を制定した。この法律も現存しないので、部分的に言及しているいくつかの文献資料を参考に推定するしかない。それによれば、総合都市整備計画法の主眼は三つあった。つまり、市街地の拡大、都をより衛生的な都市にすること、それに、交通の障害をとり除くことの三点である。これらは相互に深く関連しあった課題だったので、総合的な都市計画によって解決をはかろうと策定されたのが総合都市整備計画法である。

市街地の拡大に関してもっとも障害となっていたのは、紀元前三八〇年ごろに建設された城壁である。カエサルは大国ローマの力を十分に認識し、首都防衛に城壁が必要となるような事態が決して訪れないことを確信していたので、そのとり壊しを決定した。市街地の自由な発展を阻害していた城壁の撤去と並んで、宗教的、社会的な市街地の境界線であるポメリウムの拡大も同時に行い、市民が抱く市街地のイメージ自体を拡大しようとした。この物理的、制度的市街地の拡大にともない、街路の幅を拡張し、上下水道の整備を推進した。そのために立ち退きを強いられた人々には、新市街地の土地が割り当てられたものと推定される。また、狭い道をふさぐように街のあちこちに積み上げられたごみ捨て場を禁じると同時に、その処理を制度化し、街路を石畳で舗装することにも努めた。すでに五〇万を超える人口を擁するローマでは、食糧や燃料の運搬で交通渋滞は日常化し、都市生活が麻痺しかねない状況にあった。道路の拡張だけでは十分でなかったため、日中、荷馬車が市街地内を行き来することも禁じた。

数々の大造営事業

総合都市整備計画法の制定が、どれほどの効果を発揮したかは明らかにされていないが、カエサルがローマの根本的な改革を目指したことだけは、その内容から十分に読み取ることができる。この法律が、カエサルの都市とその公共整備に関する全体的な考えを明らかにしており、彼が優れた都市計画者であることを証明しているのに対し、大金を投じて実現しようとした数々の大造営事業は、カエサルの政治的意図を明確に物語っている。それらの大造営事業は、ほぼ三つのグループに分類することができる。まず第一は、スラがすでに手がけていたフォルム・ロマヌム全体の再整備事業である。政治と社会生活の中心であるこの広場に、新しい時代にふさわしい装いを与えなければならなかった。そして、たとえフォルム・ロマヌムを一新させてもその限られた面積では多様な社会的需要に対応できないことは明らかだったので、新たな公共広場をできるかぎり隣接の場所に建設する必要があった。それが第二の事業である。第三は、ポンペイウスが開始したカンプス・マルティウスの整備を、さらに大規模に展開することである。

このなかで、もっとも早く着手されたのが、というよりすでに着手されていたのが新しい公共広場、つまりカエサル広場（フォルム・ユリウム）の建設である。ガリアに赴任していたカエサルは、帰任のおりには豪奢な凱旋式を挙行しようと計画していた。凱旋式をあげた将軍は、凱旋記念の建造物を都に建立する権利があった。カエサルはその権利を利用して、これまでのどんな凱旋建築よりも見事な建造物をつくり、市民を瞠目させようという野心を抱いていた。

そのために、紀元前五四年、すでに用地を手当てしていたのである。元老院議事堂の裏側、フォルム・ロマヌムとスブラのあいだの土地で、取得のために当初六〇〇〇万セステルティウス、総額一億セステルティウスを支払ったという。一億セステルティウスには誇張があるとしても、相当の額を支払った裏にはカエサルの意気込みが十分うかがわれる。工事は紀元前五一年には始まっていた。都を留守にしているあいだも、その存在を誇示する目的からである。その後、工事の進捗状況がどうであったかを伝える資料はないが、ファルサロスの戦いに際して大きな計画変更が浮上した。戦いの直前、もしポンペイウスに勝利した暁にはユリウス家の守護神ウェヌス・ゲネトリクスに神殿を奉納するという誓約をしたからである。戦勝後、すぐにローマへ戻ることはできなかったが、その神殿を工事中の広場中央に建設するよう計画変更の命令が下されたものと思われる。なぜなら、紀元前四六年九月二六日の凱旋式最後の日、厳かに広場と神殿の奉献式が挙行されているからである。

もちろん、カエサルの胸のなかには公共広場を計画した当初からウェヌス・ゲネトリク

34　カエサル広場のウェヌス・ゲネトリクス神殿

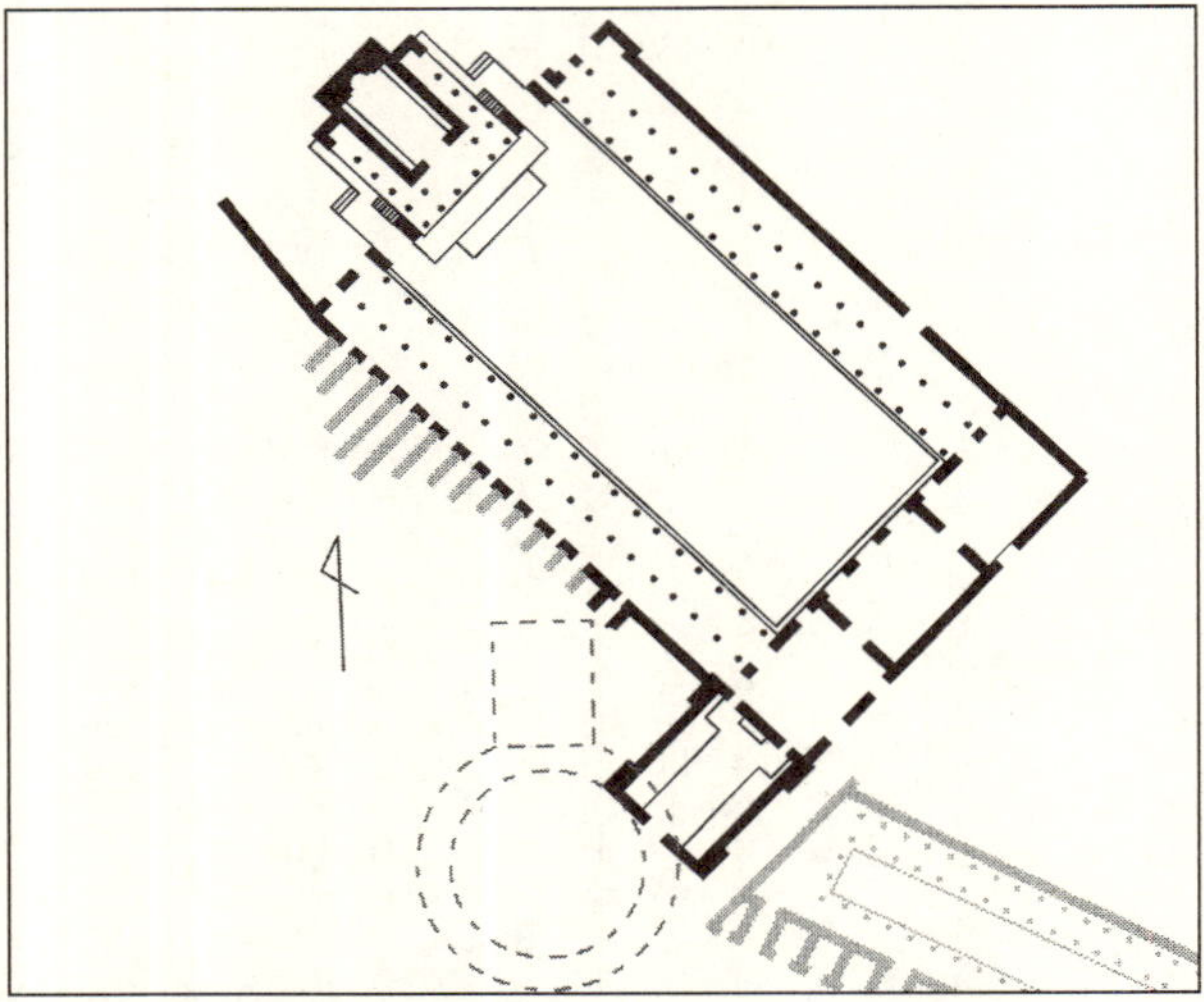

35　カエサル広場とクリア・ユリア

ス神殿を建立する意図があった。しかし、この女神はユリウス家の私的な守護神でしかなく、それまで神殿を奉献されたことのない、つまり公認されたことのない女神であった。その女神に神殿を捧げるにはなんらかの契機と理由が必要であり、ファルサロスの戦いがそのために利用されたのである。

奉献式の時点で、工事がすべて完了していたわけではない。広場の中央奥にそびえる神殿だけが完成し、広場をとり囲む列柱廊はオクタウィアヌス（アウグストゥス）の時代になってようやく完成した。そうであるにもかかわらず、紀元前四六年に奉献式をあげたのは、九月二〇日から一〇月一日までの一二日間に繰り広げられた一連の凱旋式、つまりガリア、アレクサンドリア、ポントゥス、アフリカでのそれぞれの勝利を記念する四つの凱旋式のクライマックスとするためであった。おそらく、九月二六日は、アレクサンドリアでの勝利を祝う凱旋式の最終日だったのであろう。

長方形のカエサル広場は奥行が約一六〇メートル、幅が約七五メートルあるので、総面積は一万二〇〇〇平方メートルにおよび、ほぼフォルム・ロマヌムに匹敵する広さをもっていた。ただし入口のある東側には前廊部分（カルキディクム）があり、南側と北側にはそれぞれ二列の列柱が並ぶ側廊があるため、それらに囲まれた本来の広場は約四〇〇〇平方メートルしかなかった。ウェヌス・ゲネトリクス神殿はこの広場の奥まったところに位置したので、広場から神殿の後ろ側にまわり込むことはできず、正面と両側面が見えるだけであった。当時の一般的な神殿形式は正面に大きな階段をもち、その前に立つ人々を神殿の内陣へと誘《いざな》うような工夫が施されていたが、この神殿正面に階段はなく、両側面に小さな階段が正面からは見えない位置に設けられていた。垂直にそそりたつ正面基壇と、その上の八本の巨大な円柱が間隔を密にして並ぶ密柱式（ピュクノステュロス式）の正面列柱は、神殿を正面から見る者に、厳粛で閉鎖的な威圧感を与えずにはおかなかった。それは、自らの家系が神につながることを誇らしげに表明し、しかも自分以外を冷たく拒絶させることによって、権力の絶対性を印象づけようとするカエサルの政治的意図によるものであった。

このカエサル広場の建設とフォルム・ロマヌムの整備事業は密接に関連しており、それゆえに、カエサルが推進した整備計画が、スラやポンペイウスとは違って、より広範で総合的な全体構想に基づいていたことがわかる。そして、この全体構想を貫通するものこそ、カエサルの政治的意図そのものであった。

いまや終身独裁官としてすべての権力を実質的に掌握するに至ったカエサルは、たとえ王という称号はなくとも王にひとしい存在であると自認していた。ただ、王政期最後の王であるタルクイニウス・スペルブス（傲慢王タルクイニウス）のあまりに傲慢横暴なふるまいが、いまわしい記憶としてローマ市民の心に深く根づいており、王に対する拒否感がローマ社会の伝統的美徳とされているため、王を公称することはいましばらく我慢しなければばならないとカエサルは考えていた。その前にやらなければならないことが山のようにあった。その一つが、王に対する拒否感と背中合わせになっている共和政讃美の念を、いかに払拭するかということである。

共和政という政体は、貴族と平民という二つの身分および勢力の均衡のうえに成り立っており、それぞれの制度上のよりどころが、元老院と民会だった。そして、元老院はその議事堂であるクリアによって、民会はその集会場であるコミティウムによって象徴されていた。この二つの制度とそれを象徴する建物および施設を意図的に改変しようと最初に手を下したのが独裁官スラである。元老院を拡充するためそれまでの議事堂であるクリア・ホスティリアを撤去してクリア・コルネリア（スラの息子ファウストゥスが建設したとする説もある）を建設したばかりか、コミティウムを飾る記念物を撤去もしくは移設したのである。

カエサルはスラの前例にならいながら、より徹底した改変の手を加えた。元老院議事堂に関しては、紀元前四四年、クリア・コルネリアが撤去され、より東側の敷地に新たなクリアが建設されることになった。それまでのクリアは、正面を正確に南に向けていたが、新しいクリアは南西向きになった。この建物正面の方向の変更は、カエサル広場にクリアの背中が接するように計画されたためである。つまり、クリアは独立した建物がもつ独自の方向性を失い、カエサル広場に付属する建物となったため、カエサル広場の軸線方向に従属せざるを得なくなったのである。元老院の建物が、カエサルの守護神を祀る広場に付随するかたちで建設されることにより、元老院とカエサルの政治的従属関係が誰の目にも明らかになった。カエサルが、建築という具体的なかたちで表明しようとしたのはまさにそのことであった。

クリア・コルネリアの撤去にともない、その前面にあったコミティウムも移されることになった。工事が始まったばかりのころ、市民はそう考えたが、実際には撤廃だったことがあとになって判明する。コミティウムはほぼ円形をした小さな広場を中心に、湾曲した基壇がその周囲を囲んでいた。この基壇の一部は外国使節団席（グラエコスタシス）として使用され、南側の一部は演説台に用いられていたが、外国使節団席はスラのコミティウム改修のときすでに撤去され、市民がロストラと通称する演説台の部分だけがのこっていた。紀元前三三八年のアンティウムの戦いに際して、マエニウスが拿捕《だほ》した敵艦の船嘴《せんし》（ロストラ）を、戦勝記念として演説台の擁壁《ようへき》にとりつけた部分である。カエサルはこの演説台、つまりロストラをフォルム・ロマヌムの西端、サトゥルヌス神殿の北側に移した。コミティウムに組み込まれていた時代のロストラにならって湾曲した平面をもつ、大理石造りの堂々たる演説用基壇として建設され、フォルム・ロマヌムでもっとも重要な政治上の役割を担う施設となった。

一方、ロストラのなくなったコミティウムは、フォルム・ロマヌムの石畳が連続するそ

(左)36　カエサル
(下)37　ロストラ

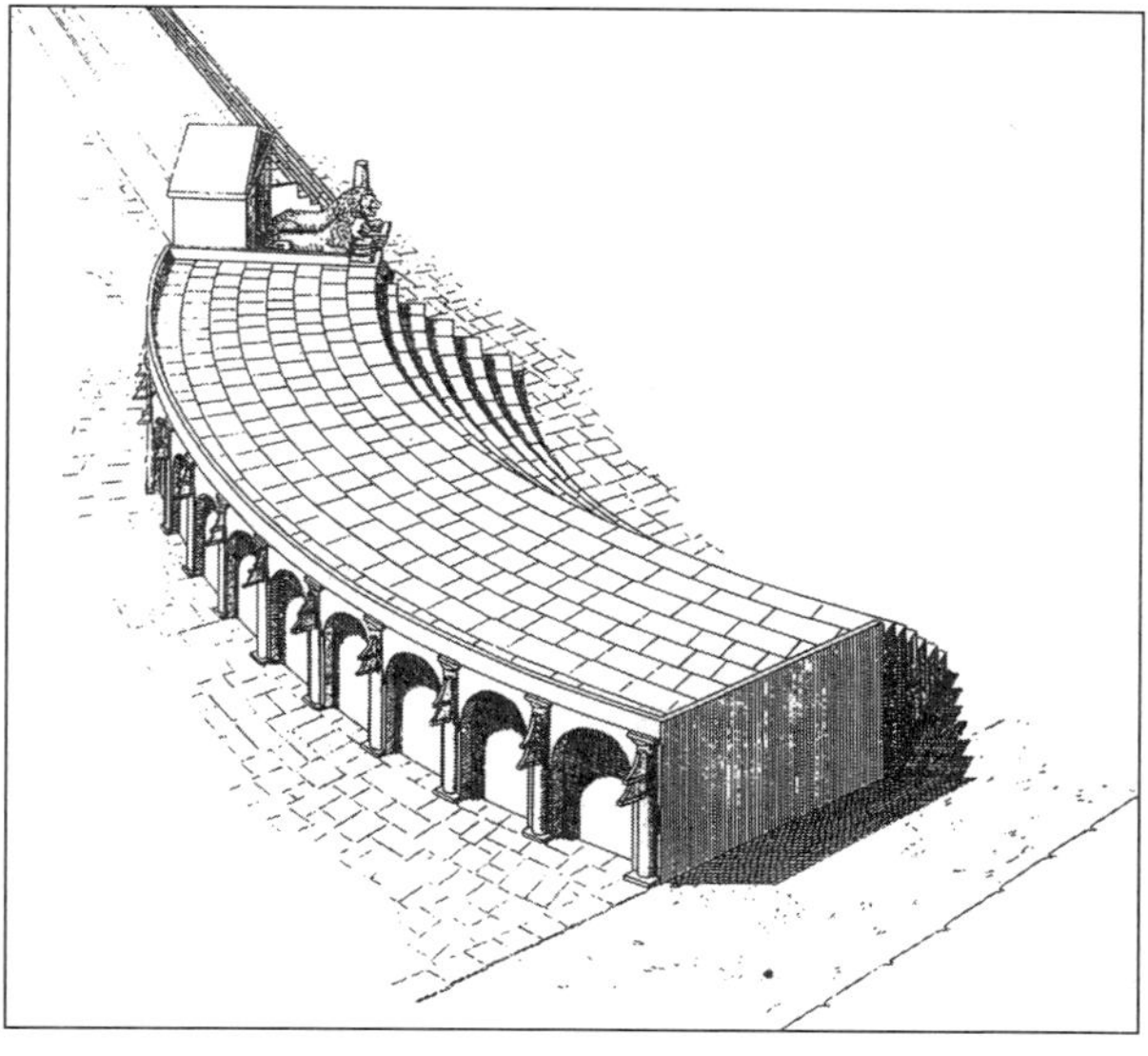

の一部分にすぎなくなり、そこにフェリキタス神殿が建立されて、コミティウムの痕跡は完全に消滅してしまった。民会の恒常的施設であったコミティウムが撤廃されたことにより、制度としての民会も、三世紀まで存続したとはいえ実質的な力を急速に失っていった。民衆派の一員として民会を尊重し、それゆえに頭角を現していったカエサルではあるが、彼にとっては権力を獲得するための跳躍台でしかなかったのである。

以上は、フォルム・ロマヌムの北西隅でカエサルが進めた整備事業である。これに対して、広場の中央付近で行われた整備事業の中核こそは、カエサル好みの豪奢な二つのバシリカ建設である。

カエサル広場の用地買収が開始された紀元前五四年、カエサルはフォルム・ロマヌムの南側に並ぶ旧商店街(タベルナエ・ウェテレス)とその裏のバシリカ・センプロニアおよび商店街を撤去してバシリカ・ユリアの建設工事に着手した。東のカストル神殿と西のサトゥルヌス神殿に挟まれたこの区域は、王政期から商店が軒をつらね、十二表法が制定された紀元前五世紀中ごろからは十人役による裁判が定期的に行われた。商取引と裁判のための建物であるバシリカを建設するのにもっともふさわしい場所であった。カエサル広場と同じように、ローマを不在にしているカエサルが、ガリアで得た莫大な富を注ぎ込んで自分の存在を誇示するために、また、市民の歓心を買うと同時にポンペイウス派に圧力をかけるために推進した造営事業である。

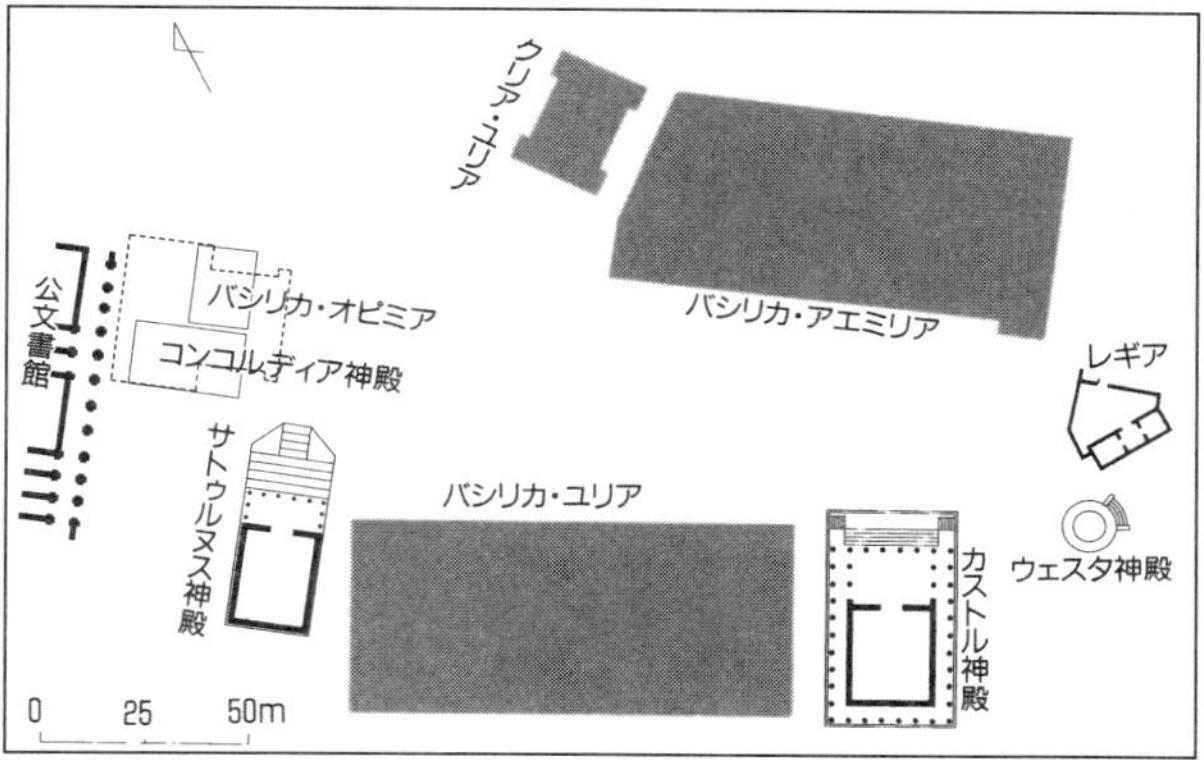

38 カエサル時代のフォルム・ロマヌム

約五〇〇〇平方メートルの敷地一杯に広がる豪華な会堂は、紀元前四六年、竣工式を迎えた。しかし、この竣工式も、カエサル広場の奉献式と同様、工事の完了を祝ったのではなく、一連の凱旋式を盛り上げるための記念行事でしかなかった。工事が実際に完了したのはそれから三〇年以上もたった紀元前一四年のことである。

バシリカ・ユリアの反対側、フォルム・ロマヌムの北側にはバシリカ・アエミリアがあった。紀元前一七九年、時の監察官アエミリウス・レピドゥスと同僚によって新商店街（タベルナエ・ノウァエ）をとり込むかたちで建設された商業会館である。当時は、フォルム・ロマヌムでも最先端をいく壮麗な建物であった。しかし、建設から一〇〇年を超えていたその建物は、改修の手が数次にわたって加えられていたとはいえ、多額の建築資金を注ぎ込んで建設されるバシリカ・ユリアとつりあうはずがなかった。そこで、紀元前五五年もしくはその翌年、バシリカ・アエミリアの管理に歴代当たっているアエミリウス家が、カエサルの資金援助のもと、本格的な再建にとりかかった。広場に面したもっとも大きな二つの建物が完成すれば、フォルム・ロマヌムは面目を一新した広場に生まれかわるはずであった。

三番目の事業は、カンプス・マルティウス全体の整備であり、そのことによって、この地域の先駆的開発者であるポンペイウスを凌駕しようとするカエサルの政治的目的が含まれていた。整備計画最大の事業は、テヴェレ川の工事である。大きく蛇行するテヴェレ川に囲まれたこの地域は、低地であるため毎年のように洪水で冠水し、そのことがカンプス・マルティウスの本格的な発展を妨げていた。このため、テヴェレ川の川筋を、現在ヴァティカン市国のあるヴァティカヌス丘寄りにかえ、川筋を直線化する計画を策定したが、あまりに巨額の費用を要する難工事であることが明らかとなり、着工には至らなかった。実際に行われたのは、護岸工事と川底の浚渫《しゅんせつ》にすぎなかったと推定される。

一方、ポンペイウスを凌駕する造営事業だけは是非とも実現しなければならなかった。したがって、カンプス・マルティウスのより広い範囲の公共基盤の整備だけでなく、ポンペイウスが評判をとった劇場とそれに付属する列柱回廊をしのぐ公共建築の建設が必要である。劇場に関しては、スエトニウスが述べているように「タルペイユスの崖に接し」ている場所、つまり、カピトリヌス丘の北西斜面の下、フォルム・ホリトリウム（青物市場）の西側が建設地に選ばれた。そこは商人の住宅やピエタス神殿のある下町の一角だったので、神殿はフォルム・ホリトリウムに移築され、住宅はカエサル広場の場合と同じように購入後、解体された。

カエサルが計画した劇場は、ポンペイウス劇場を規模において圧倒するものではなかったが、その建設場所は、アポロ神殿の隣地で、アポロをたたえる演劇が昔から挙行されていたところである。そればかりでなく、アポロ神殿の前面、つまり劇場建設予定地は、しばしば元老院の会議が開かれる場所でもあった。そのような土地を選択したのは、規模によってではなく、由緒ある場所柄によってポンペイウス劇場を凌駕しようと考えたからであり、その選択には学識あるウァロの助言があったものと推測される。

それに対して、規模そのものでポンペイウスを圧倒しようとしたのがサエプタ・ユリアである。広大な中庭を大理石の円柱がとりまく列柱回廊であるから、ポンペイウス回廊と同じ機能をもつ施設で、市民の憩いの場になるはずだった。それをポンペイウス回廊から五〇メートルと離れていないところに建設しようとしたのは、ポンペイウスを意識していたからにほかならない。

以上の造営事業のほかに、数多くの神殿や公共建築の改修も手がけたが、それらの一つとしてカエサル存命中に完成したものはない。すべてが、後継者であるアウグストゥスとその右腕だったアグリッパにひきつがれてようやく完成するのである。ローマの統治制度を大国にふさわしい効率的で強力なものにしようと企図し、そのために、カエサルは自分自身に権力のすべてを集中させようと考えた。その具体的な政体が王政であるのか、元首政であるのかを明らかにすることなく、カエサルはこの世を去った。首都整備計画に関しても、気宇壮大な構想を立案しながら、その完成を見ることはなかった。

カエサルは、紀元前四四年三月一五日に元老院を開催するため議員たちに召集をかけていた。元老院議事堂は新しい場所に建設中だったので、開催場所はポンペイウス劇場裏の回廊である。おそらく、開催場所を指示したのもカエサルであったと推定される。その会議で、縁戚関係にあるアウレリウス・コッタが、カエサルに王の称号を与える提案を上程する手はずになっているという噂でローマはもちきりだった。若いときからの夢がようやく実現するかもしれない会議にカエサルはぜひとも出席しなければならなかった。不吉な兆候があるといって外出を反対する占卜師と妻カルプルニアの反対をおしきり、輿に乗ってカンプス・マルティウスのポンペイウス回廊へと赴いた。

時刻は一一時、王にひとしい権力者の入場に、議員たちは割れんばかりの拍手と歓声をあびせた。カエサルが着席すると、敬意を表するかのように何人かが近づき、請願をよそおうキンベル・ティリウスがさらに進み出てカエサルを押さえ込んだ。前もって計画されていた攻撃開始の合図である。カスカ兄弟の一人が隠し持つ短剣で最初の一撃を与えた。逃げまどうカエサルめがけてつぎつぎと凶刃が突きたてられた。息子同然のブルトゥスまでもが共和政護持のための短剣を、痩身のカエサルめがけて突いた。時代の要請を敏感に感じとり、強固な意志と柔軟な対応によって権力の頂点にのぼりつめた男が、広大なローマ世界を現実としてとらえ、その現実にふさわしい都にローマを変身させようとしたたぐい稀な構想家が、自らの設定した日時と場所で、凶刃の前に倒れたのである。

第二章　秩序ある都
――アウグストゥスの政治――

それまでのローマは都にふさわしい外観をもっておらず、洪水と火災にも弱かった。アウグストゥスはローマを見事な都市につくりあげたので、「私はローマを煉瓦の街として引き継ぎ、大理石の街として引き渡す」と彼が自慢するのも当然だった。

スエトニウス『ローマ皇帝伝』
アウグストゥス　28.

1　カエサル亡きあと

ブルトゥスの決定的失敗

嵐の三月一五日が過ぎると、キケロは唾棄するようにいった。ブルトゥスらは「男の勇気はあるものの、子供の分別しか持ちあわせていない」と。まさに的を射た名言である。都市国家の枠組みからなる共和政は、市民共同体であることを前提とし、公職の最高位である執政官でも、その任期は一年と厳しく制限されていた。専横な絶対的権力者の出現を防止するためである。ところがカエサルは元老院でも、二人の執政官をさしおくかのように彼らよりも一段と高い黄金の椅子に坐り、その絶対的権力をこれ見よがしに誇示した。また、自らの身の安全を確保するために、護民官だけに認められている身体の神聖不可侵性を獲得していた。市民を超越した存在、つまり、市民共同体を逸脱し、共和政を否定した存在になっていた。

ギリシア人に対しても、また、オリエントの人間に対してもローマ人が誇りとする伝統とは、国家の自由であり、共和政という政体だった。この栄光ある伝統を死守しなければならない、それがブルトゥスたちを行動に駆りたてた動機であり、理念である。しかし、紀元前二世紀、東地中海域に進出したときから、ローマ人は自ら都市国家の枠組みの外に足を踏みだし、共和政による統治が困難な、大国という現実をローマに突きつけていた。それゆえに、グラックス兄弟以来、ローマは未曾有の内乱に陥り、一世紀近い混乱と試行のすえ、ようやくその解答を引き出そうとしていた。少々乱暴で荒削りではあるが、少なくとも一般市民が合格点を与えたのがカエサルであり、カエサルが示した包括的な統治構想である。事実に即した判断の得意なローマ人が、大きな犠牲を払って見いだした具体的な統治構想であり、それが現実となりつつあった。ブルトゥスとその仲間は、この現実を直視する「分別」を持っていなかった。持っていなかったからこそ、理想に走ることができたのである。

暗殺に成功したあと、元老院ではさしたる混乱もなく、彼らがもっとも恐れていたアントニウスは、いつのまにか姿を消していた。ブルトゥスたちは、ポンペイウス回廊から歩いて一〇分とかからないユピテル神殿のあるカピトリヌス丘に慎重を期してのぼっていった。反対派の反撃を受けても、しばらくはもちこたえることのできる自然の要害であり、北側のアルクスには防御施設もあった。神殿の前に集まった市民に、非常手段に訴えざるを得なかった理由を演説すると、多くの者が賛意を表した。意を強くしたブルトゥスは翌日より多くの市民に語りかけるため、フォルム・ロマヌムに赴く決心をした。祭りや凱旋式のとき、行列がのぼってくる道を下り、丘のすぐ下にあるロストラ、もしくは広場の反対側にあるもう一つの演説用基壇に立った。

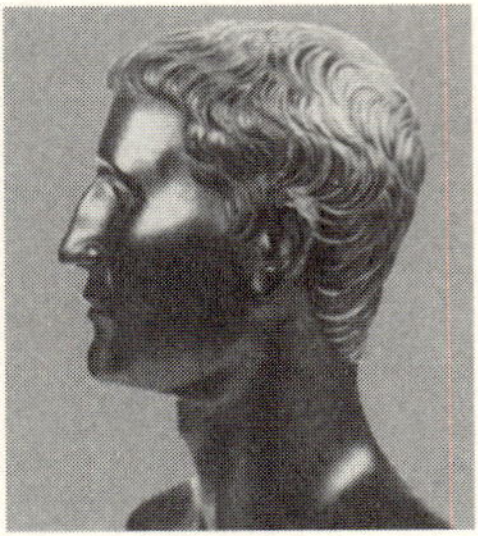
1　アントニウス

カエサルによるコミティウム撤去に際して、ロストラは移築され、暗殺される前には完成していたと推定される。なぜなら、同じ年、カエサルの信奉者の一人であるロリウス・パリカヌスが発行した貨幣に完成したロストラがあらわされているからである。しかし、暗殺の理由を説明するためにカエサルがつくったばかりの基壇を用いるのはあまりに刺激的であったと思われる。そのようなことも考慮しなければならないほど事態は流動的だった。したがって、あくまでも推測の域をでないが、広場の東側にある基壇の可能性が高い。その壇上から、ブルトゥスは、彼らの行為が正義のためであることを説いた。熱烈な賛同もなかったが、激しい反対もなかった。

翌日、元老院の緊急集会がテッルス神殿で開かれた。キケロの弟が住む家に境を接し、ポンペイウスがかつてユリアとの生活を楽しんだ邸宅やアントニウスの家があるカリナエのほぼ中心にその神殿はあった。議員を前に、いまや主導的立場にあるキケロが、うらみを捨て大道につくことを提唱すると、多くの議員が賛成し、事態は沈静化の方向に向かった。ただ一つ紛糾したのは、遺書を市民の前で公表し、遺骸を骸衣で覆うことなく葬送しようとするアントニウスの提案に関してである。カッシウスは断固としてその提案に反対したが、ブルトゥスの譲歩によって決裂には至らなかった。

古代の歴史家は、カエサル暗殺のおり、アントニウスを道づれにしなかったこと、元老院でのこの提案を認めたことの二つをブルトゥスの決定的失敗と指摘している。結果を承知している歴史家の言ではあるが、正鵠を射た指摘である。

アントニウスの追悼演説

三月一九日、遺書を市民に読み上げる日がやってきた。当時の習慣として、生前に記されたカエサルの遺書は、ウェスタの巫女たちに預けられ、ウェスタ神殿もしくはアトリウム・ウェスタエに保管されていた。カエサルが住むドムス・プブリカと背中あわせの場所である。ウェスタ最高女祭司から遺書を受けとったアントニウスは、あの簡潔明快なカエサルの文章を、おそらく一字一句はっきりとした声で読み上げ、息を殺して聞き入る人々は、次第にカエサルへの哀悼の念にとらわれていった。ローマ市民の一人一人に三〇〇セステルティウスが贈られるとあり、テヴェレ川右岸のカエサル庭園（ホルティ・カエサリス）も市民に遺贈するとあったからである。

人々は、ローマとその市民を思いやるカエサルの大きな慈愛に感動を禁じ得なかった。クレオパトラがローマを訪れたとき、彼女が起居したところこそこの庭園である。二人にとって思い出多い庭園にもかかわらず、遺贈されたのはエジプトの女王ではなく、ローマ市民であった。まことしやかに噂されたアレクサンドリアへの遷都計画も、いまや、たんなる噂にすぎなかったことが明白となった。かわらぬ声で遺書を読みつづけるアントニウスだけは、意外な思いをしたことであろう。カエサルの法定相続人としてガイウス・オクタウィウスの名が記されていたからである。感動に胸を熱くしていた人々は、その聞きなれない名前に注意を払うことはなかった。

翌日は、葬儀の日である。葬儀の行列はスブラの豪奢な私邸から出発したのではなく、大神祇官公邸であるドムス・プブリカから出発した。公人としてのカエサルを尊重したためであろう。したがって葬送行進はかつてない豪華なものであった。行列のなかでひときわ目立つのが二四人の先導吏である。死の直前、終身独裁官に就任していたので、執政官二人分に相当するその権能によって、執政官が従えることのできる倍の人数である。しかも、彼らが左肩にかつぐ束桿《そっかん》（ファスケス）には斧（セクリス）がつけられたままだった。市街地（ポメリウム）のなかで武器を携帯することは禁じられていたので、執政官の先導吏といえども束桿に斧をつけることはなかった。非常大権を有する独裁官だけに許された特権で、この見なれぬ光景に、人々はあらためてカエサルの権力の大きさを知らされたことであろう。また、大神祇官や執政官であったことを示す象牙製の床几などさまざまな遺品を親族縁者が携え、ユリウス家の傑出した数多くの先祖の肖像（イマギネス・マイオルム）を持つ男たちもそのなかにまじっていた。遺骸は特別の棺台に安置されてカエサルゆかりの者たちが運んだ。

フォルム・ロマヌムに進みでた行列が完全に停止し、遺骸を中心に近親者や側近だった者が床几に腰をおろすと、アントニウスは、数日前ブルトゥスが演説したあの基壇に立って追悼の演説を始めた。慣例に従い、まずカエサルの顕彰（エロギウム）である。その栄光にみちた経歴に、数々の凱旋勝利に、そして市民のためにつくした大造営事業に聴衆の誰もが心うたれている様子をするどく察したアントニウスは、カエサルを失った悲しみを切々と訴えはじめた。その哀悼の辞は、やがてカエサルの命を奪う暴挙にでた者たちへの非難となり、カエサルが着用していたトガが高く振りかざされた。そこには何十という剣で刺した痕が血痕とともに鮮やかに浮かびあがっていた。カエサルの大きな慈愛と施しに深く感銘した聴衆は、かけがえのない偉大な人物の死を慨嘆し、カエサルに手を下した者たちへの怒りを爆発させた。ここに至っては、聴衆の怒りをしずめることは不可能だった。人々はわれ先にと机や椅子を持ちだして焚木の山を積み上げ、カエサルの遺骸を荼毘《だび》に付し、火のついた焚木を手にとって、暗殺者たちの家に走った。カッシウスのもっとも恐れていた事態が現実となった。

三頭政治

アントニウスのカエサル追悼演説を契機として、ブルトゥスらは首都をあとにせざるを得なかった。ローマにのこった有力者は、キケロ、アントニウス、レピドゥス、それにオクタウィアヌス（オクタウィウス）である。共和政主義者でありながらファルサロスの戦いに参加せず、カエサルの友誼を得ていたキケロは、暗殺に与することもなかったので、カエサルの他界直後、もっとも主導的な地位を占めていた。アントニウスは、将軍としてまた政治家としてカエサルにもっとも忠実な側近であり、追悼演説以来大いに株をあげていた。レピドゥスもまたカエサルの信任厚い将軍だった。彼らにとって一人意外な人物といえば、遺書に法定相続人として名を記されているカエサルの姪の子、当時一九歳の若きオクタウィウスであった。暗殺の知らせを受け、急遽遊学先からアグリッパをともない帰ってきたオクタウィウスは、カエサルの相続人としてその名をガイウス・ユリウス・カエサル・オクタウィアヌスとかえた。

葬儀のあと、カエサルの遺骸を荼毘に付した場所に祭壇と円柱が建立された。大神祇官としてのカエサルが宗務をとりしきっていたレギアから三〇メートルしか離れておらず、またその公邸であるドムス・プブリカからも五〇メートルと離れていないフォルム・ロマヌム東端のそこは、カエサルを記念するにはまたとない場所であった。円柱は、北アフリカのヌミディアで採れる黄色の大理石で、高さ五・八メートルあり、その中ほどの高さに「国父へ」という文字が刻まれた。この時点ではまだカエサル神殿の建設は計画されていなかった。

2　カエサル神殿（復元図）

3　カエサル神殿基壇内の祭壇

絶対的な権力を一身に集めていたカエサルの死は、ローマ社会の、とくにその統治システムのなかに大きな空洞をつくり、その空洞の充塡を模索して、流血をともなう権力闘争がふたたび激化した。時計の針がポンペイウスの時代に戻ったかのようであった。元老院派を代表するキケロは、非難の舌鋒をアントニウスに向け、二人の反目は決定的となった。若いオクタウィアヌスは、経験も実力もアントニウスにおよぶはずがなく、その後塵を拝することに甘んじていたが、彼なりの布石は打っていた。この二人が、手を結ばないかぎり、元老院派にもわずかな可能性がのこされていた。しかし、翌年の紀元前四三年一〇月、北イタリアのボローニャで、二人は政治的協定を締結した。レピドゥスを加えたこの協定、つまり三頭政治は、民会決議によって正式の統治体制となった。

元老院派の最後の希望は粉々に砕けた。キケロはアントニウスの部下によって殺され、ブルトゥス一派もギリシアへ逃れて、きたるべき決戦の準備に専念した。レピドゥスをローマにのこしたアントニウスとオクタウィアヌスは、紀元前四二年一〇月、マケドニアのフィリッピにおける戦いで元老院派の残党を壊滅させ、ブルトゥスは自らの命を絶った。

フォルム・ロマヌムにカエサルを祀る神殿建立がアントニウス、レピドゥス、オクタウィアヌスの三人によって決定されたのは、おそらくこの戦いの前である。カエサルの他界からすでに二年を経ていたが、王になろうとしたがゆえに暗殺されたカエサルを、神格化して、神殿を捧げるには、市民の反応を十分に見きわめる必要があった。それが、決定を遅らせた最大の理由と思われる。事実、火葬後につくられた祭壇は、ドラベッラによって撤去されるような事件も起きていた。

神殿建立の決定が下された紀元前四二年、元老院派に対する三人の優位は決定的となっていた。それでも、死後とはいえ、人間を神格化することは、ローマの歴史と宗教におけるはじめての事例だった。もちろん、カエサルと同じように殺されたローマ初代の王ロムルスは、死後、サビニ人の神であるクイリヌスと同一視されたと伝承にある。しかし、神格化されて「神なるロムルス」となったのではなく、以前から崇拝されていた神と「同一視」されただけである。ギリシア宗教とは違って半神、英雄をもたないローマ宗教は、人間が神となる道を閉ざした宗教であった。わずかな例外といえば、属州において神とあがめられた何人かの総督たちであるが、いずれもギリシアの文化基盤が強固な地方においてであり、都ローマの、もっとも由緒あるフォルム・ロマヌムにそのような先例はなかった。神格化という、政治的にも微妙かつ重要な問題に決断が下されたのは、三人の実力者にとって「神なるカエサル」の後継者たらんとする共通の目論見があったからである。

カエサル神殿建立は、三人が決定した公式の造営事業ではあったが、実際に工事を進め、費用を負担したのはオクタウィアヌスただ一人だった。紀元前二九年八月一八日、神殿はようやく完成する。場所は、レギアの東側で、火葬後の祭壇を神殿の基壇前面がとり囲むようなプランをもっていた。神殿のなかには、カエサルの彫像が安置され、その頭上に星が置かれた。「というのも、神にあがめられたカエサルのため、相続人オクタウィアヌス（アウグストゥス）が、初めて見世物を催したとき、彗星が毎日第十一時ごろに現われて、七日間たて続けに輝いた」からである。「それでカエサルの魂が天上に迎え入れられたと人々は信じた。このため彼の像の頭上てっぺんに、この彗星が添えられた」（国原吉之助訳、スエトニウス『ローマ皇帝伝』第一巻八八）。また、紀元前四世紀の画家で、古代最大の画家と評価の高いアペレスの『アフロディテ・アナデュオメネ』のようなギリシア絵画の傑作が何点か展示されたという。

カエサル神殿は、内陣の前にだけ円柱を並べたプロステュロス式（前柱式）の平面プランである。広い内陣が確保でき、しかもギリシア神殿のような優美さをもつこの神殿タイプは、ローマ人の好みに一致し、このころからもっともスタンダードなタイプとして広く流行した。

オクタウィアヌスの台頭

元老院派を壊滅させたフィリッピの戦いのあと、アントニウスは、大きな戦果と莫大な財宝が約束されている東方へ大軍を率いて出発し、一方、オクタウィアヌスは行政処理という地味な仕事のためローマに戻ることになった。実力、経験、年齢のいずれをとっても両者には格段の相違があり、オクタウィアヌスにとっていたしかたない残務処理であった。

しかしそのことが決定的な結果を生むことになる。

もっとも得意とする行政手腕を発揮して、数々の難問を堅実に解決していっただけでなく、カエサルが着手していた途方もない造営事業の多くを着実に推進した。それに要する膨大な費用は、さいわいにもカエサルがオクタウィアヌスにのこしてくれていた。しかも、アントニウスに嫁いでいたオクタウィアヌスの姉オクタウィアは、夫の出征後もローマにのこって家庭を守り、貞淑な婦人の鑑《かがみ》としてローマ市民の尊敬を集めていた。クレオパトラに籠絡され、東方の奢侈な生活にひたりきったアントニウスの放埒さが浮彫りにされ、姉弟の人気がローマ市民に浸透していった。

都ローマとイタリアでの権力基盤を確実なものとするため、ポンペイウスの残党討伐だけでなく、アントニウス側の人間を排斥することにもオクタウィアヌスは努めた。そのような戦いの一つが、シチリアに勢力をもっていたポンペイウスの息子セクストゥスとの戦いである。アドリア海以西の西方ではオクタウィアヌスにとってもっとも危険な人物であった。父親の海賊討伐に従い、海戦にたけていたセクストゥスとの戦いは苦戦を強いられたが、紀元前三六年のナウロコスの海戦で勝利をおさめ、豊かな穀倉地帯であるシチリアを確保することに成功した。もう一つの穀倉地帯であるエジプトはアントニウスがおさえているので、シチリアはぜひとも確保しておかなければならない属州だった。都への食糧を安定して確保するうえでも重要な意義をもっていたナウロコス海戦勝利を記念して、オクタウィアヌスは凱旋門を建設することにする。おそらくフォルム・ロマヌムへの入口に近いカエサル神殿脇であったと推定される。

凱旋門という戦勝記念建造物は、紀元前二世紀の都ではいくつも建立されていた。最初の凱旋門は、ヒスパニアから帰還したルキウス・ステルティニウスがフォルム・ボアリウムと大競馬場（キルクス・マクシムス）に紀元前一九六年の冬建造した三基で、その後、スキピオやカルプルニウスもカピトリヌス丘に建造している。紀元前二世紀最後の凱旋門は、「聖道のレギアに接して」紀元前一二一年につくられたファビウス・マクシムス・アロブロギクスの凱旋門、つまりフォルニクス・ファビアヌスである。しかし、内乱に入ってから凱旋門が建立されることはなかった。栄枯盛衰の激しい時代、権力者の覇権を印象づける凱旋門の建立は、元老院が承認しても、民会が反対するというような政争の具と化していたからであろう。

最後の凱旋門がつくられてからすでに一〇〇年近くもたった紀元前三六年、古い衣装を取り出すように凱旋門建立を発案したのは、おそらくウァロであったと推定される。カエサルに抜擢されながら、アントニウスの不興を買って隠棲していたこの高名な学者は、オクタウィアヌスとアントニウスの対立が明らかとなったころから、ふたたびオクタウィアヌスの知遇を得ていたからである。オクタウィアヌスにとって、カエサルの着手した多くの造営事業を継続するにも、またより精緻な整備事業計画を策定するにも、ウァロのような学者たちの都に関する歴史的研究と学識がどうしても必要であった。おそらくナウロコスの凱旋門建立を決めたころ、彼らに新しい首都整備計画の作成を諮問していたものと思われる。もちろん学者だけでなく、優れた政治的洞察力と実行力をもつアグリッパや、広汎かつ洗練された教養の持主で大富豪のマエケナスらの協力も無視できない。

それまでの将軍や権力者の活発な建築活動は、地域の不均衡を助長し、カエサルの気宇壮大な整備計画は、慎重な見直しが必要だった。体系的、組織的な整備計画の策定によって、都ローマに都市としての秩序を与える必要があった。それは、オクタウィアヌスの政治的基盤の強化にとっても利するところの大きい政策だった。したがって、エジプトと東方属州に君臨するアントニウスを撃退する以前から、オクタウィアヌスはこの大事業にとりくんだのである。

その一方で当面の敵アントニウスを窮地に追いやる政治的効果の高い、つまりプロパガンダとしての造営事業を推進しなければならなかった。その典型的な例が、パラティヌス丘に建設されたアポロ神殿である。凱旋門と同じくナウロコスの海戦勝利を記念して建立を誓約された神殿である。カエサルの命によってウァロが集めた万巻の書を収納する図書館も付置されることになっていた。学芸の神、悪しき者を遠ざける神、正義の戦いの神であるアポロではあったが、そのためにのみこの緊張を要する時期に建立を誓う必要はなかった。神殿建立の真の目的は、東方でディオニュソスの再来とあがめられ、自らもその気になっていたアントニウスに対抗するためのアポロ礼讃だったのである。酒と女を好み、法悦状態の騒乱を許すディオニュソスのその負のイメージを、アントニウス像と重複させるためには、毅然とした正義のアポロを称揚することである。そうすれば、その称揚の先頭に立つオクタウィアヌスのイメージがアポロと重なる可能性があった。パラティヌス丘のいただきに立ち、大競馬場を見下ろす壮麗な神殿の建設が、おそらく突貫工事で進められた。ディオニュソスとアポロ、アントニウスとオクタウィアヌス、二つの対比を重ねあわせるイメージの固定化に、徐々にその威容を明らかにしていく神殿が大きく作用したことはまちがいなく、オクタウィアヌスの狙いも的中していった。だからこそ、工事は急がれた。カエサル神殿が紀元前四二年に工事を開始して完成するまでに一三年を要しているのに対し、その三倍近くの規模を誇るアポロ神殿は八年で完成にこぎつけている。

アクティウム沖の海戦

カエサルの野放図ともいえる数々の施策の残務処理、アントニウスの事あるごとの妨害、口やかましい元老院との調停、セクストゥス・ポンペイウスら有力反対分子の討伐、西方諸地域での軍事行動、それに人口五〇万をはるかに超える都の行政、それらを通じてオクタウィアヌスはたくましい実力者に変身していた。激昂しやすくひ弱なかつての面影はどこにものこっていなかった。そのオクタウィアヌスが、アントニウスの野望の前に立ちはだかった。

オクタウィアヌスの成長をアントニウスが知らなかったわけではなく、とるに足りない若者とみくびっていたわけでもない。決戦の準備でアテネ滞在中のある日、パルテノンの東側に並ぶ彫像のなかからディオニュソス像だけが崖下の劇場に落ちた。このことをひどく気にしたアントニウスは、敗戦の予兆であることを懸命に打ち消し、自ら広言していたディオニュソス再来説を否定するほどであった。百戦錬磨の武将も、迫りくる敵の影におびえたのか、冷静な判断に欠けていた。圧倒的な兵力を擁していながらクレオパトラの主張によって海上での戦いを選択したアントニウスは、紀元前三一年九月、アクティウム沖の海戦でその選択が誤りであったことを悟らされる。海戦で敗退し、アレクサンドリアでの籠城戦に場所を移したものの結末は明らかだった。翌年、武将にふさわしく自らの命を絶った。ほぼ一世紀にもおよぶ内乱が終結し、地中海域で唯一のこされていたエジプトの併合が完了した。

アントニウスの死後、オクタウィアヌスに捕らえられたクレオパトラも、毒蛇に身を咬ませ、女王としての威厳を保ちながら死んでいった。カエサルを魅了し、アントニウスを籠絡するクレオパトラの、身を賭した努力は、外交によってしかローマに対抗できないプトレマイオス朝末期の最後のあがきだったのである。才知と教養だけを武器としたクレオパトラの外交交渉は、瀕死のエジプトに少なくとも一〇年以上のさらなる命脈を与えた。

国際政治における個人の力の限界と可能性を、その美貌にまどわされることなく評価すべきである。

2 アウグストゥスの帰還

軍の全権掌握

オクタウィアヌスのアレクサンドリア滞在は、カエサルのそれと好対照をなしている。それはまた、わずか二〇年の間に時代が大きく移りかわったことの証左でもあった。両者に共通する最大の課題は、エジプトの処遇である。扱いをまちがえれば自らの、そしてローマの命取りになるという認識でも共通していた。カエサルの選択は、クレオパトラに統治を委ね、彼女を支配するという間接統治である。これに対してオクタウィアヌスは、エジプトをローマの属州とし、元老院ではなく自らが直接管轄するという選択をした。三年後に制度化された、オクタウィアヌスの属州と元老院の属州の区別は、すでにアレクサンドリア滞在中に構想されていた。

もう一つの対照は、アレクサンドリアから得た教訓である。カエサルは、アレクサンドリアの壮麗に圧倒され、首都たる都市の美化を決意し、数多くの造営事業をローマで繰り広げた。その事業を継承し、壮麗な都ローマの見取図をすでにもっていたオクタウィアヌスは、カエサルのように圧倒されることはなかった。むしろ、都市の四分の一近くを占める宮殿の馬鹿馬鹿しいほどの広さと豪華さを、パラティヌス丘の質素な自邸と比較して王朝の末期に思いを馳せざるを得なかった。オクタウィアヌスが感銘したのは、豪華な宮殿や神殿、巨大な灯台ではなく、行政区分および警察消防の制度と組織であった。都市の壮麗と機能を真に生かす都市行政である。

アレクサンドリアからローマに戻ったオクタウィアヌスを迎えたのは、かつてない厳かな出迎えの儀式だった。元老院はそのためにわざわざ「出迎えの儀」の決議まで行っていた。カペナ門のすぐ外側にあるフォルトゥナ神殿の前に勢揃いした元老院議員、ウェスタの巫女、すべての公職者、そして多くの市民は正装してオクタウィアヌスの帰還を祝った。元老院は、オクタウィアヌスの帰還を記念してさらに多くの行事を計画していたが、山積している諸問題をできるかぎり早く解決するため、彼はその提案を丁重に断った。なかでも緊急を要するのは、一世紀続いた内乱の事後処理を円滑に進めると同時に、内乱の最終的勝利者となったオクタウィアヌス自身の処遇を決定し、広大な版図全体に機能する統治制度を確立することである。

内乱の後遺症は至るところで目についた。耕作地だけでなく人心そのものの荒廃、将軍(庇護者)を失った旧兵士たちの都市流入、戦費調達で過度の負担を強いられた属州の疲弊、いずれも気の遠くなるような難題であり、時間をかけて修復するしかなかった。とりあえず可能なことは、ふたたび内乱が起こらないように、軍隊が政争にまき込まれないようにすることである。そのためには、軍隊の全権をオクタウィアヌスが占有するしかなかった。軍最高指揮権者としてのインペラトルは、戦争遂行権を認められた有力な将軍の称号であったが、オクタウィアヌスは自分一人しか佩用《はいよう》できないものとした。その結果、六〇軍団という途方もない兵力がアウグストゥスの指揮下に入った。ギリシア・ローマの歴史で、これほどの常備軍をもつ権力者はかつて誰もいなかった。もちろんその後、二八軍団に縮小されるが、それでも一軍団六〇〇〇人として一六万八〇〇〇人という強力な常備軍である。この常備軍を維持するのに兵士一人の年給を九〇〇セステルティウスとすると、一億五〇〇〇万セステルティウス以上の大金が必要とされた。

その一方で、人心をたて直すために質実剛健な先祖の美風を奨励する者として、またカエサルの暗殺を教訓として、専制的権力者であると見なされることを極力避けなければならなかった。したがって、市民の第一人者ではあるが、決して王ではないことを表明するため、プリンケプス（第一人者、元首）であり、プリンケプスでしかないことを機会あるごとに宣言した。もちろん、身体の神聖不可侵性を確保し、最大多数の平民を味方とするため護民官職にあることをことさらに披露するという慎重さもあわせもっていた。内乱という不幸な時代を体験した政治家の、本能的な自己防衛手段であり、大きな転換期を生きのこる時代感覚によるものである。

オクタウィアヌス自身の処遇に関するもう一つの輝かしい成果は、「尊厳なる人」を意味するアウグストゥスという尊称（添え名）を獲得したことである。紀元前二七年一月一六日の元老院で大富豪のムナティウス・プランクスが提案し、正式認証された尊称である。このときからオクタウィアヌスはアウグストゥスと呼ばれるようになる。彼以外の市民とは明確に一線を画した名称ではあるが、あくまでも元老院から贈られたものであり、絶対的権能を意味する公職名ではなかった。

マルケルス劇場とアポロ・ソシアヌス神殿

アウグストゥスの自分自身に対する処遇の複雑さは、造営事業に彼が託した理由と目的の重層性もしくは多義性にも認められる。それはスラにはじまる権力者の常套化した政治手法でもあった。たとえば、カエサルがポンペイウスを凌駕するために着工した劇場建設は、より大規模な計画に変更されたうえで継承され、紀元前一三年（もしくは紀元前一一年）に竣工し、マルケルス劇場と命名された。この事業には、相続人として果たす当然の義務遂行という名目があった。孝行息子の果たすべき義務であり、大多数を占める平民にとってわかりやすい名目だった。この名目の下には、規模の拡大によって、カエサル以上の実力者であることが端的に示されていた。実力いかんで出世が可能な現実主義的傾向をもつ騎士階級に向けたアウグストゥスのメッセージと解釈できる。しかも、アウグストゥ

4　マルケルス劇場

5　アポロ・ソシアヌス神殿

ス自身が建造した劇場でありながら、すでに物故している女婿マルケルスの名を付すことは、造営主でありながら栄誉をひとり占めしない謙虚な市民であることを印象づけるだけでなく、個人名を冠することにより共和政期の凱旋建築を想起させた。伝統を重んじる元老院階級の共感を呼ばずにはいなかった。

名目、改変、命名、それらが何であろうと劇場自体の機能に変化はない。しかし、それこそが大国ローマに、その統治制度に、そしてアウグストゥスに当時求められていたもっとも重要な命題だった。そのことを、アウグストゥスは十分に認識していた。

同様の造営目的をもつ事業として、アポロ・ソシアヌス神殿やバルブス劇場がある。なかでもアポロ・ソシアヌス神殿は、「セルウィウスの城壁」のカエメンタ（カエメンタリス）門を出たすぐのところにあり、ポメリウムの外に位置することから、凱旋認定などポメリウム内では扱えない案件を審議するための元老院会議がその神殿の前でしばしば開催された。この神殿が紀元前四三三年に建立の誓約がなされたローマで二番目のギリシア神を祀るアポロ神殿なのかどうかは確定していないが、可能性は高い。疫病撲滅を目的としたアポロ神殿が、アウグストゥス時代、アポロ・ソシアヌス神殿、つまり「ソシウスのアポロ神殿」と呼ばれるようになった背景には、すでに見てきたアウグストゥスの慎重な配慮があった。

ガイウス・ソシウスは、紀元前三六年ごろ、執政官相当（執政官に選出されてはいるが執政官に就任していない者）に選出されていることからもわかるように、都ローマにあってアントニウスを支えていた有力者の一人である。紀元前三四年の戦勝で凱旋将軍に列せられると、凱旋将軍の権利に基づき、同年九月三日、アポロ神殿の修復工事に着手した。ナウロコスの海戦勝利を記念して、アウグストゥスが着手したアポロ・パラティヌス神殿の向こうをはっての修復事業だったことは、当時

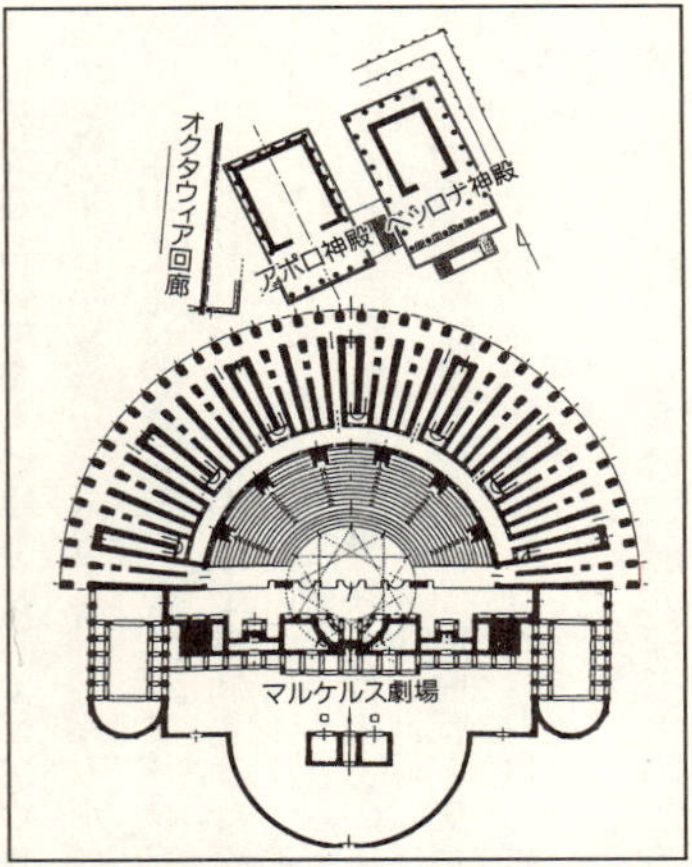

6　マルケルス劇場とアポロ・ソシアヌス神殿

の政治的状況から明らかである。しかし、アウグストゥスとアントニウスの決戦が避けられない状況となった紀元前三二年、ソシウスはローマをあとにしてアントニウスに合流、アクティウムの海戦ではアントニウス＝クレオパトラ連合艦隊の一翼を担った。敗戦後、その柔軟な態度とアルンティウスの仲介によってアウグストゥスの赦しを得ている。

ソシウスがローマをあとにするとき、神殿修復工事がどの程度進捗していたのかは不明であるが、その工事が完了したのは紀元前二五年ごろと思われる。つまり、ソシウスのあとはアウグストゥスが工事を進めたのであるから、工事完了後の命名に際して「ソシウス

の」アポロ神殿とする必要はなかった。しかし、アントニウス側の有能な人材を登用し、その配下にあった者の不満を解消するために、恭順の態度を示しさえすれば赦免の用意があることを広く知らせなければならなかった。アポロ・ソシアヌス神殿命名の理由であり、もちろん、元老院対策でもあった。凱旋記念建築の名残をもつ建築には、そのほかスタティリウス・タウルス円形闘技場、マルキウス・フィリプス回廊などがある。

3 高揚する帝政ローマ

アウグストゥスは、帝国の新しい統治制度の樹立に腐心しただけでなく、内乱によって荒廃した人心の修復と健全化にも大きな努力をはらった。巨大な帝国の維持にとって、市民の健全な倫理と道徳、共通する誇りと希望がきわめて重要であることをよく理解していたからである。とくに、共和政が実質的に終焉し、新しい帝政の時代となったいま、人々に精神的な指針を示す必要があった。そのためには、まず自らの行動によって範を示さなければならないことをアウグストゥスは承知していた。その一つが、堅実で質素なアウグストゥス自身の生活である。

鷹揚さと質実

圧倒的な地位を築いてからも、アウグストゥスはパラティヌス丘の自邸に住みつづけ、ヘレニズム宮殿のような豪奢な邸宅に住むことを潔しとせず、死の直前のカエサルのように玄関を神殿であるかのように改築することもなかった。多くの貴族たちが住むパラティヌス丘には、アウグストゥスの家よりもはるかに豪壮な邸宅がいくつもあった。かつてキケロが住み、いまはマルキウス・ケンソリヌスの所有となっている邸宅は、ローマの街すべてを眺めることができる場所にあり、広大な敷地を占めていた。それらにくらべればアウグストゥスの家は、比較的裕福な貴族の家と区別がつかず、その権力と財力の大きさにくらべれば不釣り合いなほど質素な家であった。しかも、カエサルの死後、大神祇官に就任したレピドゥスが紀元前一二年に他界し、ようやくその職を継いだアウグストゥスは、ドムス・プブリカを公邸とする権利を得るが、ウェスタの巫女たちにその敷地と建物を贈与した。鷹揚さを示すと同時に質素な生活を固持するためである。もちろん、その背景には、私的生活をもローマに捧げることを潔しとするアウグストゥスの信念があった。

同じ年、アグリッパの死によって寡婦となった娘ユリアを、後妻であるリウィアの連れ子ティベリウスと結婚させた。当時、アウグストゥスは、ユリアが先夫アグリッパとのあいだに産んだガイウス・カエサルもしくはルキウス・カエサルを後継者にと考え、兄のガイウスを紀元前一七年に、弟のルキウスを紀元前一一年に養子として迎えていた。ティベリウスの立場は非常に微妙であり、そのことを察して彼はロドス島に隠棲した。空閨のゆえか、男漁りに狂う娘にアウグストゥスは激怒し、紀元前二年、「自らの権威によってそしてティベリウスの名によって」ユリアを離婚させ追放してしまった。公私にわたり市民に範を示そうとしたアウグストゥスにとって、許すことのできない不祥事だった。したがってこの事件があってからは、なおのこと風紀の粛正をはかり、『恋愛術』を著したオウィディウスも犠牲の一人となった。

生きることのよろこびと楽しみを恋愛の技巧によって覆い隠す知的繊細さと、神々および人間の変身を中心とする物語に新しい生命を吹き込み独自の神話世界をつくりあげる構想力をあわせもつ天才詩人オウィディウスは、アウグストゥス治世の栄光を謳いあげようと『暦』の執筆にとりかかるが、追放処分（八年）のため、こころざしなかばにして筆を折ってしまった。しなやかで光輝に満ちた言葉を自在にあやつることのできるオウィディウスは、言葉の魅力を表現するために詩作を選んだ天才である。その彼でさえ、アウグストゥスの治世を創作対象とせざるを得ないほどに時代は高揚していた。ルクレティウスが『物の本質について』を著した、あの創造力に満ちてはいたが暗く重い内乱の時代とは大

7　大神祇官のアウグストゥス

きくかわっていたのである。

時代と社会の本質的変化を敏感に感じとることのできる詩人たちに、彼らが生きるローマを誇りに思い、大きな希望を抱かせたのは、アウグストゥスその人である。そして、彼らを実際の創作活動に誘《いざな》い、創作活動に専念できるよう生活を保障したのはマエケナスである。アウグストゥスの文化政策に適切な助言を与えたマエケナスは、エトルリアという豊かな文化を誇る地方の貴族であり大富豪であった。芸術家たちのパトロンとして、彼の周囲には多くの詩人や学者が集まり、マエケナス・サークルが形成されていた。それは、ギリシア文化の請来《しょうらい》に大きな力を発揮した紀元前二世紀のスキピオ・サークルにも似た文化人集団であった。

アウグストゥスの意を体したマエケナス庇護下の詩人たちのなかにウェルギリウス（前七〇―前一九年）とホラティウス（前六五―前八年）がいた。前者はその晩年の一一年間を『アエネイス』の執筆に捧げた国民的詩人で、ユリウス家とアウグストゥスの栄光の必然性を厳粛に、高貴に謳いあげ、ホラティウスも希望と輝きにあふれたアウグストゥスの治世を『世紀祭祝歌』としてまとめた。彼らが韻文によって高らかに称讃したアウグストゥスの栄光と権威は、建築として、彫刻として表現された。それがアウグストゥス広場と平和の祭壇である。

アウグストゥス広場

アウグストゥス広場の建設が計画されたのは、マケドニアのフィリッピで、ブルトゥスらカエサルを暗殺した一味の息の根をとめる戦いが始まらんとしている紀元前四二年一〇月であったとオウィディウスは記している。

「彼（アウグストゥス）は復讐のため武器をとった青年時代にそれを誓約したのです。その行為ははじまろうとする元首政にとって大いに価値のあることでした。彼は片手をのばして、一方に正義の軍隊が待機し、他方に謀反人たちがいるとき、かくのごとき言葉を述べました。「もし我が父（カエサル）、ウェスタの神官が余の戦うべきことの証人であるなら、また余が（マルスとウェスタの）神性の両方のために復讐するつもりであるなら、マルスよ、来たりて剣を冒瀆の血で満たせ、そして汝が寵愛をよりよき理由のために授けよ、我が勝利のとき、汝は神殿をもたらされ、ウルトル（復讐者）と呼ばれるであろう」と」（『暦』第五巻五六九―五七七）

つまり、アウグストゥス広場は、謀反人に対する復讐の神マルスを祀る神殿を中心とする広場として計画された、きわめて政治的色彩の濃厚な造営事業であった。しかし、当時建設中のカエサル広場だけでは、増大する社会的需要に対応できないこともアウグストゥスの念頭にはあった。政治的効果と社会的需要への対応という二つの目的が、当初、建設を計画させた理由である。

広場の建設用地は、カエサル広場とスブラのあいだにあり、約一万二〇〇〇平方メートルの広さをもっていた。スブラは、さまざまな商店が軒を接するように並び、平民や貧しい人々の貧相な住宅も立ち並ぶ庶民的で活気に満ちた地域で、それゆえに、しばしば火事をひき起こしていた地域だった。アウグストゥス広場建設にあたって、高さ二〇メートルを超す堅牢な壁が広場の周囲に建設されたのは、スブラからの延焼に対する防火壁の機能をもたせるためで、部分的にせよカエサル広場とフォルム・ロマヌムへ火の手が広がるのを遮断した。また、アウグストゥスが広場で主宰する裁判のとき、スブラの喧騒をさえぎる防音壁の役目も果たした。

広場の両側には列柱廊があり、緑雲岩でできた二九本の円柱がそれぞれ並んでいた。円柱が支える梁の上には乙女の立像をかたどる人身柱が並んでいたので、列柱廊は二階建てのように見えた。この列柱廊の奥にはほぼ半円形をしたホール（エクセドラ）が長方形の敷地から外側に突き出している。

厳密な左右対称性をもつ広場の奥まったところにマルス・ウルトル神殿がそびえており、その両脇に、ドルススとゲルマニクスの対ゲルマン人戦勝を記念して、ティベリウスが一九年に記念門を建立した。ここまではカエサル広場の平面プランと基本的に同じである。しかし、神殿の内陣と正面三角破風《はふ》、それに広場の列柱廊をより詳細に観察すると、大きな違いがあることに気づかされる。

8　マルス・ウルトル神殿

9　アウグストゥス広場（復元図）

内陣に祀られた主神は、もちろんマルス・ウルトルである。厳しい甲冑姿に身を固めた復讐者としての軍神は、カエサルの暗殺者を裁いただけでなく、アウグストゥスとその一族への謀反を裁く神でもあった。おそらく黄金象牙像のマルスの左には神なるカエサル像が、右にはユリウス家の守護神であるウェヌス像が安置されていた。というのもアルジェの国立古代博物館に、この三神をあらわす浮彫りがのこっているからである。もっとも遠い先祖ともっとも近い先祖を祀ることによってユリウス家の由緒ある家系を呈示し、その一族への反抗を軍神マルスが威嚇していた。

神殿正面の三角破風を飾る浮彫りには、上半身裸のマルスを中心として、その両側に左右対称に並ぶ六体の像があらわされている。中央の二体はウェヌスとフォルトゥナの女神で、その両側にローマ初代の王であるロムルスと女神ローマがひかえ、破風の末端には横たわる姿のパラティヌス丘とテヴェレ川の擬人像があった。もちろんこれらの神々の像と擬人像が現存しているわけではないが、さいわいなことに、ローマのヴィッラ・メディチに伝わる浮彫りにこの三角破風があらわされており、それによって以上のような配置が推定できるのである。

したがって、マルス・ウルトル神殿には二つのタイプのマルス像があったことになる。礼拝像としての軍装のマルス像と三角破風の半裸体のマルス像である。前者は、アルジェの浮彫りだけでなく、カピトリーノ博物館に等身大よりも大きな彫像として模刻されてい

(左)10　マルス・ウルトル
(中)11　ウェヌス、マルス・ウルトル、神なるカエサル
(下)12　マルス・ウルトル神殿の破風彫刻

る。それによれば、胸甲《きょうこう》の襟元にはゴルゴンの頭が、その下にはグリュプス二頭が向かいあってあらわされている。明らかに人間の思い上がりを罰するマルスの力と恐ろしさの象徴である。一方、両肩の留め金のところには豊穣の角《つの》がそれぞれ交差してあらわされており、平和による実りが示唆されている。武力によって達成した平和と、平和を守るための武力を意味するマルス像である。

これに対して、三角破風のマルス像は、槍と剣をもっているとはいえ、上半身裸で、その左足はローマ世界を意味する円球（オルビス・テッラルム）の上に置かれている。両側のフォルトゥナやローマを象徴する擬人像とともに実現された平和がローマとその世界にあまねく恩恵をもたらしていることを象徴している。タイプの異なるマルス像によってあらわされた二つの平和は、あとで述べる平和の祭壇にも見ることができる。

さらに、神殿正面の線を左右両側に延長すると、列柱廊の奥にある半円形ホールのもっとも外側へ突き出した部分に交差し、そこにアエネアスとロムルスの彫像が置かれていた。トロイア陥落のさなか、父アンキセスと息子ユルス（アスカニオス）、それにあの有名なアテナ女神像のパラディウムをともなって祖国をあとにしたアエネアスは、放浪のすえラティウムに上陸してラウィニウムを建設した。その子孫の一人ロムルスはローマ建国の王となり、息子のユルスはユリウス族の始祖となった。ローマの始祖およびユリウス族の始祖と神殿の正面とが結びついていた。神話の世界とユリウス族の結びつきから、アウグスト

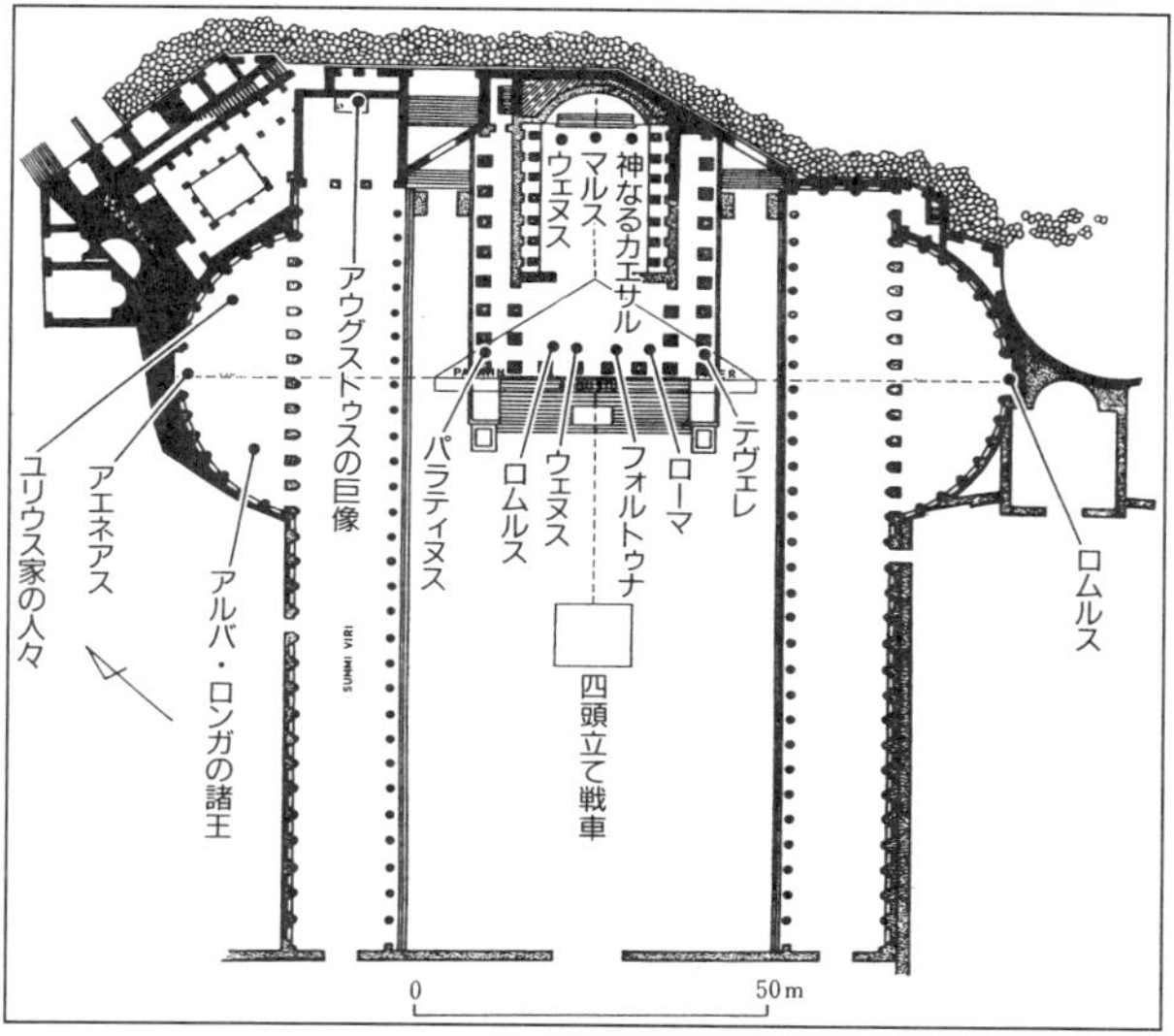

13　アウグストゥス広場の図像プログラム

ゥスの黄金時代（アウレア・アエタス）が到来することを、ウェルギリウスは『アエネイス』のなかで高らかに謳いあげた。アウグストゥス広場は、その言葉の世界を、彫刻と空間配置によって表現したのである。

　それればかりでなく、二つの半円形ホールと列柱廊の壁龕《へきがん》および列柱のあいだにも、伝承上、歴史上のローマの英傑像が置かれた。広場を訪れる市民は、それらの像を見ることによってローマの伝統と歴史を知ることができ、栄光への道のりをたどることができた。アウグストゥスは、彼らの偉業の積み重ねによって現在の繁栄があることを市民に知らせたかったのであり、伝承時代からの系譜を知ることによって市民が誇りと希望を抱くことを企図したのである。ローマ固有の倫理を確立する目的が込められていたのである。そして、神殿の前に自らが乗る四頭立て戦車の青銅像を置き、その基壇に「国父」という文字が刻まれた。紀元前二年、元老院と騎士階級とローマの国民がアウグストゥスに贈った最後の尊称である。この言葉は、かつてロムルスに捧げられ、カエサルにも贈られた、ローマ人にとっては特別の意味をもっていた。したがって、「自分の日頃の願いがかなえられた」(スエトニウス『皇帝伝』第二巻五八)といって、アウグストゥスは深く感激したという。公私において市民の模範であろうとしたアウグストゥスが、ローマ社会を家族にみたてたその家父長になったことを公に認められたのである。そのことは、アウグストゥスが、最初の国父であるロムルスの再来であることも意味した。長い道のりと偉大な業績の集大成としての尊称だった。

ローマ英傑の殿堂ともいえるアウグストゥス広場は、紀元前二年八月一日完成し、さまざまな色大理石を用いたその色彩の美しさによって、ローマでもっとも見事な建築との評判を得た。この評判と、活気に満ちたスブラに隣接している立地から、市民の集う場所として少なくとも四世紀まで公共広場の機能を維持した。建築本来の機能によって、何世紀ものあいだ、市民は自分たちの先祖の姿を目にすることができたのである。

平和の祭壇

アウグストゥス広場と同じように四世紀まで、ほぼ完全な状態で保存されていた記念建造物がカンプス・マルティウスの北端にあった平和の祭壇（アラ・パキス）である。この祭壇がなぜ建立されるに至ったかは、アウグストゥス自身が書いた『神君アウグストゥスの業績録』という表題をもつ遺書のなかに記されている。

「元老院は私の帰還に敬意を表し、カペナ門の、「名誉と勇気」の神殿の前に、帰還者・運命の女神の祭壇を捧げた。そしてその祭壇で大神祇官団とウェスタ聖女団が、私がシュリアから、クィントゥス・ルクレティウスとマルクス・ウィニキウスが執政官の年（前一九年）、首都に帰ってきた日を記念して、毎年犠牲式をあげるよう命じた。そしてその記念日を私の添名から「アウグスタリア」と呼んだ。

同じ時に、元老院議決により、一部の法務官と護民官が、執政官クィントゥス・ルクレティウスと指導的な人物とともに、私を出迎えるためカンパニアまで遣わされてきた。この名誉は現在に至るまで、私の他には何人《なんぴと》にも決議されたことはない。

ヒスパニアとガリアから、ティベリウス・ネロとプブリウス・クィンティリウスが執政官の年（前一三年）、これらの属州で幸運な成果をあげてローマに帰ったとき、元老院は私の帰還に敬意を表し、マルス公園に「アウグストゥスの平和」の祭壇を捧げることに決めた。そしてこの祭壇で政務官と聖職者とウェスタ聖女が毎年犠牲式を

あげるよう命じた」(国原吉之助訳『神君アウグストゥスの業績録』一一―一二)

これら一連の帰還に関する儀式は、アクティウム沖の海戦後、アレクサンドリアからローマに帰還するアウグストゥスを迎えるために元老院が、紀元前二九年に決議した「出迎えの儀」に基づいていることは明らかであるが、そのとき実行されなかったことは前に述べたとおりである。しかし、政情も安定し、アウグストゥス自身の地位も確定していた紀元前一九年のシリアからの帰還に際しては、元老院の申し出をよろこんで受け入れている。この相違は、わずか一〇年ほどのあいだにアウグストゥス体制、つまり元首政が定着していたことを物語っているのであり、安定した体制をさらに磐石なものとするためアウグストゥスの権威(アウクトリタス)をいっそう高める必要があった。そのことが国家統一の要だったのである。

安定化へ向かい、アウグストゥスの権威がより絶対的なものになりつつある状況は、右の『業績録』のなかにも見ることができる。紀元前一九年に建立した祭壇の犠牲式は聖職者のみによって行われたが、紀元前一三年に建立が決議された「平和の祭壇」の場合、聖職者だけでなく政務官も加わるよう決められている。しかも、後者にかかわる聖職者としてウェスタの巫女たちしか記されていないのは、紀元前一二年、アウグストゥスが大神祇官に就任し、彼自らが大神祇官団を率いるようになったためで、彼らが参加しなかったことを意味するのではない。アウグストゥスの権威が、聖俗双方にまたがるものとして認知されたのである。

　ここで気になるのは、大神祇官に就任したのが紀元前一二年五月六日であるにもかかわらず、その一年前の建立決議に大神祇官であることが前提となっている点である。それは、『業績録』が紀元前一三年にはほぼ完成しており、それ以降のことは、随時、加筆と書きかえが行われたためである。したがって、紀元前一三年の帰還に関する記述は、大神祇官に就任して以降に記されたことを物語っている。

14　平和の祭壇

　紀元前一三年に建立決議がなされた平和の祭壇が、なぜカンプス・マルティウスの北端につくられることになったのかという問題に関してはいまだ十分な解明がなされていない。有力な意見の一つに、古いポメリウムの門であるカエメンタ門から一ミリア（ローマ里、約一四八〇メートル）離れている地点だからであるとする説がある。そこは公職者たちの職務領域が、ドミとミリティアエに区分されているところであった。つまりローマの市域内（ドミ）で認められていた公職者の職務権限は、この地点から外では通用せず、一方、ミリティアエ（軍務中）の権限を市域内におよぼすことはできなかった。その境界線の上が建設地点として選択さ

15　ラウィニウムの母豚（平和の祭壇）

れたことは、両方の職務領域、つまり帝国全体に平和が実現されたことの宣言ということになる。

起工式は鳥占い師（卜鳥官）による敷地の聖別から始まる。聖別された敷地は神殿と同じように神聖な境内と見なされ、その境界に木でつくった柵がめぐらされる。現在、テヴェレ川の左岸に復元されている平和の祭壇の周壁内面に浮彫りで簡素な柵があらわされているのは、この起工式のときの柵を意味するのである。

紀元前九年九月二三日、奉献式が厳かに挙行された。完成した平和の祭壇は中央に供犠のための祭壇が設けられ、その周囲、つまり境内の輪郭にそって高さ約四メートルの周壁がほぼ正方形にめぐらされた（正面一一・六三メートル、側面一〇・六二五メートル）。祭壇への正面入口は西壁中央にあり、東壁にも同じ形の開口部がある。周壁外側の腰羽目に相当する部分は、アーカンサスから立ち上がるブドウや蔦の蔓が左右対称に何本も精巧な浮彫りであらわされ、そのところどころにサソリ、トカゲ、カエル、それに小鳥の巣をねらうヘビや蔓の上に翼を広げてとまる白鳥が配されている。白鳥はアポロの聖鳥で、アウグストゥスを意味し、その鳥がどこまでも蔓をのばしていく蔦にとまっていることから、アウグストゥスがつくりあげた黄金時代を象徴する。小さな動物たちは、豊饒のシンボルであると同時に、活力に満ちた世界を意味している。紀元前五世紀のギリシア美術にさかのぼるこの装飾モチーフが、これほど精巧に、またあらたな創造力をもって表現されたことはない。実際の植物をモデルにしたというよりも、金属器や青銅板に打ち出された装飾モチーフを再現しているかのようなするどく明快な表現である。そのことは平和の祭壇の建立目的とも大いに関係しているが、あとで触れることにする。

腰羽目と周壁上端の軒飾り（アーキトレーヴ）のあいだには、神話的象徴的場面と、儀式の行列場面とがあらわされている。正面（西側）と背面（東側）が神話的象徴的場面で、南北両側面が行列場面である。

正面向かって右側のパネルは、アエネアスがラティウムに上陸直後、ペナテス神に捧げた儀式の場面である。樫の樹の下の祭壇で白い牝豚を捧げようとしたとき、三〇頭の子豚が生まれたという伝承に基づく（『アエネイス』第三巻三八八以下、ハリカルナッソスのディオニュシオス、第一巻五七）。白い牝豚は、のちに建設されるアルバ・ロンガ（白く長い町）を意味し、生まれた子豚は、そこで多くの子孫が生まれることを暗示していた。

アエネアスは、紫の衣の一端を頭にかぶって（カピテ・ウェラト）裸足で立ち、その背後に槍を持つ息子ユルスを従えている。そして中央の祭壇左に、儀式の進行を助ける子供二人、手前に牝豚、後方にペナテス神殿が見える。「ラウィニウムの母豚」（スクロファ・ラウィナス）と一般に呼ばれるこの場面は、その象徴的意味からも、またユルスがあらわされていることからも、ユリウス族の起源を示唆していると考えられる。

一方、左側のパネルは、イチジクの樹（フィクス・ルミナリス）の下で牝狼がロムルスとレムスに乳を与えている場面で、彼らの父親である軍神マルスと育ての親となる羊飼いファウストゥルスが両側にいる。「牝狼の洞窟」（ルペルカル）と呼ばれるこの場面は、ローマの起源を象徴している。

正面と同じつくりの背面にも、同様のパネルがある。向かって左のパネルには、幼児二人を抱いて岩に坐る堂々とした女性を中心に、マントに風をはらませた上半身裸体の女性が両側に坐り、牛と羊が手前にあらわされている。中央の女性は大地の女神テッルスで、彼女が抱く二人の子供は大地の実り（カルポイ）の象徴である。左の女性は白鳥に乗り、右の女性は海の怪物に乗るところから川と海を象徴するアウラエで、全体として陸と海にもたらされた平和を寓意していると考えられる。

16　テッルス（平和の祭壇）

右のパネルの浮彫りはごく一部分しかのこっていないが、武装した女神ローマが名誉の神ホノスと勇気の神ウィルトゥスをともなって坐っている場面と見なされている。このパネルも明らかにローマの平和をあらわしている。

以上四枚の浮彫りパネルは、アウグストゥスの治世がもたらした平和に関する公式宣言の、言葉ではなく、形による表現なのである。したがって、その主題、構図、内容、配置には綿密な検討が加えられたはずであり、そのことをある程度推測することができる。

まず気づかされるのは、四枚のパネルの主題に時代の推移を関与させていることである。背面の女神テッルスと女神ローマの二枚のパネルに登場しているのは、すべてが神もしくは擬人神であり、明らかに神々の時代の表現である。一方、正面二枚のパネルはアエネアス、ユルス、ロムルス、レムスらを登場させ、伝承上の人間、つまり現実の人間と神の中間に位置する英雄を主役としていることから英雄時代であることがわかる。そのつぎに訪れるべき歴史時代は、アウグストゥスの支配する時代がその集大成であるから、この四枚のパネルのなかに含める必要はなく、両側面に行列場面としてあらわされている。しかも、ユリウス族の、つまりアウグストゥス一族の優越性もぬかりなく示唆している。

英雄時代に属する二枚のパネルのうち、「ラウィニウムの母豚」のほうが「牝狼の洞窟」よりも時代をさかのぼる。なぜなら、アエネアスの子孫がロムルスだからである。そして、前者はユルスの登場によってユリウス族の起源を示し、後者はローマの起源を意味している。明らかにユリウス族の起源のほうがローマの起源よりも早いことを示唆する内容である。そのことは、二枚のパネルの正面壁における配置にも認められる。

文章を書く場合、左から右に文字を書くローマ人は、時間的経緯に従って展開する場面を表現するとき、早い出来事を左に、より遅い出来事を右にあらわすのが慣例

17　平和の祭壇南側の行進図

である。そうであるにもかかわらず、「ラウィニウムの母豚」が向かって右に置かれているのは、境内の中央、つまり周壁のなかに立つ鳥占い師にとっての上位は左であり、右が下位だからである。その上下関係をもつ左右の位置を、周壁（境内）外側から見ているため、逆転が起こり、造形表現の慣例に逆らう配置になっている。慣例に逆らってまでもそのような位置に置いたのは、宗教上の位置関係を優先し、そのことによっていっそう「ラウィニウムの母豚」に権威を与えようとしたからである。

もう一つ、明らかに検討が加えられたと思われるのが、平和を二種類に区別していることである。四枚のパネルとも直接、間接に平和と関連しているが、「ラウィニウムの母豚」と女神テッルスのパネルは、実現した平和のもとでの儀式であり実りである。これに対して「牝狼の洞窟」と女神ローマのパネルは、一方には軍神マルスが登場し、他方には軍装の女神ローマがいることから、力によって獲得し、維持する平和があらわされている。その両方の平和こそが真の平和とアウグストゥスは考えていたのであり、マルス・ウルトル神殿破風のマルス像と礼拝像も二つの平和をそれぞれにあらわしている。しかし、彼一人の力で真の平和をもたらしたのではない。どちらかといえば、アウグストゥスは前者のほうが得意であり、後者は彼の右腕であるアグリッパがおもに担当していた。その両者が登場するのが周壁の側壁である。

儀式に参加する人々の行進場面は、紀元前五世紀以来、多くの浮彫りや絵画にあらわされてきた。とくに、パルテノンのフリーズを飾るパナテナイア祭の行進場面は、参加者一人一人の端正さと構図全体のリズムが見事に調和した作品として古代から有名である。平和の祭壇の行列場面がパルテノン・フリーズを手本としたことはまちがいない。しかし、両者がそれぞれに表現しようとしている内容は大きく隔たっている。パルテノン・フリーズは、毎年行われるアテネの守護神をたたえる祭りを通して、市民全体の女神に対する敬虔な感情をあらわすことが目的であり、市民一人一人の個性が表現されているわけではない。それに対して平和の祭壇では、誰が、どのような資格で、どの位置に参加しているのかが問題であるため、それぞれ特徴のある顔と装いをもって序列の明らかな場所にあらわされている。

アウグストゥスが登場するのは南壁のフリーズである。このフリーズの行列場面は、四つのグループに分かれている。先頭から、大神祇官団、卜鳥官団、神官団、最後にアウグストゥス一族が続く。大神祇官団のグループは欠損箇所が多く詳細は不明である。卜鳥官団のグループは前のグループよりも保存状態がよく、中央に大卜鳥官としてのアウグストゥスがいることをはっきりと識別できる。トガの一端を頭で覆い、その上に樫の葉でできた冠（コロナ・キウィカ）をかぶっている。紀元前二七年、「市民の救済者」としての功績をたたえて市民がアウグストゥスに贈ったもので、自邸玄関の扉をいつも飾っていたという。

18　アグリッパ、ガイウス・カエサル、リウィア

卜鳥官団に続くのは神官団のグループである。頂部に突起（アペクス）のついた特徴のある革の帽子（ガレルス）をかぶり、毛織りの厚い衣を着たユピテル大神官、マルス大神官、クイリヌス大神官、それにユリウス神官であるが、誰がどの神官であるのかを見分けるのはむずかしい（おそらくこの順序どおりであろう）。

同じく個々の人物の同定に関して、かならずしも一致していないのがアウグストゥス一族のグループである。その先頭に立つ男がアグリッパであることはまちがいない。アウグストゥスと同じように頭を衣の一端で覆い、右手に公職にあることを示す巻物をもっているからである。彼の後ろに続くのは息子のガイウス・カエサルとアウグストゥスの妻リウィアである。アグリッパの衣をしっかりと握りしめるガイウスは、トガをまとうほかの子供たちとは違ってトゥニカをまとい、頭にディアデマ、頸にトルクをつけている。明らかに「トロイア人の若者の姿」である。

貴婦人然としたリウィアに従う二人の男は、彼女が先夫とのあいだにもうけたティベリウスとドルススで、ティベリウスはのちにアウグストゥスの後継者となり、弟のドルススは有能な将軍として兄を助けるが、この時代は、後継者問題で微妙な立場に立たされていたことは前に述べたとおりである。ティベリウスとドルススのあいだに立ち、後ろを振り向く女性は、ドルススの妻、小アントニアである。アウグストゥスの姉オクタウィアがアントニウスとのあいだに産んだ娘であるから、アウグストゥスにとっては姪にあたる。

小アントニアが手をひく子供は長男のゲルマニクス・カエサルで、お守りを入れたブッラを頸から下げた三歳ぐらいの幼児としてあらわされている。彼は、のちに大アグリッピナと結婚して六人の子を授かり、そのうちの一人が三代皇帝カリグラとなった。

ドルススの後ろのマントを頭にかぶる女性は、小アントニアの姉、大アントニアである。彼女の夫ドミティウス・アヘノバルブスは、右手をあげて後ろに立ち、二人の子供を従えている。小さいほうが息子のグナエウス・ドミティウス・アヘノバルブス、大きいほうが娘のドミティアである。グナエウスはのちに小アグリッピナと結婚し、ユリウス・クラウディウス朝最後の皇帝となるネロをもうけた。大アントニア夫妻のあいだに横顔を見せている人物が、マエケナスではないかとする説があるものの、アウグストゥスと血縁関係にないため可能性は小さい。以上が南壁に登場する主要な人物である。

もう一方の北壁も、南壁と同じく四つのグループに分かれている。先頭から、ユピテル聖餐七人神官団、卜鳥官団、祭儀執行一五人神官団、そしてアウグストゥス一族である。三つの聖職者グループのなかで特定できる人物は一人もいない。また、彼らに続くアウグストゥス一族も南壁のように多くを同定することは不可能である。

確定しているのは、一族の先頭に立ち、男に手をひかれている幼児のルキウス・カエサル、その後ろのユリア、それに少年のあとに続く小オクタウィアぐらいである。ルキウス・カエサルは、アグリッパとユリアのあいだに生まれた次男で、南壁にあらわされている兄ガイウス・カエサルと同じ服装であり、ほぼ同じ位置にいる。彼らの母親ユリアはアウグストゥス不肖の娘であるが、いまだ追放に至るような行動を起こしていない時代の姿である。

ユリアと対照的に貞淑の誉れ高い小オクタウィアは、アントニウスと結ばれる前、ガイウス・クラウディウス・マルケルス（紀元前四一年没）と結婚しており、二人のあいだにユリアの最初の夫マルケルスとマルケッラをもうけていた。このマルケッラは、アグリッ

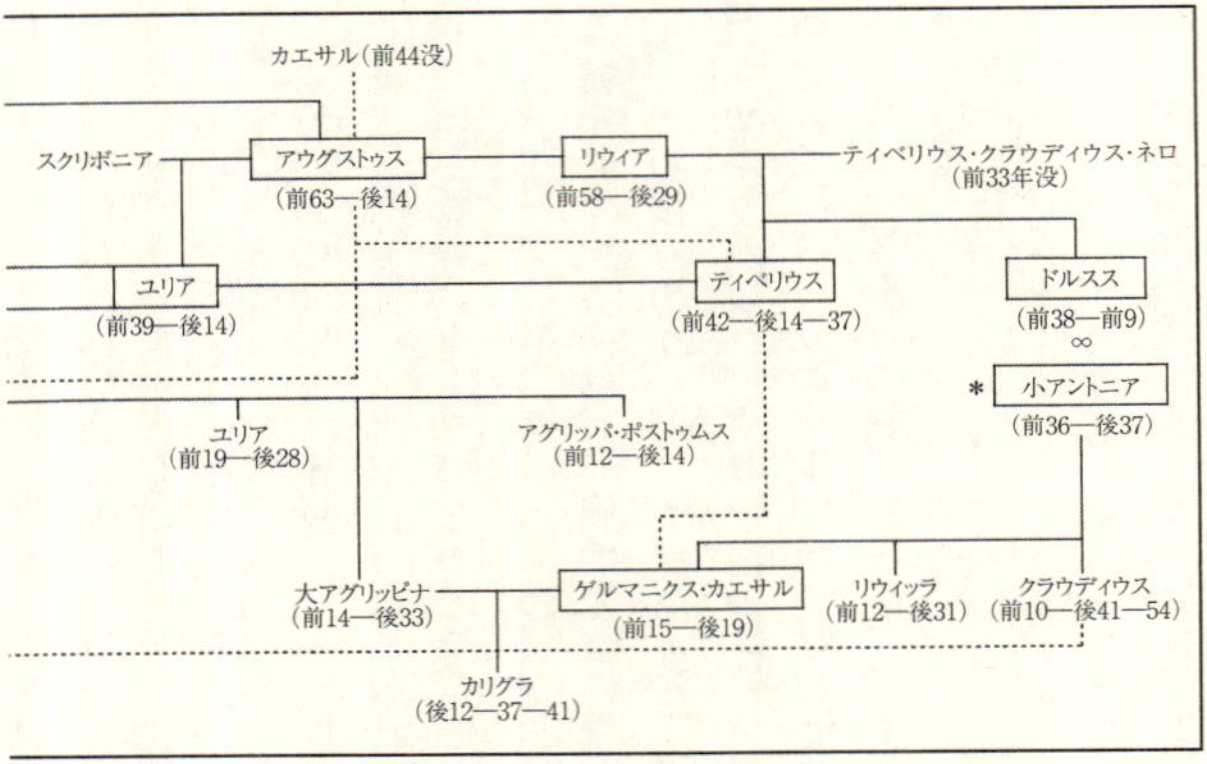

パと結婚して子供をつくっているので、ここにいる少年が当人かもしれない。そうであるなら少年は、祖母オクタウィアの前に立っていることになる。

小オクタウィアの背後に幼い少女をともなう男がいる。アントニウスが小オクタウィアと結婚する前の先妻フルウィアとのあいだにもうけたユルス・アントニウスと推定されている。つまり小オクタウィアにとっては夫の連れ子だった。彼は有能な人間だったのでアウグストゥスの寵愛をうけ、紀元前一三年のアウグストゥス誕生日には、剣闘士競技と聖餐の式をとりしきったほどである。もう一人のお気に入りだったドルススと並び称された。しかし、ユリアとの醜聞が前二年に発覚してからは完全に失脚してしまう。アントニウスの息子でありながら、小オクタウィアに次ぐ

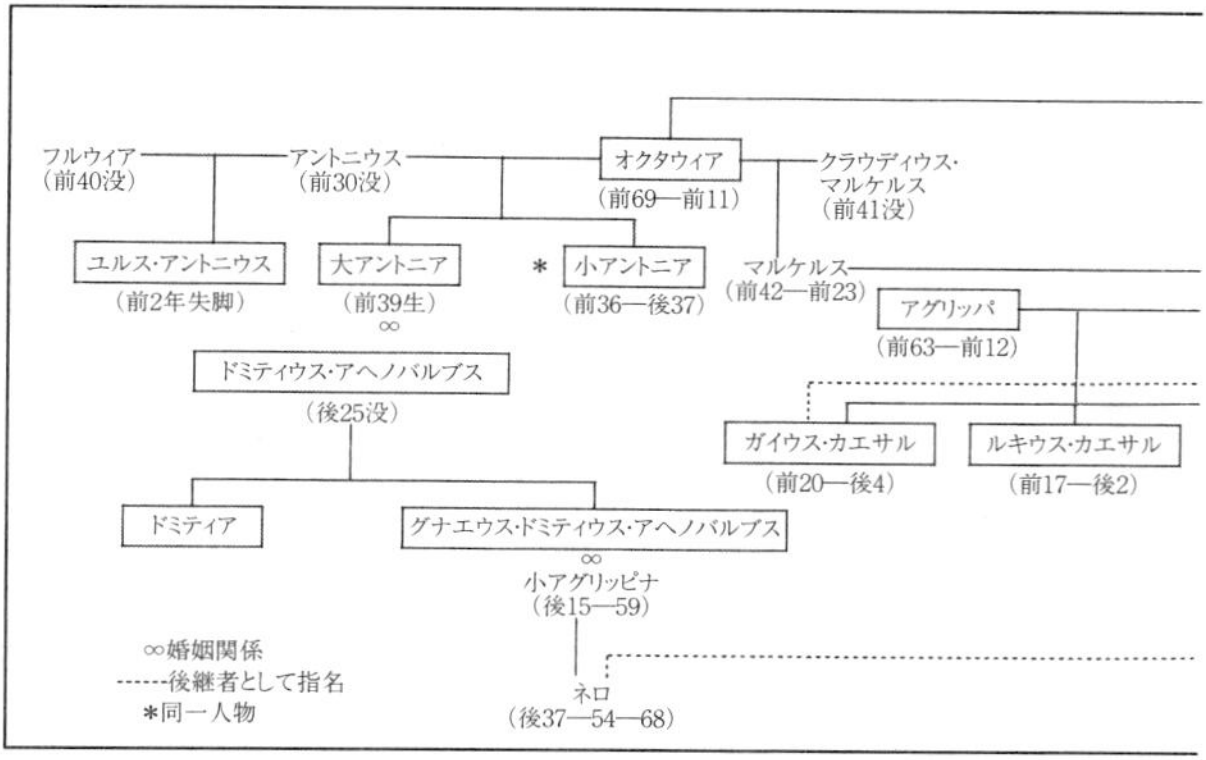

表２　平和の祭壇にあらわされたアウグストゥス一族

位置を占めているのは、いまだアウグストゥスの覚えめでたいときだったからである。

平和の祭壇両側面を飾るこの行列場面は、アウグストゥスの縦横にはりめぐらされた縁戚関係という私的な世界を序列順位に従って呈示することにより、公的な性格を与えられた、きわめて興味深い系統図である。アウグストゥス一人が一族とは離れた位置にあり、その超越した地位を明らかにしている。もう一人、特別な扱いをうけているのがアグリッパである。アウグストゥスと同じように衣の一端を頭にかぶる姿は、儀式の長であることを示す。娘ユリアの夫であるばかりか、彼の存在なくしてアウグストゥスの成功は考えられないため、当然の扱いである。ただし、アウグストゥスよりも後方におり、樫の冠をかぶってはいないので第二位の人間であることは容易にわかる。さらに、アウグストゥスとアグリッパの二人が南壁にあらわされていることから、南壁のほうが北壁よりも上位であることも理解できる。

この上位の壁面で、アグリッパのつぎに位置するのはガイウス・カエサルである。すでに紀元前一七年、三歳のときにアウグストゥスの後継者に指名されていたためである。ガイウスの弟ルキウス・カエサルは、実質的に第二位の後継者であるから（後継者指名は紀元前一一年になされた）、北壁のアウグストゥス一族の先頭を占めている。この後継者としての兄弟の配置からも明らかなように、南壁と北壁のあいだにあるのは絶対的上下関係ではなく、相対的上下関係ということである。つまり、アウグストゥスの後継者という同じ資格をもつ場合、第一位の者を南壁に、第二位の者を北壁に配するのであって、南壁のアウグストゥス一族のあとに北壁の一族がくるのではない。この相対的上下関係は、ほぼ同等の資格をもつ者が横に何人か並び、序列に従ってさらに前後に並ぶ一群としての行列を、南と北からそれぞれに見て、南北の壁面にあらわしたことを意味している。したがって、南壁ではアウグストゥスの妻であるリウィアが、北壁ではアウグストゥスの娘でありアグリッパの妻であるユリアが、それぞれに幼い兄弟のつぎを占めているのである。

序列に関して綿密な配慮が加えられているこの行列場面が、いつの行列をあらわしているのかという問題は、以前から多くの論議を呼んできた。可能性としては、アクティウム沖の海戦に関する帰還のとき、平和の祭壇起工式の紀元前一三年、それに奉献式の行われた紀元前九年が考えられる。しかし、最初の帰還のとき、ガイウスもルキウスも生まれていなかったので候補から除外できる。

南壁にあらわされているアウグストゥスの姿は、大卜鳥官としてであり、大神祇官としての姿ではない。大神祇官団に属していないばかりか、その手に犠牲獣の血を受ける皿（パテラ）をもたず、鳥占いを行うための祭具（リトゥウス）をもっているからである。アウグストゥスは、紀元前一二年になって大神祇官に就任するのであるから、場面を紀元前一三年と考えるなら納得のいく位置と姿である。また、「トロイア人の若者」としてあらわされているガイウスは、紀元前一三年のトロイア祭のとき、はじめて公衆の前にトロイアの王子として姿を見せ、紀元前一七年に指名されたアウグストゥスの後継者であることを一般市民にも明らかにした。以上のことだけを考慮するなら、紀元前一三年の起工式の可能性が大きくなる。しかし、アグリッパは、この年、ローマにいなかった。前年、アウグストゥスとの関係が悪くなり、ローマをあとにしていたばかりか、ユリアも夫に従っていたと思われる。ドルススもまた軍務でローマを不在にしていた。

19　ヤヌス・クイリヌス神殿

一方、奉献式の行列とした場合、紀元前一二年に他界したアグリッパの存在が邪魔になる。いずれの場合にも

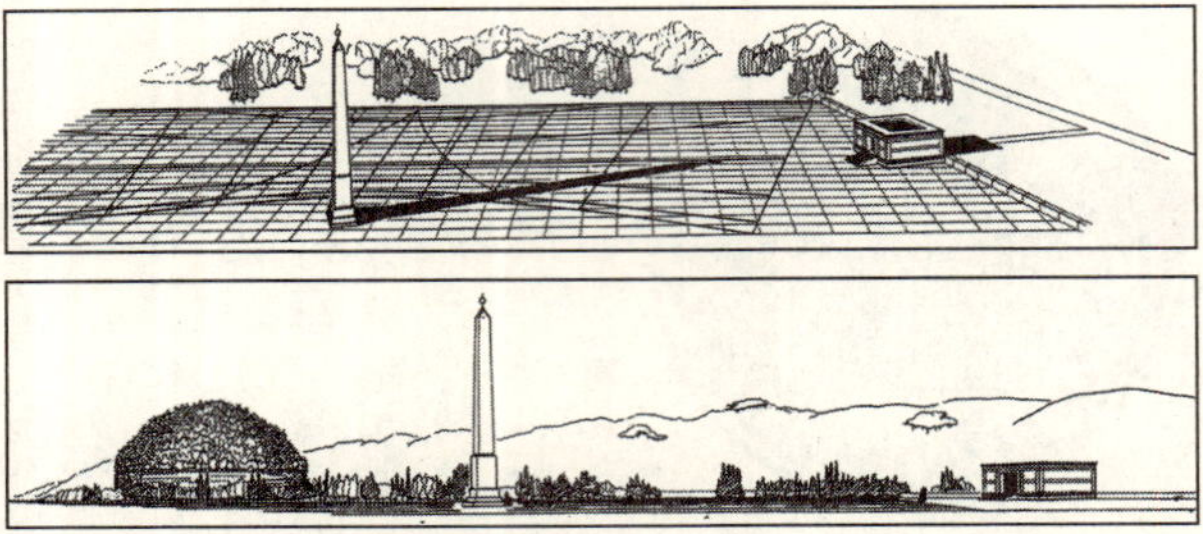

20　アウグストゥスの日時計

合致しないことから、現在は、紀元前一三年の状況を基調としながら、アウグストゥスが願っていた一族の構成を反映させて構想された行列場面と考えられている。平和の祭壇は、アウグストゥスの最大の業績である内乱後の平和の達成の、その平和を永続するための一族による権威の継承の、公式宣言だったのである。

戦いに明け暮れた一世紀におよぶ内乱のあと、人々すべてが強く願ったのは平和であり、平和を実現したことをアウグストゥス自身大きな誇りとしている。先に引用した平和の祭壇建立縁起に続いて、以下のように述べている。

「われわれの先祖は、ローマ国民の全統治領にわたって陸と海に、勝利の結果平和がもたらされたときはいつでも、ヤヌス・クィリヌスの神殿の扉を閉じることを命じていた。記録によると、このヤヌスの扉は、私の生れる以前、都市国家創建以来、ただ二度しか閉じられなかったというのに、私が元首の間、

元老院は三度閉じることを命じた」（国原吉之助訳『神君アウグストゥスの業績録』一三）

アウグストゥスの統治が多くの市民に広く是認されたのは、彼が平和を達成したからであり、そのことを十分にアウグストゥスは認識していた。だからこそ、平和の祭壇建立を命じたのである（形式的には元老院発議に対する同意）。その際、平和を記念する建造物であることを明示するために、それまでの平和を象徴するヤヌス・クイリヌス神殿の形式にならっている。スブラに発する道アルギレトゥムが、フォルム・ロマヌムと出合うところにあったヤヌス神殿は、腰羽目の部分が青銅の板で覆われており、屋根はなく、スブラ側とフォルム・ロマヌム側の両方に開口部をもっていたという。平和の祭壇が、金属の打出し細工を思わせる植物文装飾を腰羽目にもち、屋根がなく、東西の両方に開口部をもつのはこのためである。平和の祭壇周辺は広大な公園のように整備され、その中心に巨大な日時計（ホロロギウム・ソラリウム・アウグスティ）がつくられた。平和の祭壇西側の隣接地、一万二〇〇〇平方メートルにもおよぶ石畳のその広場は、時刻を示す青銅製の線が埋め込まれ、高さ約三〇メートルのオベリスクが指時針（グノモン）としてその影を映した。エジプトのヘリオポリスから紀元前一二年ごろ運ばれたこのオベリスクは、現在モンテチトリオ広場にある。いまものこるその基壇の碑文から紀元前九年に指時針として設置されたことがわかる。平和の祭壇完成にあわせた設置だった。というのも、平和の祭壇の正面入口は西を向いているが、正確には一八度三七分南に振れている。それは、秋分の日（春分の日も)、オベリスクの影をその入口からとり込むためである。秋分の日、九月二三日は、アウグストゥスの誕生日でもある。エジプトから運ばれたオベリスクによって、エジプトからもたらされる富が示唆され、そのオベリスクがつくる影の指し示すところに平和の祭壇があった。

4 フォルム・ロマヌムの再建

アウグストゥスにとって、計画段階から新規に着手する造営工事は決してむずかしいものではなかった。政治、社会、文化に関する彼の考えと人となりをよく理解している周囲の者たちの意見をくみあげ、慎重に考慮してから決断を下せばよかったからである。アポロ神殿、アウグストゥス広場、平和の祭壇と日時計、いずれも所期の計画どおりの効果を発揮した。問題は、市民の一人一人がそれぞれに愛着をもち、過去の政治、社会の出来事と深いかかわりをもつ建物が密集しているフォルム・ロマヌムのような「歴史地区」をいかに再整備するかということである。ローマの中心で、新しい時代の到来と、これまでとは違う政治が定着しつつあることを、統治者として、また統治者の責任として市民に知らせなければならなかった。そのことは、前任者のカエサルも十分に認識しており、フォルム・ロマヌムの再整備事業をすでに開始していた。ただし、彼一流の果断さと大胆な手法によってである。なかでも政治問題化のおそれがある、微妙な事業であった元老院議事堂の建てかえとコミティウムの撤去は、カエサルだからこそ可能な事業だったといえよう。

アウグストゥスにとって、カエサルがすでに切りひらいた道をたどることは、容易であったし、ありがたいことであった。平和と安定を誰もが望む時代にあって、ただでさえ反対派の多い元老院を刺激するような事業はさし控えねばならず、しかも、時代がかわったことを知らせなければならなかった。この自家撞着に陥るかもしれない事業の遂行をすでにカエサルが決定していたので、アウグストゥスは、工事続行の監督をするだけという責任回避が可能だった。

フォルム・ロマヌムでアウグストゥスが手がけた数多くの造営事業のうち、カエサルからの継続事業として完成させたのは、バシリカ・ユリア、バシリカ・アエミリア、元老院議事堂である。紀元前五四年に着工されたバシリカ・ユリアは、四〇年近くの歳月をかけてようやく完成するが、紀元前一四年、広場の東側を襲った火事によってかなりの被害をこうむったようである。一方、バシリカ・アエミリアの新築に近い改修工事は、紀元前三四年に終わっている。第二次三頭政治の一翼を担っていたレピドゥスの兄弟がカエサル生存時から一貫して工事を監督したので比較的短時間に完成したものと思われる。しかし、工事の費用をおもに負担したのはカエサルとアウグストゥスであったことはまちがいない。

元老院議事堂の完成

これらの造営事業のなかでアウグストゥスがもっとも力を入れたのは元老院議事堂の新築工事である。表向きの政策としてあくまで共和政の再建をかかげるアウグストゥスにとって、その中心施設である元老院議事堂をいつまでも工事中のまま放置しておくわけにはいかなかった。しかも、カエサルの天才的な構想によって、この新しい元老院の建物は、カエサル広場に付随する、つまりユリウス家に従属する施設であることが明白な場所に建設中であった。元老院の権威にふさわしい壮麗な議事堂建設工事ではあったが、完成すれば、アウグストゥスと元老院の政治的従属関係を、言葉や制度で表明することなく人々に知らせることができた。

紀元前二九年八月二八日、工事完了の式典が神殿の竣工を祝う奉献式と同じ作法で挙行された。元老院議事堂が建つ場所は、神域（テンプルム）として聖別されているからである。アウグストゥスは、それまでの議事堂が建造者にちなんでクリア・ホスティリア、クリア・コルネリアと呼ばれていた慣例にならってクリア・ユリアと命名した。カエサル議事堂という意味である。しかし、「ユリウス家のクリア」ととる人も多くいたはずであり、アウグストゥスの命名意図もそこにあった。

完成したクリア・ユリアがどのようなものであったかは、当時発行された貨幣から知ることができる。それによれば、切り妻屋根の頂点には、葉環をもつ勝利の女神ウィクトリ

21　クリア・ユリア

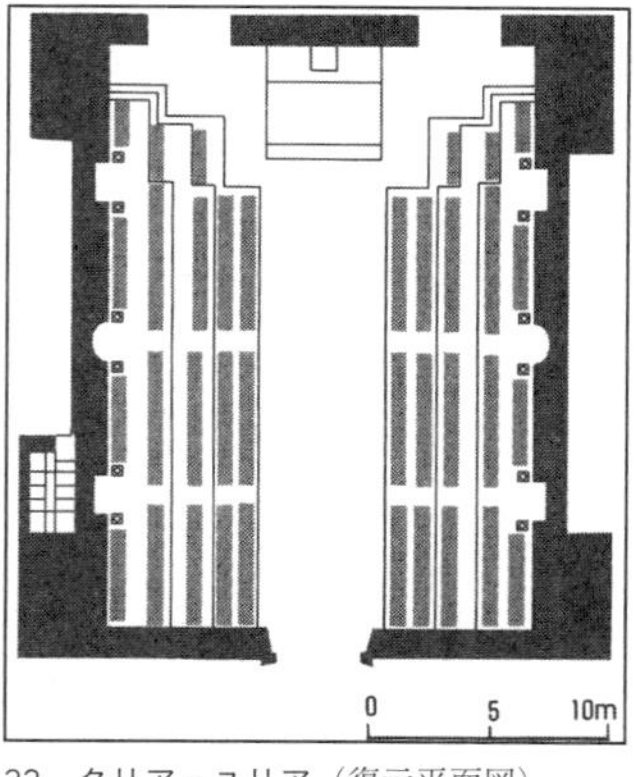

22　クリア・ユリア（復元平面図）

アの像が置かれ、その両端にも彫像があった。神殿の屋根飾りに共通する装飾法である。高さ五・九メートルの正面入口には巨大な青銅製の扉が取り付けられ、内部の床と壁面はさまざまな色大理石で覆われていた。奥行二五・六三メートル、幅一七・七五メートルある長方形のホールは、東西の側壁にそって三段の段床になっており、そこに元老院議員たちが坐る長椅子が置かれた。アウグストゥス時代、議員定数は六〇〇人だったので、全員が着席することは不可能だったが、都以外に住む議員も多く、全員が一堂に会することはなかった。ホールの奥には一段と高くなった基壇があり、そこに執政官二名と元老院議員首席でもあるアウグストゥスが坐った。その背後のさらに高いところに置かれたウィクトリアの彫像は、ターラントからもたらされた鍍《と》金《きん》青銅像で、ローマ世界を象徴する円球（オルビス・テッラルム）の上に立っていた。いまや勝利はアウグストゥスの属性であり、その勝利を象徴するウィクトリアはアウグストゥスの守護神でもあった。その女神の像が、高い位置から元老院の会議をつねに見下ろしていたのである。

　アウグストゥスは、細心の注意をはらって元老院対策を講じ、それを実行した。すべてを超越した権力を掌握しているとはいえ、制度上、アウグストゥスにかわって政権を握ることができるのは元老院以外になかったからであり、かならずしもアウグストゥスの施策に好意的ではなかったからである。このため、元老院に空席ができると腹心の者や自分に好意的な人物をできるかぎり議員に推薦した。そればかりでなく、議員として推薦したくとも、元老院議員身分資格の財産額（一〇〇万もしくは一二〇万セステルティウス）に達しない人物である場合、相当の財産を与えて元老院に送りこむほどであった。

しかし、その一方で、元老院が自分にとってかわるようなことは現実にありえないと確信していたようである。その確信があったからこそ、アウグストゥスは紀元前二七年と紀元前二三年の少なくとも二度にわたり、国政に関する一切の権限を返還しようと元老院に申し出ている。その結果は、以前よりもさらに強大な権限と権威を元老院に承認させるだけであり、国政担当の能力がないことを元老院自らに告白させている。一切の権限返還とは、結果としては、元老院に対する恫喝とも考えられる。

三基の凱旋門

フォルム・ロマヌム再整備事業には、カエサルの遺志を継承し、それを具体化することによって、アウグストゥス自身の政治的基盤を強化する目的が含まれていた。それは、アクティウム沖の海戦以前においては、もっとも重要な仕事の一つであった。そして、海戦後も人々の尊敬を集め、権威を確立するために無視できない仕事だった。それが前に述べたカエサル神殿建設である。紀元前二九年八月一八日に完成した神殿は、正面基壇の中央に半円形の窪みがあり、祭壇が設けられていた。カエサルを荼毘に付した地点に葬儀のあとつくられたこの祭壇を見れば、人間カエサルの最期が思いだされ、その奥の内陣を見上げれば、星を頭上にいただいて神となったカエサルがいた。この神なるカエサルのかたわらには、絵画として最高傑作と評判の高い、アペレスによるアフロディテ（ウェヌス）像が置かれていた。ユリウス家の始祖であり守護神である女神とカエサルが神殿のなかで同列に並んでいた。アウグストゥスは、カエサルの養子であるから、「神の息子」（ディウィ・フィリウス）にほかならず、そのことを思い起こさせるカエサル神殿は、神の息子アウグストゥスのための神殿ともいえた。

しかし、いかに偉大なカエサルであっても、いつまでもその後塵を拝するわけにはいかなかった。真の権力者であるためには、自らの力を示し、独自の権威を樹立しなければならない。したがって、カエサルとはむしろ一線を画し、彼以上の存在であることを誇示する必要がある。この目的を担う造営が、凱旋門建立であり、ロストラやバシリカ・ユリアの改築であった。

カエサル神殿の前には、アントニウスが追悼演説をした基壇がある。通常「カエサル神殿前のロストラ」と呼ばれていた。この基壇に、アウグストゥスは、アクティウム沖の海戦勝利を記念して、アントニウス＝クレオパトラ連合艦隊の船からとりはずした船嘴《せんし》（ロストラ）をとりつけた。本来のロストラにならった装飾法でしかなかったが、カエサル神殿の前にあるため、カエサルでさえも実現できなかったエジプト併合を、これみよがしに誇示しているともとれた。

エジプトを併合し属州としたことは、戦勝になれていたローマ市民にとっても喝采をあげるほどの快挙であり、アウグストゥス自身そのことを大きな誇りとした。その地にある財宝だけでなく、ナイル・デルタ地帯で毎年とれる小麦が、ローマにはかり知れない恩恵をもたらすからである。事実、アウグストゥス時代の都ローマは、各地から輸入する小麦の約三分の一に相当する一五万トンをエジプトに頼るようになる。また、はじめてローマ領となったエジプトは、ファラオ時代からの長い伝統によって独特の文化を形成しており、そのことが異国趣味とあいまってローマの貴族や富裕者のあいだにエジプト趣味の流行を生んだ。壁画やモザイクにナイル河の風景が描かれ、動物の頭をもつエジプトの神々がギリシア・ローマの神々に並んであらわされた。そして、オシリスやイシス信仰がローマ社会に浸透した。

アウグストゥスはこの快挙を記念する凱旋式を挙行し、その凱旋門をフォルム・ロマヌムに建立した。紀元前二九年のその凱旋式が、この年のいつ行われたかを伝える資料はない。ただし、カエサル神殿の奉献式が同年八月一八日、元老院の奉献式がやはり八月二八日に挙行されていることを考慮すれば、それ以降であった可能性が高い。凱旋式は三日連続して行われた。最初の日は、パンノニア人、ダルマティア人、イリュリクムのヤピュデス人に対する勝利、二日目はアクティウム沖の海戦勝利、そして最終日はエジプト征服を記念した。したがって、凱旋門の上には、弓の得意なダルマティア人戦士の像と槍を持つエジプト人戦士の像が、四頭立て凱旋戦車に乗るアウグストゥス像の左右に置かれた。紀元前一七年ごろ発行の貨幣が、この彫像の配置だけでなく、三つのアーチ門をもつ三門式の凱旋門であったことも明らかにしている。紀元前三六年のナウロコスの海戦勝利を記念した凱旋門以来、アウグストゥスにとっては二基目の凱旋門建立である。

建立の目的は、パンノニア人らに対する勝利とエジプト征服を含んでいるとはいえ、アクティウム沖の海戦勝利が主眼であったことはまちがいない。なぜならナウロコスの勝利を記念して建立の誓約がなされたアポロ・パラティヌス神殿が、紀元前二八年の奉献式のときはアクティウムの凱旋のためと変更されているからである。それほど大きな政治的意義をアクティウム沖の海戦はもっていた。ただし、このアクティウムの勝利を記念する凱旋門が、フォルム・ロマヌムのどこに建っていたかに関しては不明な点が多い。というのも、アウグストゥスはもう一つの凱旋門、つまり、パルティア人に対する外交的勝利を記念する凱旋門をつくっているからである。

紀元前五三年、第一回三頭政治の一翼を担うクラッススは、ポンペイウスのように東方で戦功をあげようと出兵し、シリアのカッラエでパルティア軍の奇襲にあい惨敗しただけでなく、自らの命も失ってしまった。その際、ローマ軍の軍徽章もパルティア軍に奪われた。栄光あるローマ軍にとって、また比肩する国とてない大国ローマにとって、唯一ともいえる汚点だった。アウグストゥスは、大軍出兵を示唆しながらパルティアに圧力をかけ、同時に、偶然ローマに身を寄せてきたパルティアの王子を人質として利用し、軍徽章の奪還に成功する。紀元前二〇年五月一二日、軍徽章をパルティア王フラアテス四世から受けとったのはティベリウスである。

この軍徽章奪還記念の凱旋門は、のちの文献に「カエサル神殿の脇にたつ」と記されている。また、紀元前一八年から翌年にかけてヒスパニアで発行された貨幣には、三門式の凱旋門だけでなく、詳しい銘文も貨幣の表裏に刻まれている。それには「元老院とローマ国民は、パルティア人からわが国民と軍徽章をとり戻した第一一回執政官、第六回護民官職権のインペラトル・カエサル・アウグストゥスに（凱旋門を捧げる）」とある。アウグストゥスが第六回護民官職権にあったのは紀元前一八年六月二六日から翌年の六月二五日までであるから、その間に凱旋門が奉献されたことが明らかである。

つまり、ナウロコスの勝利、アクティウムの勝利、パルティア人からの軍徽章奪還をそれぞれ記念する三基の凱旋門がフォルム・ロマヌムにあった。そのうち、軍徽章奪還を記念する凱旋門だけがカエサル神殿脇にあったことが文献から判明しており、ほかの二基がどこにあったのかを伝える資料は欠けている。そこで一九五〇年代、これらの凱旋門の建立地点を明らかにするための発掘調査がカエサル神殿周辺で行われた。その結果、同神殿の南脇から、単一の門しかない凱旋門と、三門式の凱旋門のそれぞれの基礎がたがいに接する状態で出土した。この発見はさまざまな論議を呼び、現在でもその考古学的事実をどう解釈するかについて一致をみていない。一つの可能性としては、単一の門しかない凱旋門は、ナウロコスの凱旋門であり、アクティウムの凱旋門が建設されるときに撤去された。そして、もう一基の軍徽章奪還記念の凱旋門は、カエサル神殿の反対側、つまりその北脇にあった、とする意見である。しかし、カエサル神殿北脇には凱旋門を建設するに十分な広さがなく、おそらくフォルム・ロマヌムのほかのどこかにあったと考えるべきであろう。そうであるなら、アクティウムの勝利を記念する凱旋門こそがフォルム・ロマヌムのどこかにあったのであり、三門式凱旋門の基礎が発見されている地点には、文献にあるように軍徽章奪還記念の凱旋門があったことになる。

アウグストゥスの独自性を示し、カエサル以上の存在であることを明らかにするためのその他の造営事業には、ロストラとバシリカ・ユリアの改築がある。

ロストラがコミティウムから移築され、紀元前四四年、カエサルが暗殺される以前に完成していたことは前に述べたとおりである。そのロストラは、コミティウム時代の名残で正面と基壇へのぼる階段が湾曲していた。アウグストゥスは、この湾曲したロストラの前に長方形の基壇をつくり、カエサルのロストラと一体化したものに改造した。幅二三・八メートル、奥行一〇・五メートル、広場の舗装面から三メートルの高さをもつ堂々とした演説用基壇となり、正面には昔からの船嘴が再度とりつけられた。カエサル時代よりも一まわり大きな基壇に生まれかわったのである。

一方、カエサルからの工事を継続し、四〇年近くをかけてアウグストゥスが完成させたバシリカ・ユリアは、紀元前一四年の火災で甚大な被害をこうむり、全面的な再建が必要となった。アウグストゥスは、敷地全体を拡大して、カエサルのときよりも一まわり大きな、そしてはるかに豪華なバシリカとすることを決定した。カエサルを凌駕したと自負するアウグストゥスの自信のあらわれである。火災のあとすぐに着工したと考えられるが、大規模な工事であるため完成まで約二五年の歳月を要した。一二年の竣工式のとき、アウグストゥスはカエサルの名前ではなく、自らの継承者に指名し夭逝したガイウス・カエサルとルキウス・カエサルの名前をこの絢爛豪華な建物に与えた。つまり、ガイウスとルキウスのバシリカという名称である。しかし、その後も一般にはバシリカ・ユリアと呼ばれることが多かった。

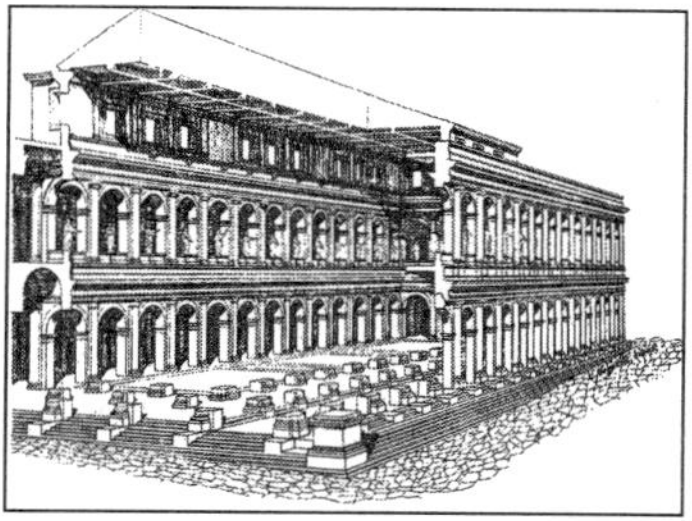

23　バシリカ・ユリア

以上の造営事業にくらべれば、たんなる手直しとさえいえるが、アウグストゥスのカエサルに対する考えの変化をより端的に物語る改造がほかならぬカエサル神殿で行われた。正面基壇にくい込むようにしてあった祭壇を、基壇のなかに封じ込めてしまった。つまり祭壇両脇にある基壇と同じ面で壁をつくり、そのなかに祭壇を隠してしまったのである。「祭壇が荒らされることのないように」というのが理由であった。しかし、本当の理由は、暗殺のときから長い月日がたつにもかかわらず、この祭壇に捧げ物をする市民があとを絶たず、人間カエサルの人気が衰えていなかったからである。元老院を軽視し、王となることをなかば公然と欲した生前のカエサルは、いまやアウグストゥスにとって邪魔な存在であり、神なるカエサルだけが必要だった。カエサルの火葬を思い出させる祭壇を基壇のなかに封じ込めることは、火葬に至るまでのカエサルを封じ込めることでもあった。この工事は、おそらく紀元前一四年から紀元前九年のある時点で行われたと推定される。バシリカ・ユリア罹災後の拡張再建計画が決定された年から、平和の祭壇が完成する年までの間である。この間に、アウグストゥスのカエサルに対する心境が大きく変化していたことを、少なくとも以上の造営事業から推測することができる。

凱旋門二基の建立、ロストラとバシリカ・ユリアの拡張工事、カエサル神殿の祭壇封鎖と同じ目的をもつ工事として、そのほかにフォルム・ロマヌム全域の舗装工事とミリアリウム・アウレウムの設置がある。おそらく造幣三人役であったナエウィウス・スルディヌスに命じたフォルム・ロマヌムの舗装工事は、スラ以来の全面改装だった。トラヴァーチンの大きな石塊を敷きつめる工事は紀元前一二年ごろ完成し、ロストラのそばに彼の名前をあらわす青銅の文字がはめ込まれた。また、同じロストラの後方に、ミリアリウム・アウレウムが建立された。この記念柱は鍍金青銅板で覆われ、そこにローマを起点とする街道沿いの主要都市までの距離が列記されていた。ただし、その距離は、「セルウィウスの城壁」の各市門からの距離であり、ミリアリウム・アウレウムからの距離ではない。

ユリウス・クラウディウス朝継承のための造営

フォルム・ロマヌムでアウグストゥスが手がけた造営事業には、以上の分類にはあてはまらない、もう一つのグループを形成しているものがある。それはアウグストゥスの後継者であることを明示するための、つまり、ユリウス・クラウディウス朝の継承を確実なものとするための造営事業である。

平和の祭壇で見てきたように、アウグストゥスが後継者として最初に指名したのは娘ユリアとアグリッパのあいだに生まれた孫のガイウス・カエサルである。指名は紀元前一七年、彼が三歳のときである。孫を後継者に指名できたことがよほどうれしかったのであろう、紀元前一三年のトロイア祭に際してはトロイア人の若者の姿をさせて市民に孫を紹介している。紀元前二三年以来固辞していた執政官に紀元前五年に復職したのも、孫に元老院の議席を与えるためである。しかし、四年にアウグストゥスは、逆縁の葬儀をあげなければならなかった。

慎重なアウグストゥスは、ガイウスを後継者に指名した六年後、その弟のルキウス・カエサルを第二位後継者に指名したが、兄よりも二年はやく、一九歳の若さで死んでしまった(二年)。困りはてたアウグストゥスは、アグリッパの死後に生まれたのでポストゥムスと名づけられたガイウスの末弟とリウィアの連れ子ティベリウスをガイウスが死んだ四年、養子(後継者)にせざるを得なかった。しかし、不運はなおも続く。ポストゥムスは母親ユリアに似たのかたいへんな放蕩息子で、そのために追放刑に処せられたばかりでなく、養父の遺言によって命さえ奪われてしまった。公的世界での成功とは裏腹の私生活であった。

消去法によってようやく後継者の地位についたティベリウスであるから、当然条件がついていた。ティベリウスの弟で、アウグストゥスが高く評価していたドルススの長男ゲルマニクスを、ティベリウスは自分の後継者に押しつけられたのである。しかし、アウグストゥスの後継者となったからには、それにふさわしい処遇と権威をティベリウスに付与する必要があった。不本意ながらも、継承を円滑に進めることは権力を握るものにとっての責務である。アウグストゥスは責務としてティベリウスを支援した。一方、わが子を後継者として推挽することに成功したリウィアのよろこびは、さまざまな曲折があったのでなおのこと大きかった。

アウグストゥスの命によりティベリウスが着手した造営事業とは、カストル神殿とコンコルディア神殿の再建である。フォルム・ロマヌムの南東隅に建つカストル神殿は、共和政樹立後、台頭目覚ましい貴族たちの力を象徴する神殿で、紀元前四八四年の完成後もた

24　カストル神殿

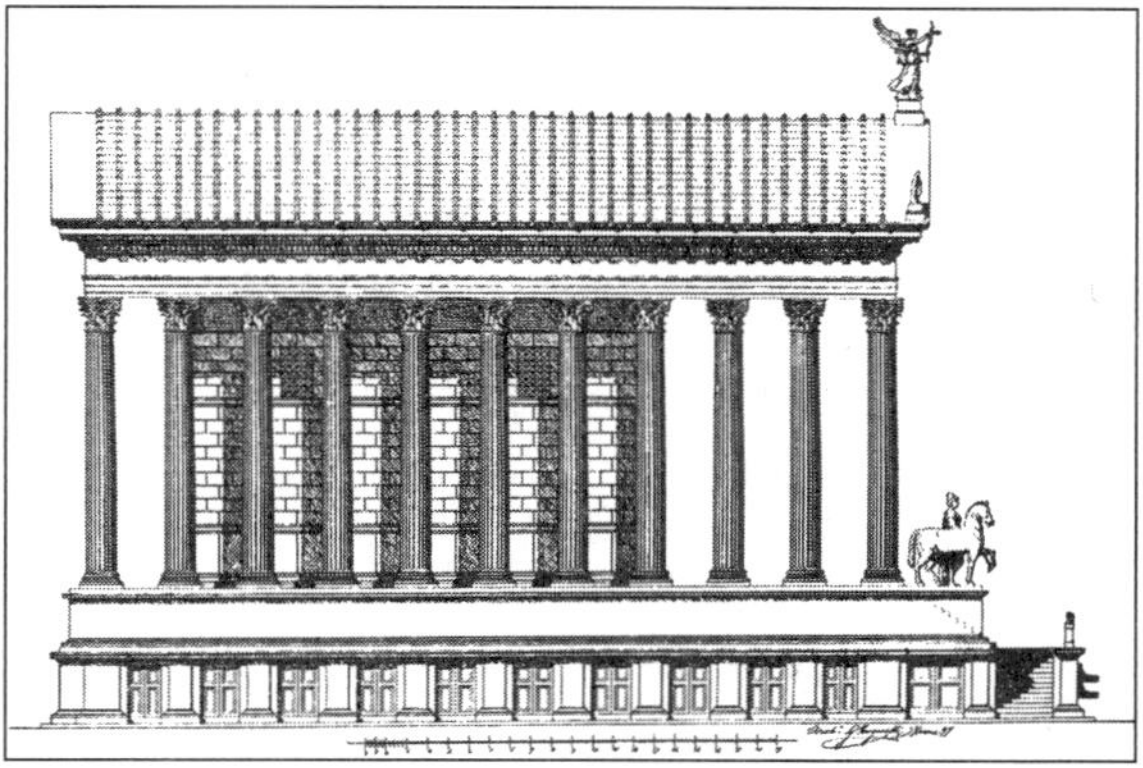

25　カストル神殿（復元図）

びたび改築されてきた。ユリウス家よりもはるかに名門の貴族であるクラウディウス家の長男が、貴族と関係の深い神殿の徹底した改築工事を手がけることは、伝統にかなった人選である。

コンクリートの軀体以外の大部分が新たな石材を用いて改修され、大理石の神殿に生まれかわった。正面に八本のコリント式円柱を並べた神殿を支えるのは、幅三〇メートル、奥行五〇メートル、高さ七メートルの巨大な基壇である。七メートルもの高さをもつ基壇の上に神殿があるため、正面には大きく緩やかな階段があり、雄弁をふるう場所としてしばしば利用された。したがって、この正面階段は、広場の西にあるロストラ、カエサル神殿前のロストラについで、三番目のロストラと呼ばれ、その内陣で元老院会議が開催されることもあった。また、階段の下に設けられた部屋もしくは内陣の前には度量衡の基準となる計量器が置かれて度量衡管理所としての役割を果たし、巨大な基壇のなかにつくられたいくつもの小部屋は両替商の店として、同時に一種の貸金庫として機能した。改築工事は六年に完成し、その年、ティベリウスは弟ドルススとともに奉献式を行った。

もう一つの造営事業は、カストル神殿の反対側、つまり広場の西端にあるコンコルディア神殿の再建である。激しく対立していた貴族と平民の和解を記念して紀元前三六七年に建立が誓約されたと伝えられる神殿は、二つの身分の協調（コンコルディア）を象徴する建物であった。

ティベリウスは古い神殿を撤去するだけでなく、隣のバシリカ・オピミアもとり壊して、それまでとはまったく違うプランの神殿をつくった。敷地を広げたとはいえ、背後にカピトリヌス丘の急峻な斜面が迫っているので奥行が限られていた。そのような場所でもアウグストゥスの後継者にふさわしい、市民を瞠目させる堂々とした神殿をつくるため、左右に大きく翼を広げたようなプランを採用した。つまり奥行よりも正面幅を大きくとった平面プランである。七年に着工し、一〇年に完成にこぎつけている。アウグストゥスの高齢を配慮して、突貫工事で進められたのであろう。完成した神殿は、ティベリウスの目論見どおり、その堂々とした姿で、フォルム・ロマヌムの一段高くなった地点から広場全体を見下ろし、後継者である建造主の威厳を見事に伝えていた。

完成をもっともよろこんだのはアウグストゥスの妻リウィアである。神殿の荘厳な姿は、後継者としての地位を磐石なものとしたわが子ティベリウスの姿と重なりあった。そのよろこびの大きさゆえか、彼女は自分が所有していたヘレニズム伝来の傑作として名高い絵画、彫刻、工芸品を神殿に奉納し、夫のアウグストゥスにもいくつかの高名な美術品を納めさせている。ローマで最初の美術館ともいえるコレクションを擁することにより、神殿の名声はさらに高まった。

アウグストゥスとその一族が推進したフォルム・ロマヌムの再整備事業は以上のようにほぼ四つのグループに分類することが可能である。つまり、最初のグループは、カエサル

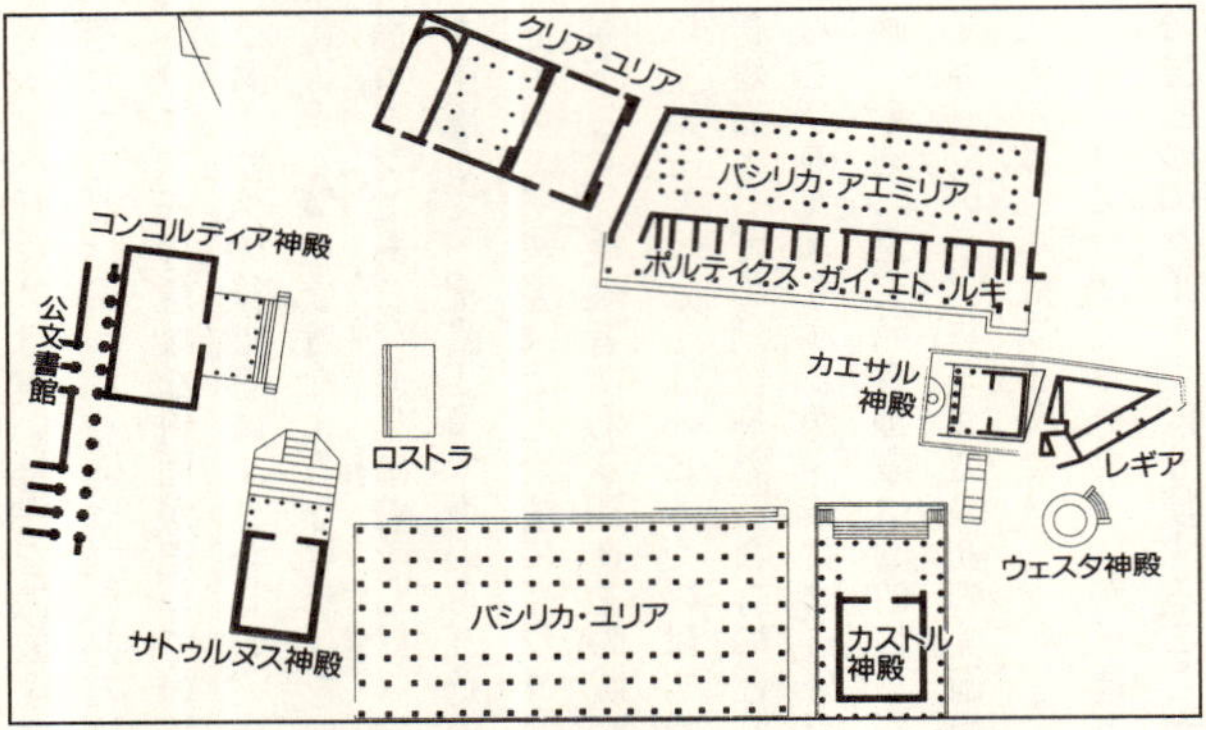

26　アウグストゥス時代のフォルム・ロマヌム

が着手しながら竣工に至っていない造営事業を継続し、完成させることで、バシリカ・ユリア、バシリカ・アエミリア、クリア・ユリアが含まれる。第二のグループは、カエサルの遺志を継承し、それを具体化することによりアウグストゥス自身の政治基盤を強化するための事業である。このグループを代表するのがカエサル神殿であった。第三のグループは、カエサルとは一線を画し、アウグストゥス自らの力を誇示する事業で、二基の凱旋門建立、ロストラとバシリカ・ユリアの拡張工事、カエサル神殿の祭壇封鎖、それに広場全体の舗装工事やミリアリウム・アウレウム設置もこのグループに含まれる。最後は、ユリウス・クラウディウス朝の継承を確実なものとするための造営で、カストル神殿の改築、コンコルディア神殿の再建がある。

慎重に計画編成されたこれらの造営事業をも

う一度概観すると、広場をとり囲む主要な建物の大部分が、アウグストゥスもしくはその一族によって建設あるいは改築され、建造主としての彼らの名前が明確に刻み込まれていることに気づかされる。クリア・ユリアとバシリカ・ユリアは、ユリウス家の名をもち、カエサル神殿は神なるカエサルそのものをあらわしている。カストル神殿とコンコルディア神殿はティベリウスを連想させ、二つのロストラもカエサルとアウグストゥスに結びつく。例外は、バシリカ・アエミリアとサトゥルヌス神殿である。

おそらくアウグストゥスはフォルム・ロマヌムの広場をとり囲む建物のすべてに自分もしくは一族の関与を明らかにしたいと考えたのであろう。それがフォルム・ロマヌム再整備計画の政治的プログラムの主眼だった。このプログラムに合致しない建物は、バシリカ・アエミリアとサトゥルヌス神殿の二つだけである。バシリカ・アエミリアの改修工事は、アウグストゥスがパウルス・アエミリウス・レピドゥスと協力して進めた事業であり、アエミリウス家が代々その管理にあたっているので同家の名前をはずすわけにはいかなかった。そこで、バシリカ・アエミリアの広場側に並ぶ商店街（タベルナエ・ノウァエ）を列柱廊に改修することにした。いつから工事が始まったのかは不明だが、一二年に完成し、孫のガイウスとルキウスの名前を列柱廊に付した（ポルティクス・ガイ・エト・ルキ）。この列柱廊によって広場からは、そのすぐ後ろにある壮大なバシリカ・アエミリアが見えなくなった。

27　サトゥルヌス神殿

28　サトゥルヌス神殿（復元図）

一方、バシリカ・ユリアの西隣にあるサトゥルヌス神殿は、紀元前五世紀の創建以来、数次の改築再建を経ており、最後は、紀元前四三年、アウグストゥスが大富豪のムナティウス・プランクスに依頼した大工事である。彼は、内乱の時代、ポンペイウス、カエサル、アウグストゥス、アントニウス、そして再度アウグストゥスと渡り歩いた、実に機を見るに敏な政治家であった。しかし、アクティウム沖の海戦以降はアウグストゥスに恭順を示し、紀元前二七年の元老院で、「アウグストゥス」の尊称を贈る発議をした人物である。したがって、建造主であるプランクスの名前をむげに抹消するわけにはいかなかった。しかも、この神殿は、農耕、文明、法律をつかさどると同時に、冥界の神でもあるサトゥルヌスを祀る神殿とはいえ、共和政時代から国庫を管理するところで、一般にサトゥルヌスの国庫（アエラリウム・サトゥルニ）と呼ばれていた。つまり、宗教建築であると同時に財政機関の建物でもあった。このため、神殿の基壇東面は、公共工事の請負募集や元老院布告などを掲示する場所だった。アウグストゥスがサトゥルヌス神殿に直接関与することをさしひかえたのは、おそらく国庫としての機能を神殿がもっていたからであり、同様に、スラが建設した公文書館にも手をつけることはなかった。

以上述べてきた数多くの事業によって、フォルム・ロマヌムはかつての雑然とした広場から、壮麗な建物が並ぶ整然とした広場に生まれかわった。そして、この広場に立てば、誰もがアウグストゥスとその一族の強大な力を認めないわけにはいかなかった。サトゥルヌス神殿をのぞくすべての大建築が彼らによって創建もしくは再建修理がなされているからである。

5　壮麗な都市の完成

アグリッパの公共施設建設

アウグストゥスが、カンプス・マルティウスやフォルム・ロマヌムで繰り広げた造営事業は、首都の総合整備計画に基づいて行われたものである。この計画には、これまで述べてきた以外の多くの事業が含まれていた。たとえば、ウァロらに調査させて、改修、修繕を行った神殿だけでも八〇基を超えるといわれる。また、アウグストゥスのもっとも信頼する同僚アグリッパは、この分野においても最大の協力者であった。彼が担当した主な建築土木事業には、アグリッパ浴場、アグリッパのパンテオン、ウィルゴ水道、ウィプサニア回廊、バシリカ・ネプトゥニ、穀物倉庫などがある。

ローマで最初の大規模公共浴場であるアグリッパ浴場は、カンプス・マルティウスのほぼ中央、サエプタ・ユリアの西隣、パンテオンの南側に建設された。つまり、ポンペイウスの劇場およびカエサルによるサエプタ・ユリアに端を発する開発事業をより広範囲に展開し、地域開発という性格を帯びた事業の一環だった。地域開発であるから、アグリッパは公共基盤の整備、つまりウィルゴ水道の建設から着手した。

ローマにはすでにアッピウス（アッピア）水道、旧アニオ水道、マルキウス（マルキア）水道、テプラ水道があったものの、すべてがフォルム・ロマヌム周辺の旧市街地につながり、そこから枝分かれした水道だけが新市街地のカンプス・マルティウスに給水していた。低地なので井戸を掘れば足りない飲料水を補うことはできたが、井戸に頼っていては市街地としての発展に限界があるばかりか、衛生上も問題があった。すでに紀元前三三年にユリウス（ユリア）水道を完成させていたアグリッパは、この地域に直接給水できる水道の建設計画を決定する。その決定がいつなされたのかを伝える資料はないが、浴場とパンテオンの完成が紀元前二五年ごろなので、それ以前であることは確実である。水道は紀元前一九年に完成しウィルゴ水道と名づけられた。水源地を教えてくれた乙女（ウィルゴ）にちなんだ名称である。その水源地は、ローマの東北東約一二キロの泉で、水温は低く、水質も良好である。というのも、トレヴィの泉の噴水としていまもなお利用されているからである。

ウィルゴ水道の給水量は一日当り約一〇万立方メートルで、ローマの水道としては平均的な給水能力をもつ。市民一人当りの一日の消費量を一立方メートルとするなら、この水道だけで一〇万人の市民に給水できることになる。しかし、すべてが市民個々の生活に供されたわけではない。

アウグストゥス時代に『建築書』を著したウィトルウィウスは、水道で運ばれてきた水は、貯水槽から三つの種類の給水槽へ分けるべきだと記している。つまり、街の角々にある水汲み場や公共噴水などへ向けた一般市民用、公共浴場などの公共施設用、それに富裕な個人住宅に直接配水する給水槽である。三つの用途に水を分ける貯水槽の遺構はローマに現存しないが、地方都市にはいくつかの例が発見されている。たとえば、ポンペイの貯水槽（カステルム・アクアエ）は街のなかでもっとも高い標高四二メートルの地点にアウグストゥス時代につくられた施設で、水槽内部は三つの給水槽へ流れるよう壁で仕切られているばかりか、それぞれの区画を板で閉じることもできるようになっている。渇水期の場合、個人住宅用や、さらには公共施設用の給水槽への水を止め、水汲み場や公共噴水にだけ水を送るためである。おそらくその優先順位は、一般市民用、公共施設用、個人住宅用の順であったと思われる。都ローマでもこの順位にかわりはなかった。

このように整然として理にかなった給水法が確立されたのは、アグリッパの功績によるところが大きい。アウグストゥスと同じ年に生まれ（紀元前六三年）、若いときから学友としてアウグストゥスと行動をともにしていたアグリッパは、カエサル暗殺のときも遊学先からアウグストゥスに従って帰国している。まさに刎頸《ふんけい》の友であり、忠実さにおいて人後に落ちることはなく、慎重、周到さにおいてアウグストゥスに肩を並べ、決断と実行においてはアウグストゥスを凌駕するほどであった。したがって、アグリッパの最晩年、アウグストゥスとの関係が疎遠となるまでは、両者の共同統治といってもよいほどの重要な地位を占めていた。ただし、アウグストゥスの権力と体制をより強固なものとするための協力者としての地位であり、その地位を踏みだすことは決してなかった。

都を不在にすることのできないアウグストゥスにかわって、多くの戦争で勝利を獲得したばかりか、都にあっては、体制強化のための地味な仕事に誠心誠意つとめた。その一つが公共事業の推進である。ディオ・カシウスは好意にみちた筆でつぎのように記している。

「翌年（紀元前三三年）、アグリッパは造営官に就任することを同意し、国庫からなにも引き出すことなく、すべての公共建築と街路を修理し、下水道を掃除して地下を通ってテヴェレ川に排水した」（第四九巻四三）

紀元前三七年、すでに執政官に就任していたアグリッパが、その四年後、造営官になったことを伝える一節である。執政官よりも下位の公職である造営官に執政官経験者がつくことはきわめて異例のことであった。都の基盤整備を進め、市民の不満をとり除くことが体制確立のために必須の仕事であると認識していたからであろう。

造営官就任後、アグリッパは水道管理を目的とする役所を創設し、その初代長官（クラトル・アクアルム）についている。長官としてウィルゴ水道建設を指揮しただけでなく、各水道の一般市民用、公共施設用（のちに皇帝管理の施設となる）、個人住宅用へのそれぞれの給水割当量を決定し、使用目的にしたがって導水管の直径を定めた。ウィルゴ水道の場合、一般市民用が約五割、公共施設用（主にアグリッパ浴場）が約二・五割、個人住宅用が約一・五割の給水と定められた。全部で一〇割にならないのは、漏水、不法な導水管の接続などがあったからであろう。

ウィルゴ水道の完成によってアグリッパ浴場は十分な給水を受けるようになり、プールのような冷浴室、ぬるま湯の微温浴室、熱い湯をたたえた熱浴室、それに発汗を目的とするラコニクムのような各浴室を順番にまわりながら入浴を楽しむ循環入浴が可能となった。しかし、ウィルゴ水道の完成は紀元前一九年で、アグリッパ浴場は紀元前二五年にすでに完成している。その間、大量に必要とされる水をアグリッパ浴場はどのようにして得たのであろうか。この疑問にこたえる資料はないが、ディオ・カシウスによれば完成当初のアグリッパ浴場は、ラコニクムであったという。つまり水を多く使用しない発汗浴室だけだったのである。この記述は、ウィルゴ水道完成以前のカンプス・マルティウスが十分な給水を受けていない地域であり、水道完成によってはじめて公共浴場の名にふさわしい各種浴室をそなえた浴場が機能できるようになったことを意味している。おそらく、ウィルゴ水道の建設目的は、この地域全体への給水にあったが、その恩恵をはっきりとした形で知らせるため、ラコニクムだけの浴場から、各種の浴室をそなえた本格的な公共浴場に発展させたのである。

ローマ水道は基本的にポンプによる人工圧力を前提としない水道である。したがって、水源地から都市までの何キロにもおよぶ遠距離をできるかぎり水平に近い傾斜を保つため、渓谷や窪地には水道橋をかけ、水位の低下を防ぎながら上水を目的地まで運んだ。谷の深さが五〇メートル以内のところではサイフォンの原理を活かした装置を活用する技術水準をもってはいたが、鉛管の耐圧性など問題もあり、とくに都の大規模水道には適していなかったのでサイフォンの使用例は少ない。

水源地からの水道が都市に到達する地点は、その街で最高位の地点でなければならなかった。ローマの場合、東から都に至る水道の到達点はプラエネステ門（現在のポルタ・マッジョーレ）であり、北からローマに入るウィルゴ水道はピンキウス丘（古代末期からの名称、現在のピンチョ丘）であった。これらの高い地点からウェラブルムやカンプス・マルティウスのような低地だけでなくパラティヌス丘をはじめとする丘のうえにも給水しなければならなかったので、ローマのなかには何本もの水道橋が走り、それが都の景観の特徴でもあった。数多くの遺構と、その名残をよく伝えているローマではあるが、この市街地をつきぬける水道橋だけは、ポルタ・マッジョーレ以外すべて姿を消してしまった。街のなかを走る水道橋が主要街路をまたぐ地点には壮麗なアーチ門が構築された。ウィルゴ水道がフラミニウス街道をまたぐところにも、堂々としたアーチ門があり、それはクラウディウスのとき、ブリテン島での戦勝を記念する凱旋門に一新された。

ウィルゴ水道の完成によって、カンプス・マルティウスの給水事情は格段の改善をみた。

しかし、毎日一〇万トンを超す上水の流入によって、それに見合う排水施設が必要となった。水道完成以前のカンプス・マルティウスは、サルスティウス庭園の窪地に集まる水をテヴェレ川に流す小川ペトロニアを排水路として利用していた。一〇万トンに近い新たな水を流す能力をこの小川はそなえていたが、不規則に曲がりくねる自然の川筋は、地域開発によって出現した大規模建築のたち並ぶ整然とした新市街地にふさわしくなく、しかも市街地を分断することにもなった。このため、アグリッパは小川を暗渠化して一種の下水道にかえたのである。

先に引用した「下水道を掃除して地下を通ってテヴェレ川に排水した」という一節は、フォルム・ロマヌムを横切る大下水溝クロアカ・マクシマを指すと考えられており、事実、その一部は、アグリッパの時代に建造されたことが確認されている。しかし、そこに記された「下水」は複数形で書かれており、クロアカ・マクシマ以外の下水道が含まれていたことも示唆されている。おそらくペトロニア川の暗渠化を含んでいるのであろう。もちろん、サエプタ・ユリアの南東隅をこの小川が横切っているので、その建設の際、一部はすでに暗渠化されていたが、アグリッパはフラミニウス街道（ラタ通り）以西のすべてを地下下水道にかえたと推定される。また、浴場の西に大きな人工池（スタグヌム）を掘削し、テヴェレ川への排水のため水路（エウリプス）がつくられた。おそらくこの人工池は、テヴェレ川の水位に応じた遊水池のような役割を担っていたのであろう。

カンプス・マルティウスの発展

ウィルゴ水道の建設、ペトロニア川の暗渠化、水路の掘削は、カンプス・マルティウスの大きな発展を可能にする基盤充実の事業であった。しかし、これらの事業はそれ以外の目的も担っていた。

共和政時代の重要な民会の一つ、ケントゥリア民会は、軍隊組織を前提とするため、ポメリウムのなかで開催することはできず、ポメリウムの外のカンプス・マルティウスで開かれるのが慣例で、サエプタ・ユリアができてからは、そこで開催された。会議の表決は賛否を記した投票板を箱に投じて行い、その数を投票管理人（ディリビトレス）が数えた。サエプタ・ユリアには投票管理人が票を数えるための大ホール（ディリビトリウム）が、アグリッパとアウグストゥスによってつくられている（前七年完成）。主に、戦争の開始、講和の決議、市民の死刑判決などを扱うこの民会を召集、主宰するのは執政官のような高級公職者であった。彼らは民会に出席するとき、そして民会を終えて旧市街地に帰ってくるとき、「渡河の鳥占い」（アウスピキア・ペレムニア）を行うことになっていた。その地点がペトロニア川である。ポメリウムの境界線は、この小川よりもカピトリヌス丘に近いところにあったが、小川という明確な境界がそのかわりをしていた。しかし、アグリッパが小川を暗渠化したため、鳥占いの儀式はより漠然とした象徴的儀式にかわり、そのことに

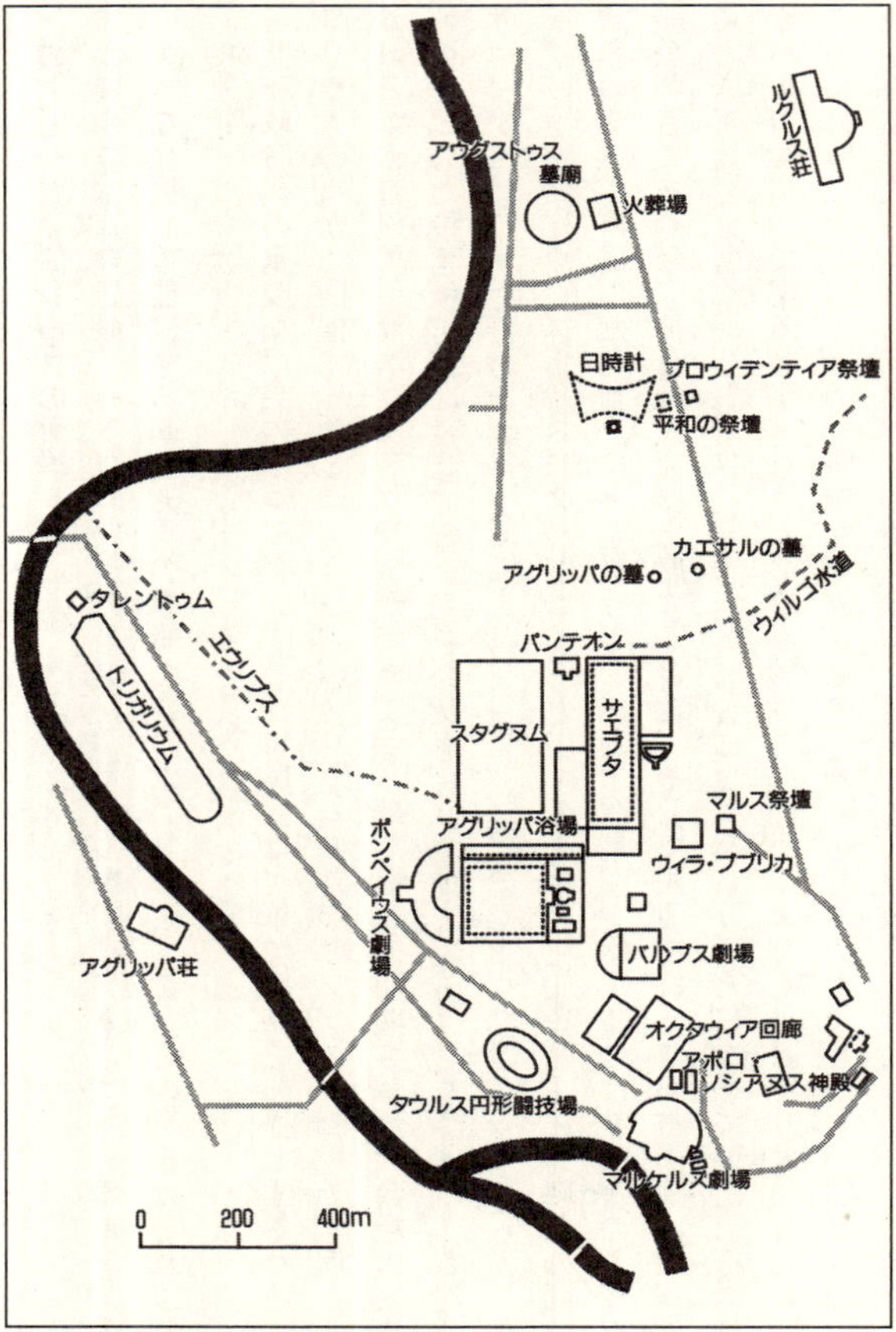

29　紀元前 1 世紀末のカンプス・マルティウス

よってポメリウムを意識することが次第に希薄となっていった。

一方、ペトロニア川のさらに北側につくられたウィルゴ水道の水道橋と、人工池に発する水路が、視覚的には、より明確な境界を示すようになり、ポメリウムの境界線のような役割をもつようになる。この境界線以北が、カンプス(野原、練兵場)であり、その南側は旧市街地から続く市街地、つまりポメリウム内と見なされるようになる。このため、アウグストゥス時代にポメリウムの拡大が行われたか否かについての論議が一九世紀から大きな問題として現在までなされているが、実質的には拡大されたと同じ効果をもたらしたのである。これによって、カンプス・マルティウスをポメリウムの外と見なす市民の差別感は弱まり、カンプス・マルティウスの発展がさらに進んだ。

当時のカンプス・マルティウスの目覚ましい発展は、七年以降にふたたびローマに戻ってきた地理学者ストラボンの目にも強烈に映ったようである。

「実際、ポンペイウス、神なるカエサル、アウグストゥス、それに彼の息子たちと友人、妻と姉は、ほかの誰よりも造営事業に熱中し、莫大な費用を負担した。カンプス・マルティウスには、それらの大部分があり、自然の美しさによってだけでなく、人がつくったものによって飾られている。平地の広さは驚くばかりで、同時に、しかも邪魔されることなく、戦車競技とそのほかの競馬競技ができるだけでなく、球技、輪まわし遊び、運動にうち興じる多くの人々にとって十分な広さがある。一年を通して草のおい茂る土地とその周囲に置かれた美術品、川岸にまで広がる丘のいただき、それらが舞台背景のような景観をもたらし、目を離そうとしても離せないほど見事である。この平地のそばにはもう一つの平地があり（フラミニウス街道の東側）、その周囲には多くの列柱廊（オクタウィウス、ポンペイウス、フィリップス、オクタウィア、アグリッパの各回廊、それにサエプタ・ユリア）と神聖な森（アグリッパ庭園、アエスクレトゥム、ペテリヌスの泉）、三つの劇場（ポンペイウス、バルブス、マルケルスの各劇場）、円形闘技場（スタティリウス・タウルス円形闘技場）、軒を接して建つ見事な神殿（現在のラルゴ・アルジェンティーナ）があり、それらは都のほかの部分すべてが、カンプス・マルティウスの周辺部であることを宣言しようとしているかのようである」（ストラボン、第五巻三・八）

穀物倉庫の建設

アグリッパによる基盤整備事業のもう一つの中心は、食糧供給を円滑にするための穀物倉庫（ホレア）の建設である。八〇万に近い人口を養うために、都ローマは五〇万トン以上の小麦をエジプト、シチリア、北アフリカなどから輸入していた。それらの属州からローマへ小麦を運ぶのは、積載トン数一〇〇トンから四〇〇トンの輸送船で、海の穏やかな四月から一〇月に限られていた。したがって、一〇月末から翌年最初の船が着く四月下旬までの少なくとも六カ月分の小麦を貯蔵する施設が必要だった。もちろん、ローマの外港であるオスティアや、イタリア最大の港町だったプテオリにかなりの量を貯蔵できる穀物倉庫があったので、二五万トンの小麦すべてを都に貯蔵できる施設が必要だったわけではない。それでも、大きな貯蔵能力が必要で、アウグストゥスが権力を握ったころ、十分な施設が整っていたわけではない。

フォルム・ロマヌムのバシリカ・ユリアとカストル神殿のあいだを通るウィクス・トゥスクスとパラティヌス丘のあいだに、紀元前二〇年ごろ、アグリッパは穀物倉庫を建設した。現在、その一部しかのこっていないため、どれほどの貯蔵能力があったのかは不明である。また、テヴェレ川の川岸やローマ北部にも巨大な穀物倉庫が建造され、川船の船着場であるエンポリウムは、全面的な改良工事がほどこされた。続々と建設された穀物倉庫は、つねに湿度と温度を低く保たなければならなかったので、床を二重にしたり、壁の厚さを通常の倉庫よりも厚くする工夫が、この時代に確立した。

食糧確保のための施設の充実は、おもにアグリッパが担当し、その制度や管理組織の整備はアウグストゥスが主導した。アウグストゥスは、紀元前二二年、都ローマへの穀物供給の管理（クラ・アンノナエ）を引き受けることになった。この仕事は、市民に小麦が安定して供給されているかどうかを管理監督することが任務であったが、二〇万人（紀元前二年当時）にものぼる小麦の無料受給者に、毎月決まった量の小麦を与えることが最大の任務となっていた。貧しい人々は、食糧不足でいつでも暴徒と化す恐れがあったからである。事実、アウグストゥス時代だけでも数回そのような危険に見舞われ、奴隷と剣闘士の一部、医者と教師をのぞくすべての外国人を都から退去させてようやく危機を乗りこえることさえあった。

小麦の無料受給者が二〇万人にものぼったので、穀物供与を専門とする管理官（プラエフェクトゥス・フルメンティ・ダンディ）二名を法務官経験者のなかから任命した（のち四名に増員）。以前にくらべればはるかに整備された行政組織となったが、それだけでは十分とはいえなかった。なぜなら、十分の一税によって徴収する小麦だけでは都の穀物供給（フルメンタティオネス）量を確保することがむずかしく、自由市場からの買い上げが必要だったからで、円滑な買い上げには価格を安定させなければならなかった。このため、穀物供与管理官と並んで穀物供給管理官（プラエフェクトゥス・アンノナエ）を騎士身分から任命した。

これらの管理官（プラエフェクトゥス）は、共和政の公職制度にはない、したがってその権限を法律によって保障されていない行政官で、あくまでもアウグストゥスがもつ最高指揮権を根拠として、その一部を代行する代理人だった。限られた権限によって、流通経済の根幹ともいうべき穀物供給を管理することは大きな困難をともなったと推定される。しかし、アウグストゥス個人の権威と権力が、管理者たちに与えられていた権限を補った。

しかも、アウグストゥスに遺贈される農地や穀物倉庫は年々増大したばかりか、直接管轄する属州からの小麦輸入量も増えたので、自由市場の影響力が減少し、管理官の限定された権限でも十分対応できるようになった。アウグストゥスおよびその後継者たちの権力拡大が、行政制度の確立をうながし、官僚組織の権限拡大につながったのである。

都市行政制度の整備

これらの事業と並んで都市全体の秩序化とそれに対応する制度上の整備が進められた。アウグストゥスがもっとも得意とする分野である。そのことをスエトニウスは「アウグストゥスは首都の全域を、市区と街に分け、各市区は毎年の政務者が抽籤で管理にあたり、各街はそれぞれの街に近接して住む平民たちから択ばれた監督が責任を分担することに定めた。火災に備えて夜警消防隊を創設し、洪水を抑制するために、長い間瓦礫で埋っていた、そして建物の張り出しで狭くなっていたティベリス川の河床を拡げたり浚渫したりする」（国原吉之助訳『ローマ皇帝伝』第二巻三〇）と記している。前半のくだりは、紀元前七年のアウグストゥスによる市制改革についてである。この年、アウグストゥスは、ローマを一四の区（レギオン）に分割した。行政上の区画で、それによって各区の行政上の責任を明確にし、徹底しようと考えたのである。

一四区が制定される以前のローマには、行政区画がなく、都全体がポメリウムの内外に分けられていただけである。もちろん王政期のセルウィウス・トゥリウスが、四つの区を制定したと伝えられているが、共和政期、それが行政区画として機能していたわけではない。共和政期にくらべて市街地面積が大きく拡大し、人口の増加がいちじるしくなったアウグストゥス時代、なんらかの行政区画がなければ都市行政が成り立たないほど首都は膨張していた。それが都全体を一四区に分割し、各区をさらに町に分割した最大の理由である。しかし、一四区のそれぞれがどのような区域を占めていたのかを直接示す資料はなく、碑文や文献資料、それに、四世紀中ごろ、改訂編纂された『一四区総覧』から推定するしかない。

一四区のなかで最小の区は「フォルム・ロマヌム」と通称される第八区で、フォルム・ロマヌム、カエサルやアウグストゥスの広場、カピトリヌス丘を含む面積約二六ヘクタールである。一方、最大の区は川向こうを意味する通称「トランス・ティベリム」の第一四区で、四〇〇ヘクタールもの面積を占めていた。アウグストゥスはこれら一四区のそれぞれを管轄する任期一年の政務官を、抽選で選出させた。対象となる政務官は、護民官、法務官、造営官である。

一方、各区は数多くの町（ウィクス）に分かれ、それぞれの町に四人の町役人（ウィコマギステル）が主に解放奴隷のなかから選出された。アウグストゥス時代の町の数は不明であるが、七四年当時二六五町という記録があるので、当初からこの数字であったと推定

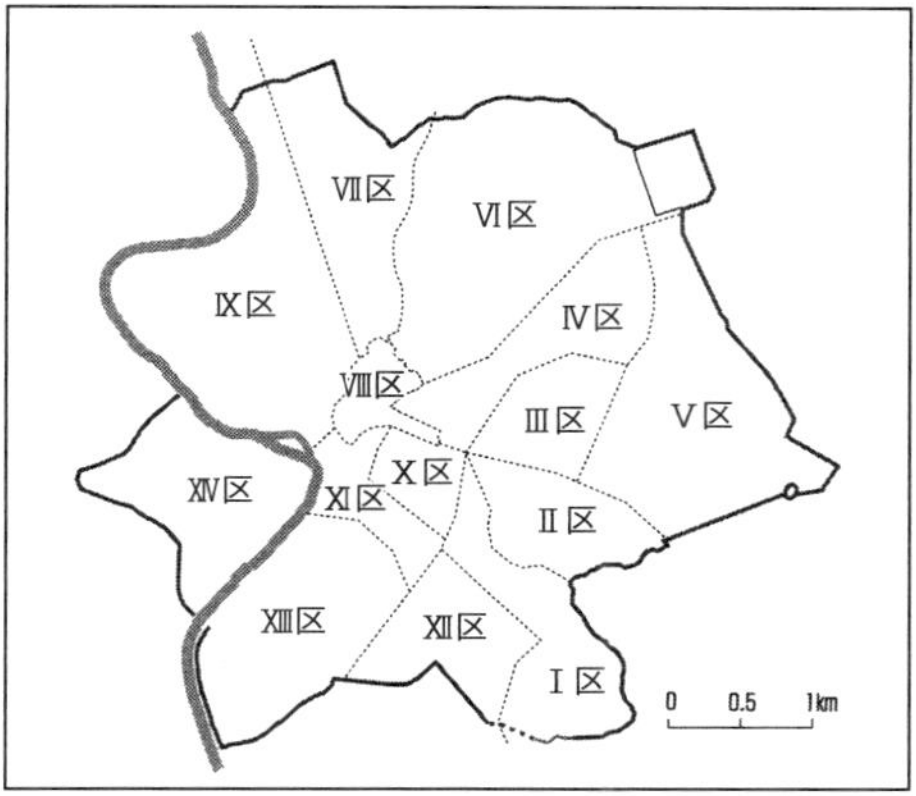

30　アウグストゥスが制定した14区

されている。帝政末期になると町の数は増加し、ディオクレティアヌスのときは三〇四ないし三〇六町、紀元四世紀中ごろには四二四町にもなった。したがって、町役人もかなりの数にのぼった（ディオクレティアヌスの時代、各区四八名に固定される）。特定の日だけではあるが、彼らは担当区のなかでトガ・プラエテクスタ（高級政務官が着る衣）の着用と二名の先導吏をともなうことが許された。権威を付与することによって、末端行政の円滑な浸透をはかると同時に、解放奴隷が多い町役人の虚栄心を満足させた。

治安と防火をおもな任務とする町役人の制定には、倫理的、宗教的目的も含まれていた。それが、彼らに義務づけられていた、辻神（ラレス・コンピタレス）の祭壇を設けて管理し、その祭儀をとり行うことである。ローマ人は古くから、街の辻々に祠《ほこら》を設け、辻神を祀っていた。したがって、アウグストゥスが制定した町役人の制度は、辻神祭祀の復興であり、その制度化であった。しかも、この辻神の祭壇にはアウグストゥスが一種の氏神としてともに祀られるようになる。社会の末端組織である町のなかに、社会秩序を支える倫理的、宗教的制度が定着したのである。

巨大都市に成長したローマの安全をはかるため、アウグストゥスは、治安、消防の制度化と組織化を進めた。治安に関しては、アウグストゥスが指名する都督（プラエフェクトゥス・ウルビ）の管轄下に、都警隊（コホルテス・ウルバナエ）が創設された。軍隊と同じ組織をもつ都警隊は、三大隊からなり、各大隊一〇〇〇人の隊員を擁し、日中の警備にあたった。一方夜間の警備は、夜警長官（プラエフェクトゥス・ウィギルム）配下の夜警隊（コホルテス・ウィギルム）がその任務にあたった。日中と夜間を分割したのは、後者の主な任務が消防にあったからである。

夜警隊を紀元前六年に設立する以前から、アウグストゥスは首都の消防に心を配っていた。たび重なる火災が、しばしば甚大な被害を与えていたからである。共和政期の消防は、「セルウィウスの城壁」沿いを消防三人委員会が、公共建築や神殿を主に造営官が、そして住宅を護民官が、分割して担当していた。それ以外に、地域の住民が自主的に組織した消防団もあったが、公的消防組織は担当が分かれており、住民組織は延焼防止のための打ち壊しの権限が認められていなかったため、十分な効果を発揮することができなかった。アウグストゥスは、分散していた消防組織を一本化するため、紀元前二三年、造営官の配下に六〇〇人の奴隷を消防要員（主に放水を任務とする）として配属し、のちに彼らを町役人の配下に移した。それでも十分な成果をあげることができなかったため、紀元前六年に夜警隊を組織したのである。夜警隊は、七大隊からなり、各大隊は約一〇〇〇人の隊員をもち、それぞれ二つの区を管轄した。各大隊には、ポンプ士（シフォナリイ）、放水士（アクアリイ）、打ち壊しや救出を専門とする者（バリスタリイ、エミトゥラリイ）、それに医者などの特殊技能をもった隊員が配属されていた。

このような都市行政の根幹となる制度の整備と数多くの造営事業を推進したことによって、ローマは帝国の首都にふさわしい都市に生まれかわった。慎重なアウグストゥスも自らの成果に深い満足をおぼえていたはずである。そのことを、スエトニウスは以下の文章で的確に代弁している。

「それまでの首府の威厳にふさわしくない外観を呈し、洪水や火災をこうむりやすかったローマを、アウグストゥスは非常に立派な都市に仕上げたので、彼がこう自慢したのも当然であったろう。「私はローマを煉瓦の街として引き継ぎ、大理石の都として残すのだ」

じっさい人間の叡智で予見し得る限り、将来に対してすら安全な都市であることを

保証した」（国原吉之助訳『ローマ皇帝伝』第二巻二八）

アテネ、アレクサンドリア、アンティオキア、ペルガモンなどと比較したとき確かに見劣りのした共和政期のローマは、アウグストゥス時代の一連の建設事業によって見違えるほどの壮麗な都市になった。しかし、アウグストゥスの真の功績は、古い制度を墨守していたために実質的にはほとんど機能を失っていた都市行政を根本的に改革し、新たな行政区分を設け、大都市を支えるにふさわしい組織制度を創設したことである。警察消防組織などはアレクサンドリアで整備されていたし、町役人の制度は、以前からローマやその支配下にあったデロスなどですでに実施されていた。それらの前例を参考としながら、社会的、文化的条件の異なる時代に、そして規模の異なる大都市ローマに適応する組織制度に再編成したのはアウグストゥスであった。その功績によってローマは「将来に対してすら安全な都市」としてさらに発展することができたのである。

6　七五年の生涯

パンテオンの位置

アウグストゥスとティベリウスがともに監察官だった一四年、戸口調査（ケンスス）が実施された。紀元前二世紀末までほぼ五年ごとに規則的に行われていた戸口調査は、市民の人口調査であるばかりか所有財産の調査をかね、そのことは徴兵資格検査を意味していた。共和政ローマが、自らの国力を統計的に把握する重要な調査であり、したがって、その完了時には調査の結果と無事遂行できた感謝の意を軍神マルスに捧げた。それが修祓式《しゅうばつしき》（ルストルム）であり、儀式が行われたのはマルス祭壇においてであった。現在のヴェネツィア広場のあたりと推定される。修祓式のクライマックスは、もっとも格式の高い犠牲式スオウェタウリリアである。豚、羊、牡牛が祭壇を三回まわり、その後に犠牲が執行された。

紀元前一世紀に入ると、世情が不安定になり、将軍たちは私兵を直接自らの手で調達するようになったので、戸口調査は以前のように重要ではなくなり、不規則にしか実施されなくなった。そして、実施された場合も、略式の儀式だけですませ、修祓式が行われるのは稀なことになった。この儀式をアウグストゥスは紀元前二八年の戸口調査のとき復活させ、その後の戸口調査ではかならず実施している。おそらく以下の文章は犠牲式が始まる直前の場面である。

「マルス公園で大勢の市民を前に、アウグストゥスが、戸口調査を終えた後の修祓式をあげていると、鷲が彼の頭上をぐるぐると何回も舞い、近くの神殿に飛び移り、アグリッパの名前の最初の文字Aの上にとまる。これに気づくと彼は、次回の修祓式のため立てる慣例の神々への誓約も、監察官同僚のティベリウスに読み上げるよう命じた。じっさい、誓文はすでにしたため準備していたが「自分の果せないような誓約ならば立てたくない」と言ったのである」(国原吉之助訳、スエトニウス『ローマ皇帝伝』第二巻九七)

ここに記されている「近くの神殿」とは、アグリッパが紀元前二七年もしくは紀元前二五年に完成させたパンテオンのことである。ティベリウスがのちに完成させるコンコルディア神殿と同じく、左右に大きく翼を広げたような平面プランをもつ神殿で、その正面に「ルキウスの息子マルクス・アグリッパが第三回執政官のとき建造」という碑文が刻まれており、アグリッパを記す最初の文字Aに鷲がとまったのである。このことは、いくつかの興味深い推測を可能にしてくれる。

まず、マルス祭壇とパンテオンの位置関係である。さまざまな文献や碑文に記されているマルス祭壇は、いまもって正確な地点が確認されているわけではないが、ほぼヴェネツィア広場の北と推定され、その西隣にウィラ・プブリカがあった。一方、アグリッパがつくったパンテオンは、のちにハドリアヌスがつくりかえたパンテオン(現存する円堂形式の神殿)の正面列柱部分にあったことが、部分的発掘によって確認されている。両者のあいだにはサエプタ・ユリアがあり、その屋根越しにパンテオンの碑文が見えたことになる。しかも、マルス祭壇から神殿の正面に記された碑文が見えたということは、神殿の正面が南に向いていたことを示唆している。

前に述べたように、パンテオンの周囲はアグリッパが地域開発したところで、その開発区域の北端をウィルゴ水道の水道橋が走っていた。パンテオンは、その北端に接していたので、ハドリアヌスがつくったパンテオンのように北を正面にすることはなく、その背面をウィルゴ水道の延長線上に並べて実質的な市街地の北限を形成していたのである。つまり、アグリッパのつくったパンテオンは、ウィルゴ水道や水路（エウリプス）とともに、実質的な市街地の北の境界線を明らかにする標識の一つでもあった。そして、その境界線から南に広がる新旧の市街地全体を眺望していたのである。

パンテオンの建立目的

もう一つは、アグリッパが建設したパンテオンの建立目的である。そのことについては、ディオ・カシウスの次の一節を念頭において考える必要がある。

「同じく彼（アグリッパ）はパンテオンと呼ばれる建物を完成した。おそらく、それを飾る像のなかにマルスとウェヌスを含む多くの神々の彫像を受け入れたがゆえに、この名前をもつのである。しかし、名称に関する私の意見は、その穹窿《きゅうりゅう》（ドーム）天井のために、それが天空に似ているということである。アグリッパは、彼としては、そこにアウグストゥスの彫像も同じく置いて、彼にちなんだ名称の建物をもつ栄誉を彼に贈りたいと考えた。しかし、アウグストゥスはいずれの栄誉も受け入れようとしなかったので、アグリッパはカエサルの彫像を神殿自体のなかに置き、正面列柱のなかにアウグストゥスと彼自身の彫像を置いた」（第五三巻二七・二）

この一節には、明らかな誤りと貴重な情報が含まれている。明らかな誤りとは、アグリッパのパンテオンと、ハドリアヌスが建てかえた円堂形式のパンテオンとをとり違えている点である。ディオ・カシウスがローマで活躍していたのは二〇〇年ごろであるから、すでにアグリッパのパンテオンは焼失し、ハドリアヌスが再建したパンテオンになっていた。このハドリアヌス再建のパンテオンにも先人の功績をたたえて「アグリッパが建造」という碑文が記されていたのであるから、いたし方ない誤りだった。一方、貴重な情報とは、建設当初、「アウグストゥスの彫像も同じく置いて、彼にちなんだ名称の建物をもつ栄誉を彼に贈りたいと考えた」が、「アウグストゥスはいずれの栄誉も受け入れようとしなかった」というくだりである。

アグリッパは首都整備のため、アウグストゥスに比肩するほど数多くの造営事業を行っている。しかし、彼がかかわった造営事業のなかで、神殿建立はパンテオンだけである。そのことは、首都整備総合計画が前もって綿密に策定されており、二人の役割分担も慎重に決められていたことを明らかにしている。政治的効果が大きく、宗教的意味をもつ分野はアウグストゥスが担当し、公共基盤の充実や土木工事など地味ではあるが都市生活の充実に欠かせない事業はアグリッパが担当するという役割分担である。この役割分担があったにもかかわらず、パンテオンをアグリッパが担当したのは、計画段階におけるパンテオンは、アウグストゥスに奉献される神殿、つまりアウグストゥス神殿（アウグステウム）だったからであり、自らの神殿だけは、宗教建築を担当しているアウグストゥスといえども手を下すことはできなかった。

両者の慎重な事前協議のすえにアウグストゥス神殿の建設工事が開始された。しかし、工事中もしくは完成直前、アウグストゥスは計画の変更を決心した。おそらく自らの名を付した神殿は時期尚早と考えたのであろう。このため急遽アウグストゥスの彫像を置くはずの場所にカエサルの彫像が置かれたのである。マルスやウェヌスに並ぶ彫像であるから、当然、神としてのカエサル像である。そして内陣への入口手前の両脇、正面列柱の奥にアウグストゥスとアグリッパの彫像が安置された。神々の住む家を守る人間としての彫像であったが、神々にきわめて近い存在であることが誰の目にも明らかだった。以上の経緯をスエトニウスとディオ・カシウスの一節から知ることができる。

一四年の修祓式のおり、死期の迫りつつあることを自覚していたアウグストゥスは、そのような経緯のあるパンテオンの、正面に刻まれたアグリッパの最初の文字に鷲がとまるのを見て、ただたんに、アグリッパのいる天上に赴く日が近づいていると感じただけではない。鷲がとまったAという文字は、アウグストゥスの最初の文字でもある。彼は、パンテオンの建立目的の変更を思い出しながら、言葉にこそ出さなかったが、神となる日の近いことを、つまり、死期が迫りつつあることを自覚していたのである。

おそらくアウグストゥスは、自らの死を若いときから考えていた。病弱であったばかりか、内乱のなかで多くの死を身近に見てきたからである。しかし、そのことだけで三〇歳に達していなかったアウグストゥスが、自分の墓を建立する決心をしたとは思えない。カンプス・マルティウスの北端、パンテオンよりもさらに北のテヴェレ川沿いに、直径八七メートル、高さ四〇メートル近くの巨大な墓を建立しようと決意したのには、もう一つの大きな理由があった。

アウグストゥスが、墓の建立をいつ決意し、何年に着工したのかを伝える資料はないが、おそらく紀元前三六年のナウロコスの海戦勝利のころと推測できる。アントニウスの後塵を拝していた若者が、ローマにあって着実に力を貯えていた時代であり、ディオニュソスの再来を自称するアントニウスに対抗してアポロ・パラティヌス神殿の建設に着手したころである。当時、ローマでは、アントニウスが都をアレクサンドリアに移すつもりであるという噂が広まっていた。さらに、アントニウスは、クレオパトラと同じ墓で眠ることを欲している、つまり永眠の地にアレクサンドリアを選んだという噂が追い打ちをかけた。ディオニュソスを自称するアントニウスに対抗してアポロ神殿を建設することにしたアウグストゥスが、ローマを裏切りアレクサンドリアに殉じることを表明したアントニウスに対して、壮大な墓をローマに建立して、ローマへの忠誠を表明しようとしたことは十分に

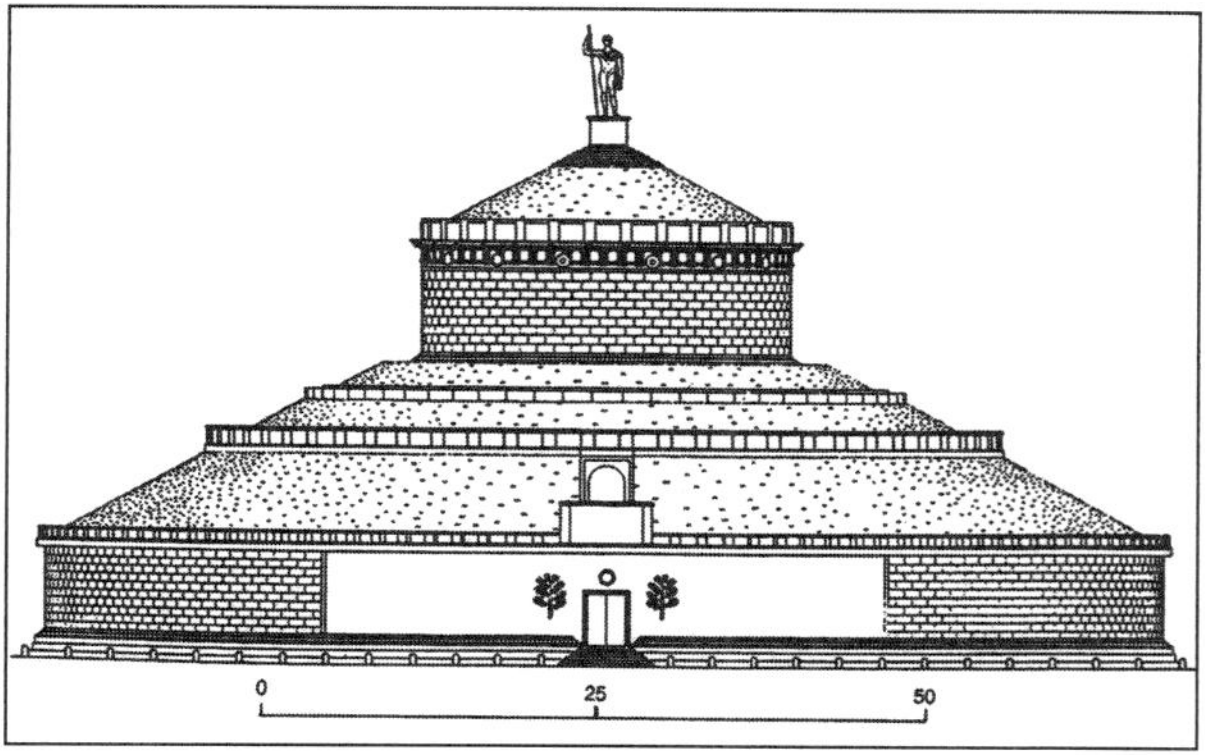

31　アウグストゥス墓廟

推測できる。人生のなかばにも達していなかった時代に、自分の墓の建立に着手したのは、おそらく以上のような背景があったからである。

墓の周囲は緑多い公園として整備され、その中央に巨大な墳墓が、紀元前二八年に完成した。発展を遂げるカンプス・マルティウスだけでなくユピテル神殿がそびえるカピトリヌス丘を南に望み、東にはピンキウス丘やサルスティウス庭園が迫り、西にはテヴェレ川のかわらぬ流れをひかえていた。その眺望を楽しむかのように、墓のいただきにはアウグストゥスの巨大な彫像があった。アウグストゥスのマウソレウム（墓廟）は、まさに小アジアのカリア地方で権勢を思いのままにしたマウソロスの墓廟（マウソレイオン）のようであった。事実、完成するころまで、アウグストゥスは、ヘレニズム王国の王のような神権をあわせもつ権力者としてローマに君臨しようとしたふしがある。計画時のパンテオンもその一環であった。しかし、「共和政の復興」に成功し、アウグストゥス自身の権威（アウクトリタス）の確立が明らかになったころから、権力掌握のためにヘレニズム・タイプの王のイメージを利用する必要がなくなっていた。神なるカエサルの子ではあっても、生ける神としての王であることを自ら宣言する必要はなかった。宣言はかならずローマ社会に混乱をもたらし、その混乱こそを、市民もアウグストゥスももっとも恐れていた。平和と安定と秩序を実現し維持することがアウグストゥスの責務であった。その責務を守るかぎり、アウグストゥスとその一族は安泰だった。

カエサル神殿の祭壇を封鎖したのは、権威の確立を確信したころと思われる。また、自らの責務を十分に認識したからこそ、紀元前一三年に平和の祭壇建立を決意している。翌年、大神祇官に就任して、本格的な公序良俗の確立にとりくみ、紀元前七年の市制改革にともない、底辺社会の風紀にも適切な配慮をくわえている。その成果があったからこそ、紀元前二年のアウグストゥス広場完成時に贈られた国父（パテル・パトリアエ）という尊称にアウグストゥスは大きなよろこびを感じたのである。

パンテオンと同じようにアウグストゥス墓廟も、統治時代初期のアウグストゥスが抱いていた心の振幅を如実に物語っている。しかし、その振幅から脱することができたころから、アウグストゥスは個人的な不幸につぎつぎと見舞われる。自らの後継者と目していた娘婿のマルケルスを紀元前二三年に失い、孫のルキウスとガイウスを二年と四年に、そしてその才能を高く評価していたティベリウスの弟ドルススを紀元前九年に失っている。アウグストゥスは、彼らを自らの手で、自らつくった墓に埋葬しなければならなかった。

逆縁の葬儀をいくつもとりしきったアウグストゥスにも、ようやく順番がおとずれた。一四年八月一九日、七五歳の生涯を閉じた。遺体は、アウグストゥス墓廟の東脇にある火葬場（ウストリヌム）で荼毘に付され、アグリッパや孫たちが眠る墓に埋葬された。

第三章　新都市整備計画

——ネロの光と影——

それはさておき、ネロは祖国の災難（大火）をこれ幸いと利用して黄金宮を建立した。

タキトゥス『年代記』XV. 42.

1　ティベリウスの政治

アウグストゥスの遺書

パラティヌス丘の自邸玄関に安置されていたアウグストゥスの遺体は、黄金と象牙による棺台に移され、その上に紫の骸衣をかぶせてフォルム・ロマヌムに運ばれた。骸衣で覆われているので故人を直接に見ることはできなかったが、凱旋将軍の衣をまとう蠟でつくられた肖像がともに運ばれたので、アウグストゥスの面影をしのぶことはできた。その後ろには、ユリウス家の傑出した先祖たちの肖像と、ローマの英傑の肖像をもつ男たちが従った。これらのなかにカエサルの肖像はなかった。なぜならすでに神々の仲間入りを果たしていたからである。妻リウィアをはじめとするアウグストゥスの一族、元老院議員たち、騎士階級の人間、親衛隊兵士、外国からの弔問客など多くの人々が喪服を着て、棺台を運ぶ男たちのあとについていた。フォルム・ロマヌムに着くと棺台はロストラの上に置かれた。

それでも、アウグストゥスの葬儀は、その業績、権力、権威、そして市民の悲しみの大きさにくらべれば、簡素なものだった。「追悼演説も二度行なわれたにすぎない。神君ユリウスの神殿の前でティベリウスが、中央広場の古い演壇からティベリウスの息子ドルススが」（国原吉之助訳、スエトニウス『ローマ皇帝伝』第二巻一〇〇）顕彰と哀悼の辞を述べただけである。「神君ユリウスの神殿の前」とは、アントニウスがブルトゥスらを糾弾したあの基壇のことであり、「古い演壇」とは、広場の反対側にあるアウグストゥスが改装した基壇のことである。遺体はフォルム・ロマヌムから、凱旋式の道を逆にたどってカンプス・マルティウスの火葬場まで、何人もの元老院議員が肩にかついで運んだ。

高く積んだ薪の上に遺体が置かれ、百人隊長たちが松明《たいまつ》で下の薪に火をつけた。一羽の鷲が放たれ、空高く舞い上がると、人々はアウグストゥスの霊が天上にのぼったことを確信し家路についた。しかし、リウィアだけは五日間その場を離れなかったという。茶毘《だび》に付された遺骨を拾ったのは騎士階級の代表者たちである。彼らは下着のトゥニカだけをまとい、裸足のままであった。アウグストゥスによって重用され、社会的地位を高められた人々の、虚飾を捨てた真の哀悼の姿である。彼らが集めた遺骨は、火葬場の隣にあるあの壮麗なアウグストゥス墓廟におさめられた。

遺書は、すでに一年以上も前の一三年四月三日に作成されていた。その管理を託されていたウェスタの巫女が保管所のウェスタ神殿から元老院に運び、そこで封印が確認されたあと開封され、アウグストゥスの解放奴隷ポリュビオスが朗読をはじめた。相続人の筆頭に記されていたのは、後継者であるティベリウスとリウィアで、遺産の三分の二をティベリウスに、その半分をリウィアに贈るとあり、両者にアウグストゥスの名前を使用するよう命じていた。彼らに続く相続人としてティベリウスの息子ドルススと、甥のゲルマニクスおよびその子供たちの名前があった。

遺書の朗読が終わると、アウグストゥス自身が記した『業績録』をドルススが読み上げた。内容は、簡潔な自身の経歴、さまざまな業績、それに国家と国民のために使った経費の詳細で、その最後に青銅の板に『業績録』を書き写して柱に掲げることが命じてあった。ティベリウスはその命令に従って、アウグストゥス墓廟の正面に立つ二本の角柱に、その青銅板をはりつけた。

アウグストゥスが生前から唱えていた「共和政の復興」と市民の第一人者、最善の市民による元首政の原則からすれば、アウグストゥスの後継者は市民のなかから選ばれるべきであった。しかし、もし選挙となれば、買収、策謀、誹謗が横行し、ふたたび昔の混乱状態に戻ることは必至だった。そればかりでなく、アウグストゥスは権力を掌握したときから、近親者へ権力を継承させたいと考えていた。つまり、世襲制の王朝樹立を考えていたのであり、そのことはフォルム・ロマヌムの造営事業においても明白である。したがって、後継者と目した人間に生前から護民官職権と執政官相当職権を付与して後継者問題が混乱をもたらすことのないよう十分な準備がなされていた。都のなかにあっては護民官職権が、その保持者の神聖不可侵性を保障し、都の外にあっては執政官相当職権で最高権力をふるうことができるからである。その最終的な後継者に指名され、養子に迎えられていたのがティベリウスである。アウグストゥスと同じように慎重細心な人間であるばかりか、「常勝不敗の人」と呼ばれるほどの優れた将軍でもあった。安定した時代を迎えてから、あまり日のたっていないローマを託すにふさわしい人物だった。そして、ティベリウスはその期待を裏切ることはなかった。

　アウグストゥスの統治時代後半から、ローマは統治制度の確立に大きな努力をはらっていた。共和政期から継承していた公職者の制度によって、財務官、造営官、法務官、執政官という職階にかわりはなく、財務官に就任するためには元老院階級の者でなければならなかった。元老院階級の資格財産額は一二〇万セステルティウスであったが、不足をアウグストゥスが補うこともあり、また、元老院議員補充の際、アウグストゥスの推薦を無視することはできなかった。したがって、制度としてはローマ統治の一翼を担う元老院ではあっても、徐々にアウグストゥスの支配下に入っていったのである。とくに、元老院のアウグストゥス反対派を代表する、そして有徳の人と誉れ高い人物であったがゆえに影響力をもつウァレリウス・メサラが、紀元前二年、アウグストゥスに国父の尊称を贈ってからは、その傾向がさらにいちじるしくなった。ただし、元老院階級の人間だけで、広大なローマの全領域を統治し、適切な行政

1　ティベリウス

を行うことは不可能である。このため、アウグストゥスは騎士階級の人間を管理官として登用した。新設の行政機関の管理運営はこれらの管理官（プラエフェクトゥス）に委ねられた。そればかりでなく、アウグストゥスが管轄するエジプトのような属州も、任命総督として彼らに託されたのである。さらに、アウグストゥスに遺贈された土地や有罪判決によって没収された財産の管理、それに鉱山や採石場の経営、アウグストゥス個人の財務管理にも有能な人間が必要で、ギリシア系の解放奴隷があてられた。安定のための複雑で膨大な管理行政が必要となっていた。

一方、版図の拡大にともないあらたな紛争が、辺境の各地で勃発していた。紛争はローマに莫大な戦費を支出させることになるので、大きな川や山脈を利用した国境の設定が必要だった。ローマ版図の西部国境をダニューブ川とライン川を結んだ線とするか、ダニューブ川とエルベ川まで広げるかは、アウグストゥスにとって重大な決定であったが、そのことを明確に物語る資料はない。ただ、より広大な領土とはなるものの、ダニューブ川とエルベ川を結んだほうが守備線の総延長は短くなり、そのほうに心を動かされていたことは確かである。そのためには、ライン川周辺だけでなく、その右岸からエルベ川までの深い森と沼に覆われた地域を平定しなければならず、ティベリウスとその弟ドルススだけでなくドルススの息子ゲルマニクスもこの地方に派遣され、多くの軍団が投入された。しかし、部族の結束がかたく戦闘意欲の旺盛なゲルマン人を鎮圧することはできず、九年にはトイトブルクの森でライン川方面軍最高司令官ウァルスが敵に急襲され、自らの命だけでなく三箇軍団を失うような悲劇も起こった。

アウグストゥス死後のローマは、透徹した政治的洞察力や大国ローマの統治制度を構想できる人間よりも、優れた行政能力と卓越した軍事指導力をもつ支配者を、なによりも必要としていたのであり、ティベリウスは、その要請にもっとも適した人物だった。しかし、彼はその資質を完全に発揮することはできなかった。できなかった原因は、彼自身の性格と、もう一つはアウグストゥスの遺書にあった。

生来、内気で細心だったティベリウスは、母のリウィアがアウグストゥスと結婚したときから、複雑な肉親関係のなかでさらに控えめな行動をとるようになり、ユリアとの強制された結婚が決定的な影響をおよぼした。ユリアが先夫アグリッパとのあいだにもうけたガイウス・カエサルはアウグストゥスの後継者としてその養子に迎えられていたので、ティベリウスにとっての彼女は、妻であると同時に、将来自分が仕えなければならない人間の母でもあった。それでも二人のあいだに子供ができるまでは正常な夫婦であったが、幼くして子供に先立たれたあとは、ユリアの奔放さを抑えることはできなかった。内向的な性格が、厭世的な強迫観念となり、ティベリウスは、はじめて自我を主張するようになる。といっても、ロドス島への逃避（前六―後二年）という後ろ向きの主張であり、それが彼としては精一杯の抵抗だった。しかも、四年、ようやくアウグストゥスの後継者に指名されたとき、甥のゲルマニクスをティベリウス自身の後継者として押しつけられた。ユリウス家を磐石な世襲の王朝とするためにアウグストゥスがとった婚姻政策の最大の犠牲者がティベリウスだったのである。犠牲者特有の内向的で陰鬱な性格は、五六歳で最高権力を握ってもかわることはなかった。

もう一つのやっかいな問題は実母リウィアの存在である。高貴な生まれで気位の高い彼女は、敬愛する夫とともにある限り、貞淑な妻として、孫（ガイウスやルキウスなど）たちの養育に夢中な祖母として問題はなかった。問題は、孫だけでなくアウグストゥスにも先立たれてから、政治の世界に口出しをするようになったからである。ティベリウスにとって実の母であるばかりか、自分をアウグストゥスの後継者に推してくれた恩人であり、無視することはできなかった。しかも、遺言で、相続額こそ半分ではあるが、ティベリウスと同等の権威を保障する尊称アウグストゥスの使用を許可していた。そのためリウィアは、アウグスタと称し、ユリウス家を代表する人間として「ユリウス家の女主人」を意味するユリアと呼ばれることさえあった。アウグストゥスが自らの権力の基本的基盤と考えていたアウクトリタス（権威）の継承者は、むしろリウィアのほうであった。内気な性格のティベリウスはその事実を承認するかのように、自らはアウグストゥスを名のることはなく、まして「神なるアウグストゥスの息子」と称することもなかった。一五年五月一〇日の大神祇官就任も、決して自ら進んでのことではなかった。

そのような性格をもち、不本意な環境に置かれていたものの、課せられた責務をないがしろにすることはなかった。前にも述べたとおり、ティベリウスが手を下さなければならない当面の問題は、行政組織の整備充実とゲルマン人の平定である。後者は甥のゲルマニクスに一任し、ティベリウス自身は都にあって行政組織の確立に専念した。

広大な領土を永続的に、しかも安定して統治していくためには継続性のある行政組織をつくる必要があった。そのためには元老院が毎年選出する任期一年の公職者ではなく、ティベリウスが指名する騎士階級の実務者を重用できる組織を確立することである。選出官ではなく、任命官である彼らこそが行政の継続性を担ったのである。

都の都市行政に関しても、いくつかの適切な処置をほどこしている。アウグストゥスが創設したテヴェレ川治水管理官を、暫定的な役職から恒常的なものにかえ、執政官経験者もしくは法務官経験者である管理官のもとに、多くの事務官と専門技術者を配属した。というのも一五年、ローマはかつてないほどの大洪水に見舞われ、冠水した建物の崩壊が続き、犠牲者が多数出たからである。被害の大きさに、シビュラの予言書を照覧すべきだと唱える者もいたが、ティベリウスは冷静にその原因の究明を命じ、川幅を狭めるほどに林立する建物と、川底を浅くしている土砂や廃棄物に原因があることを解明した。このため、テヴェレ川の両岸に境界石をもうけて建物の建設を禁止し、定期的な川底の浚渫《しゅんせつ》を行う役所を常置したのである。この改革によって、テヴェレ川の氾濫回数と被害が減少した。

食糧・財政問題

ティベリウスが改善の必要を痛感していた諸問題の一つに食糧供給問題があった。とくに小麦の大部分は海外の属州に依存していたので、安定した供給には大きな努力をはらわねばならなかった。彼は、元老院にあてた書簡のなかでもつぎのように指摘している。

「イタリアは海外領の援助なくしては、生きていけないということ、ローマ国民の生命が、毎日不安な海上輸送と暴風雨のままにぐらついているということである。そして将来、もし属州の豊富な資源が、主人や奴隷や耕地の需要に応じきれなくなった時、われわれを守ってくれるのは、果たしてわれわれの庭園であり、われわれの別荘であるだろうか」(国原吉之助訳、タキトゥス『年代記』第三巻五四)

ティベリウスは都の経済基盤の脆弱さを十分に認識していたので、食糧供給管理官を督励して小麦の輸入量確保につとめた。それでも一九年、二二年、三二年には深刻な食糧不足が首都を襲った。一九年の食糧危機は、輸入量が十分でなかったための価格高騰が原因である。このため小麦の価格統制を行うと同時に、小麦商人に対しては一モディウス当り二セステルティウスの補償金をティベリウスが支出して危機を回避した。つぎの危機は、市民生活の向上とそれにともなう消費の増大が物価全体を押し上げたためであり、適当な抑制手段も見つからなかったので右に引用した書簡のような奢侈抑制論と精神論にならざるを得なかった。これらの危機の経験から、食糧供給管理官が中心となって輸送船団の整備、穀物倉庫の新築、流通と価格の管理強化など可能で適切な方策が実施された。しかし、三二年、ふたたび小麦の価格が高騰し、いまにも暴動が起こりそうになったとき、高圧的な手段で暴動の発生を抑えざるを得なかった。「どれほど多くの属州から、そしてアウグストゥスよりもどんなに多く、小麦を輸入したことか」ティベリウス自身、掌握できないほどであったが、それでも需要の増大に追いつけなかった。その最大の理由は、ローマの外港、テヴェレ川の河口にあるオスティアが十分な港湾施設をそなえておらず、船荷の処理能力に限界があったからである。クラウディウスがオスティアに新しい港を建設するまで、根本的な改善には至らなかったが、それ以外の可能な方策のほとんどすべてをティベリウスは実現している。

以上の問題よりもはるかに重要で、解決策を容易に見つけることのできなかったのが、財政問題である。ティベリウスがアウグストゥスを継承したとき、国家財政は健全な状態ではなかった。内乱後の安定のために過剰ともいえる支出がなされたためであり、首都整備のための数多くの造営事業もその一因だった。

財政再建を目してティベリウスがとった方策は、つぎの三つである。つまり、属州からの徴税強化、有罪判決による財産没収の徹底、それに歳出の抑制である。このうち、属州からの徴税強化がもっとも有効な方策であったが、東方遠征に派遣されたゲルマニクスは、そのために大きな困難に遭遇し、ガリアでの反乱（二一年）原因となったように属州住民の反発が強く、不成功に終わる。財産没収は安易で確実な手段ではあったが、財政規模からすると微々たるもので、しかも富裕階級、つまり元老院階級の反発をまねくおそれがあり、結局、徹底されることはなかった。したがって、最後にのこった歳出抑制だけが実施されることになる。

アウグストゥスの遺書が公表されたとき、ティベリウスは国家財政が逼迫している事実に気づいていなかったと思われる。なぜなら、親衛隊兵士に一〇〇〇セステルティウス、都警隊兵士に五〇〇セステルティウス、軍団兵に三〇〇セステルティウスの遺贈金を贈るよう遺書に記されていたにもかかわらず、ティベリウスは鷹揚にもその倍額を払う約束をしているからである。しかし、その約束が反古にされたのは、財政事情が判明したからであろう。

数少ない建築事業

カエサルとアウグストゥスがあれほど頻繁に、しかも湯水のように金を使って盛大に繰り広げた剣闘士競技や猛獣の闘いも、節約の対象となった。市民への賜金の施し（コンギアリウム）は二三年間におよぶ統治期間中三回しか行わなかった。ゲルマニクスの凱旋の際、その子供のネロとドルススの成人式のときである。また、アウグストゥスの庇護下にあるとき、カストル神殿とコンコルディア神殿をあれほど見事に再建したにもかかわらず、元首となってからは、これといった建築活動を行っていない。

その数少ない造営事業の一つが、カエサル神殿建立にならい、神格化されたアウグストゥスに神殿を捧げることであった。バシリカ・ユリアの裏側、アグリッパの穀物倉庫に接したところで、パラティヌス丘とカピトリヌス丘に挟まれた目立たない場所である。たしかにフォルム・ロマヌムにはもはや神殿を建立するような余裕はなかったが、アウグストゥス神殿の敷地よりもふさわしい土地はその周辺にいくらでもあった。ただし、それらの土地は私有地であったため、購入資金が必要とされ、その程度の金額さえティベリウスには惜しまれたのであろう。

ティベリウスに帰せられるそのほかの建造物としては、フォルム・ロマヌムのティベリウス凱旋門とスコラ・クサンティ、アウグストゥス広場のドルススとゲルマニクスの凱旋門、カストラ・プラエトリア、それにポンペイウス劇場の修復などがある。三つの凱旋門は、自分と一族の業績を誇示するための記念建造物であり、権力者としての必要経費の部類に属する。

一方、ロストラの東脇に建設されたスコラ・クサンティとウィミナリス丘のカストラ・プラエトリアは、ティベリウスが力を注いだ行政管理組織の充実のためである。スコラ・クサンティは、造営官配下の書記官、文書係、伝令などの事務所で、規模は小さかったが美しい大理石で仕上げがなされていた。おそらく、フォルム・ロマヌムや造営官管轄の公共建築を管理していたのであろう。それに対してカストラ・プラエトリアは、親衛隊の兵舎にふさわしい堂々とした施設であった。この施設ができるまで、親衛隊は、各大隊ごとに市内の各地に分散駐屯していたので、緊急の際、即座の行動を起こすことがむずかしかった。しかも、アウグストゥスやティベリウスの身辺警護という役割がいっそう重要な意義をもつようになっていたので、しかるべき施設を建設しなければならなかった。場所は、ローマの北東端で、一六ヘクタールの敷地を高さ四・七メートルの堅牢な壁が兵舎と司令部をとり囲んでいた。おそらく、ティベリウスの信任厚い親衛隊長セヤヌスの提案によって二三年ごろ建設されたと推定される。煉瓦を用いたコンクリート工法は、共和政末期からいくつかの建物に使用されているが、大規模な建築全体に採用されたのはカストラ・プラエトリアが最初であり、市民たちはその堅牢な建物に、親衛隊の権勢をいやおうなく感じたことであろう。

倹約に努めたティベリウスは、アグリッパのように地域開発に大金を支出するような人間ではなかった。しかし、カエリウス丘だけは例外である。正確にいうならたまたま例外となっただけである。二七年の大火はこの一帯を猛火でつつみ、ほとんどの建物が焼失した。アウグストゥスが創設した夜警隊も大規模火災にはまったく無力であり、「将来に対してすら安全な都市」が完成していたわけでもない。焼け野原となったカエリウス丘の復

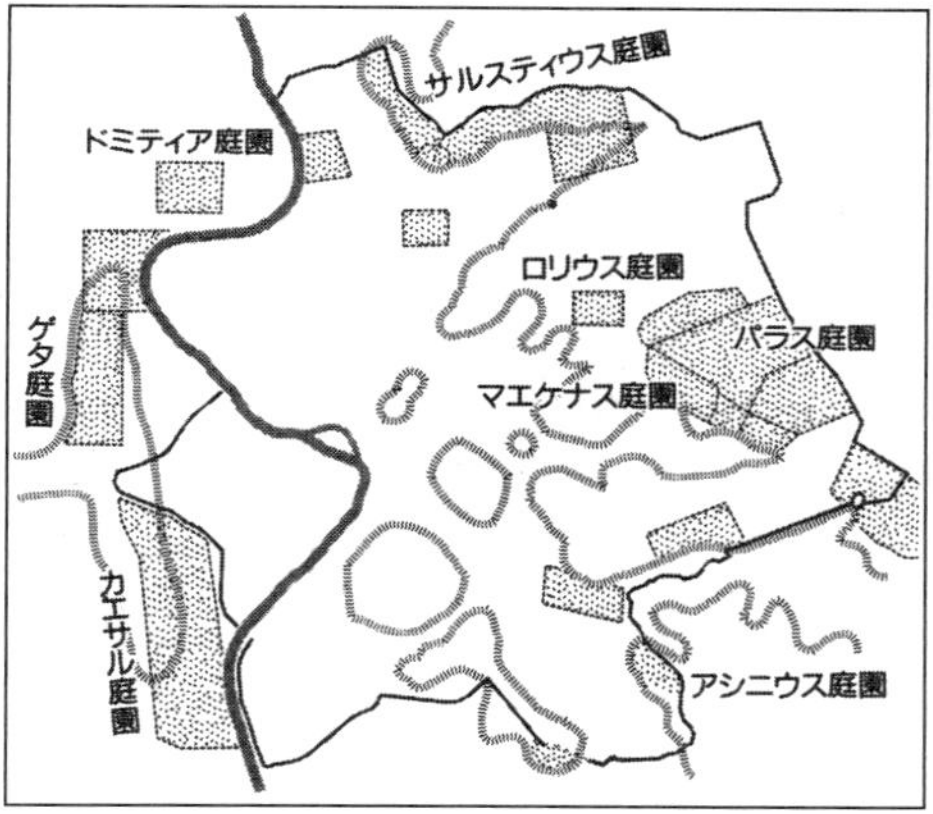

2　ローマの公園と緑地

興にティベリウスが努力したことは確かだが、復興後は貴族たちだけが住む高級邸宅街に生まれかわっている。そのことを考慮するなら、復興に際して貴族たちの経済力を利用したとしか考えられない。

他力本願といえば、アウグストゥスとティベリウスが没収もしくは相続した貴族の邸宅もかなりの数にのぼっていた。広大な敷地のために別荘と称されたカリナエにあるポンペイウスの邸宅、文学者たちが集まったマエケナスの公園のように広い邸宅は、アウグストゥスの所有となり、ティベリウスが相続していた。また、豪壮さではマエケナスのそれに劣ることのなかった高名な歴史家サルスティウスの邸宅も、その遺族であるサルスティウス・クリスプスから、二〇年、ティベリウスが遺贈されている。

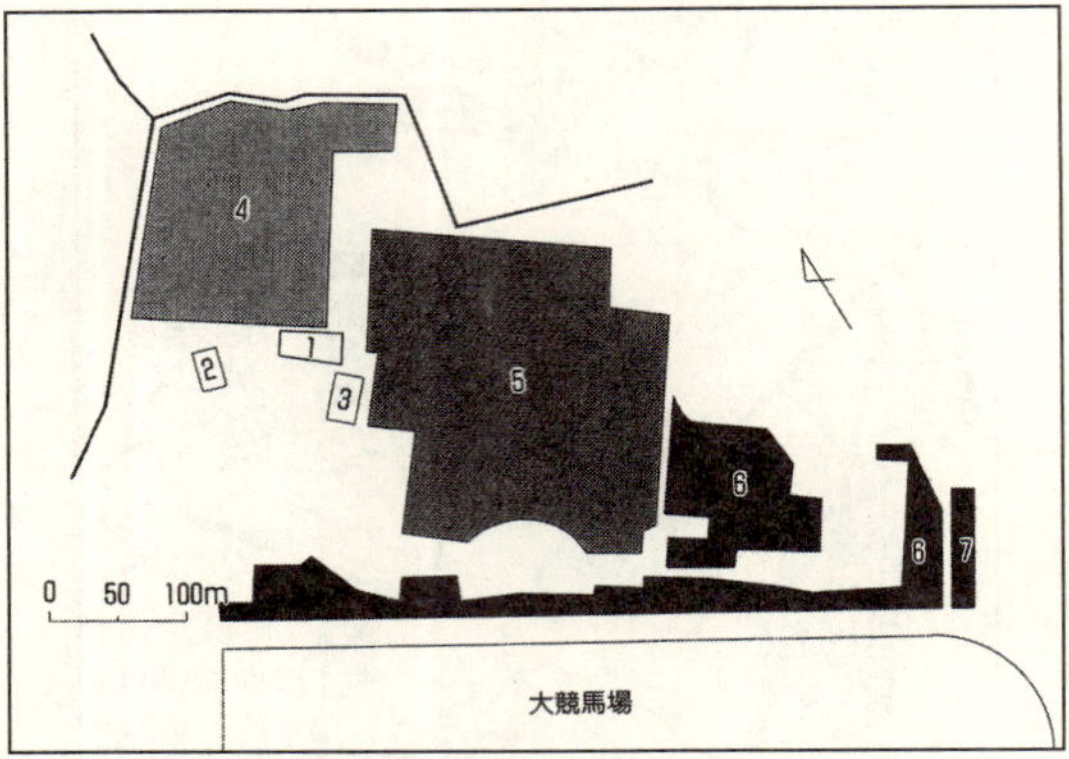

3　パラティヌス丘の皇帝宮殿
1. アウグストゥスの家（リウィアの家） 2. マグナ・マテル神殿 3. アポロ神殿 4. ドムス・ティベリアナ（ティベリウス時代） 5. ドムス・アウグスタナ（フラウィウス時代） 6. セウェルス時代の増築部 7. セプティヅォニウム（セウェルス時代）

都の名所ともいうべき緑豊かな地所の多くがティベリウスの手に帰していた。

以上の建築事業の性格からも明らかなように、ティベリウスは必要不可欠な建設しか実行しておらず、たとえ建設しなければならない建物でもできるかぎり完成を引きのばしている。その典型がアウグストゥス神殿で、完成はカリグラの時代までずれ込んでいる。また、二二年のリウィア大病のとき、その快癒を祈願して元老院が祭壇建立の決議をしたにもかかわらず、工事はのびのびとなり、四三年にようやく完成する。

しかし、この範疇に入れること

のできない例外が一つだけある。それが、パラティヌス丘に建設されたティベリウス宮殿である。アウグストゥス神殿を見下ろすパラティヌス丘に彼はローマで最初の宮殿と呼ぶにふさわしいドムス・ティベリアナを建設する。アウグストゥスの家は共和政期の住宅をいくつか買いたしながら増築していった「比較的大きな家」にすぎず、その権力と財力にくらべればむしろ貧相な家であった。しかし、謙譲を政治手法とし、先祖の習慣を奨励するアウグストゥスが住む家としては適当だったのかもしれない。ティベリウスも前任者の政治を継承することに心を砕くが、住むところだけは違っていた。父方から相続した敷地に豪壮な宮殿をかまえた。なぜ内気で慎重なティベリウスが、そのような豪華な宮殿を建設したのか理由は明らかでないが、おそらくアウグストゥスの家には、その逝去後もリウィアが住み続けていたのが最大の理由と思われる。同じ家に住んでいれば、しばしば顔をあわせなければならず、そのたびになにかと指図をされるおそれがあった。そのことを避けるための宮殿建設だったのであろう。もう一つの理由は、ティベリウスが直轄する行政管理組織の重要な部分を身近におくため、以前よりも広いスペースが必要となっていたからである。しかし、ティベリウスは、その治世の多くをカプリ島とスペルロンガの別荘で過ごし、この宮殿を利用することは少なかった。

当時のローマに住む貴族や金持ちが都に壮麗な邸宅をかまえることはあたりまえのことで、南イタリアのカンパニア地方に別荘を所有していることがステータス・シンボルであった。風光明媚で健康によいと信じられ、ギリシア文化の香りものこっていたからである。勤勉なアウグストゥスでさえ、カプリ島で無為な生活をおくりたいと望んでいた。その願いがかなえられることはなかったが、島全体と対岸の有名な温泉地バイアを購入して、自身の私有地にしたほどである。ティベリウスもアウグストゥスに劣らずこの地方を気に入っていた。元首になってからも、健康を理由にしばしばローマをあとにして、カプリ島のイオ荘で静養につとめた。そこは、阿諛《あゆ》迎合の元老院議員も口やかましいリウィアもいない別天地だった。しかし、公務に追われている身、都を長期に不在とすることはできなかった。

セヤヌスの奸策

一九年、アシアを巡察中のゲルマニクスが急死したことによって、ティベリウスは堂々と息子ドルススを後継者に指名することができた。少なくとも自分よりも一般民衆に人気があり、安心してローマを任せることのできる人間だった。できることなら、アウグストゥス時代の末期、共同統治者であるかのように実権をふるった自分を振り返り、ドルススにも同じ役割を果たしてもらいたいと念じた。継承を容易にするだけでなく、喧騒のローマを不在にすることができるからである。しかし、その願いも長くは続かなかった。二三年、わずか三六歳の若さでドルススも突然のようにこの世を去っていった。

フォルム・ロマヌムでとり行われた葬儀はこのうえなく盛大で、それゆえに、父親の悲しみの大きさがしのばれた。葬儀のなかで人々の目を奪ったのは、先祖の肖像をもつ男たちの長い行列である。始祖アエネアスにはじまるユリウス家の肖像だけでも、アルバ・ロンガ歴代の王からアウグストゥスまでえんえんと続き、さらにそのあと、クラウディウス家の行列が従っていた。サビニ人の貴族であった開祖からゲルマニクスまで、ユリウス家におとらぬ英傑を輩出しているのである。その二つの行列は、ロムルスとサビニ人の協力によって生まれたローマの歴史を再現しているかのような光景だった。

息子ドルススの成長によって、ローマを離れることができるという長年の願いがかなえられようとしていたときの出来事である。その願いが朝露のように消えたときから、ティベリウスは果たせぬ夢だけを追い求める、意固地な一人の老人になっていた。彼の近親者といえば、甥ゲルマニクスの遺児をぜひとも後継者にと権勢欲にとりつかれた大アグリッピナ、同じく二人の男児をもつ息子ドルススの寡婦リウィッラ、それに高齢であるにもかかわらずいまなお権威をふりかざす実母リウィア、いずれも政務を肩代わりすることのできない、しかし、口やかましい女性たちである。ひとり頼りになるのは親衛隊長のセヤヌスだけであった。

猜疑心が強く本心を人に打ち明けることのなかったティベリウスが、唯一心を許していたのはセヤヌスだった。彼はその期待に添うだけの能力をもち、その証拠に配下の兵士たちを完全に掌握していた。この男にローマをまかせる決心をしたティベリウスは、二七年、カプリ島に隠棲する。最高権力者が不在となったローマで、親衛隊を楯とするセヤヌスの横暴に立ち向かう勇気のある者はなく、とくに、二九年、リウィアが八七歳の生涯を終えると、セヤヌスの野望は果てしなく膨らんだ。ティベリウスの後継者と目されていたゲルマニクスの長男ネロとその母の大アグリッピナを追放しただけでなく、最高権力者の権力基盤である護民官職権までも手に入れようと画策をはじめた。その職権さえ獲得すれば、元老院を召集し、ティベリウスにとってかわる決議を引きだすことが可能である。ようやくセヤヌスの野望に気づいたティベリウスは、三一年、都に戻り、セヤヌスとその一味を断罪に処して陰謀を間際のところでくいとめた。このときはじめてティベリウスの子ドルススの死が、セヤヌスの奸策による毒殺であることが判明した。

経済混乱と貧富の格差拡大

その後のティベリウスは、陰謀に対して極度の警戒心を抱くようになり、密告を奨励して、ささいなことまで反逆罪として処罰するようになった。恐怖政治が首都を重く包み込んだのである。しかし、その背景には、いっこうに好転しない財政事情があったことを忘れてはならない。反逆罪による財産没収が、財政負担をある程度軽くしたのである。その高圧的な施策にもかかわらず、三三年、ローマはこれまでにない経済危機を迎える。

発端は、高利貸しに対する不満の爆発であるが、ティベリウスが後ろで糸を引いていたことは明らかである。というのも元老院議員の多くが高利貸しで利殖をはかり、その懐に入る現金は、贅沢な消費生活にまわされるか死蔵されるかで、国庫を潤すこともなければ、健全な投資に活用されることもなかったからである。少なくとも財政を管轄するティベリウスは、そう考えていた。古代における健全な投資とは、土地に対する投資であり、そのことによる農業生産の拡大であった。土地本位制の経済であるにもかかわらず、貪欲な高級品嗜好は、貨幣の海外流出を促進し、物価上昇に対して土地の値段は下落する一方だった。この悪循環を断ちきるには、貨幣価値と土地の値段を連係させなければならなかった。

そのような政策は、カエサルが独裁官だったとき、すでに試行されていた。すなわち、資産のある人間は、その一定の割合もしくは金額をイタリアの土地に投資しなければならないとする法律の制定である。しかし、実際の適用は見送られ、死文化していたにもかかわらず、ティベリウスは突如この法律をもちだし、その厳格な実施を命じた。明らかに、土地価格の下落を防止すると同時に、奢侈抑制を目的とする政策であった。その結果、債権者は土地購入の金をつくるために債権の回収に躍起となり、債務者は所有地を投げ売りするしかなかったので、土地の値段はさらに下降線をたどった。下がり続ける地価を目の前にして、あわてて投資する者は少ない。回収した金を懐に投資を見合わせる者が続出したので、たちまち通貨が不足し、物価が上昇した。ティベリウスの目論見は完全に裏目と出た。このとき、もしティベリウスが造営事業などの公共投資によって、通貨量を増やす政策を打ち出し、法律の施行期間を長期化することができたなら、当初の目的はある程度達成されたかもしれない。しかし、倹約を財政健全化の柱の一つにしていたティベリウスに、そのような考えが浮かぶはずはなかった。ただ一億セステルティウスの基金を設けて債務者救済をはかり、経済混乱を切り抜けるしか方策はなかった。

この年の経済混乱は、将来のローマに大きな影響を与えた。経済混乱でさらに豊かとなった一部の人間が、きわめて安い価格で広大な土地を所有するようになり、大土地所有がさらに促進されたことである。もちろん、このときもっとも利益を受けたのはティベリウスとその一族であり、圧倒的な私有財産を所有するようになる。「自分の家の財産は中くらいである」とアウグストゥスがいった時代にくらべれば隔世の感がある。

国家財政そのものといえるほどの経済力を獲得し、管理官を中心とする「官僚」組織の整備に成功したティベリウスは、執政官に席を譲るほどの謙譲を旨としていたが、実質的には皇帝としての権力と権威をその統治時代に確立したのである。治世の後半には恐怖政治をもたらしたとはいえ、ティベリウスの合理的で公正な政策はローマの統治に磐石の基盤を与え、ユリウス・クラウディウス朝の永続性を確かなものにした。この政治的遺産に安住したのがカリグラでありクラウディウスであったが、ネロを支えることはできなかった。

2　カリグラの変転

ゲルマニクスの死

アウグストゥスから数えるなら三代目の皇帝であるガイウスは、むしろカリグラという可愛い名前で歴史にその名をのこしている。父親のゲルマニクスにともなわれてゲルマニアの軍営にいた、よちよち歩きの赤ん坊がはいていた小さな軍靴を指す言葉である。苛酷な戦いのなかで、その赤ん坊は兵士たちのマスコットのような存在だったのであろう。しかし、兵士たちにとっての苛酷さは、カリグラにとってもかわることがなかった。

一二年八月三一日、ティベリウスの甥ゲルマニクスを父とし、アグリッパの娘アグリッピナを母として、ローマの南約三〇キロのアンティウムで彼らの三男ガイウス（カリグラ）が生まれたとき、その曾祖父にあたるアウグストゥスは七四歳だった。この年、ゲルマニクスは執政官だったのでローマを離れることはなかったが、翌年早くゲルマン人征服のため妻のアグリッピナをともなってゲルマニアに出征している。当時の習慣からすれば、将軍が戦場に妻をともなうことはきわめて珍しいことで、それだけ深い絆で結ばれた夫婦だったのであろう。しかし、乳飲み子のカリグラにとってはいい迷惑だった。ようやく旅行ができるまでに成長したころ、アウグストゥスはアグリッピナに手紙を書いている。

「ガイウス坊やを神々の意志とあらば、（一四年）三月十八日に、タラシウスとアシリウスが連れて行くということを、昨日彼らと相談してきめました。この上に坊やと一緒に、私の奴隷の中から一人の医者を送ります。この医者を、もしお望みとあらば、その地に留めておいてよろしいと、ゲルマニクスに手紙を書きました。私のアグリッピナよ、どうかお元気で。そしてあなたのゲルマニクスのもとに、無事到着するように気をつけて下さい」（国原吉之助訳、スエトニウス『ローマ皇帝伝』第四巻八）

手紙の内容から推測すると、アグリッピナは、ゲルマニア作戦の後方基地であるガリアにいたのかもしれない。ともかく手紙に記されているとおり、カリグラは、三月一八日、ローマを発ち、約二カ月後には両親のもとにたどりついている。陸路の旅は、幼児のカリグラにとって厳しいものだったに違いなく、しかもたどりついて間もなくアウグストゥス逝去（八月一九日）の報が軍団に届いた。兵士たちは快活で好男子のゲルマニクスを後継者にと騒ぎを起こした。しかし、伯父のティベリウスに忠実なゲルマニクスが頑として兵士の言葉に耳をかさなかったので、騒ぎは反乱にまで発展した。二歳になったばかりのカリグラがゲルマニアで経験した兵士の反乱と厳しい戦況は、幼児の精神形成によい影響を与えるはずがなかった。

ゲルマニアでの作戦で大きな戦果をあげたわけではなかったが、一七年五月二六日、ローマでは盛大なゲルマニクスの凱旋式が挙行された。凱旋将軍のゲルマニクスが乗る四頭立て戦車には二人の兄とともにカリグラも同乗し、市民の喝采を受けた。グラン・カメオと通称される縞瑪瑙《しまめのう》の浮彫りは、このころの一族をあらわしていると考える者もいる。ゲルマニクスの家族にとって、もっとも幸せな一瞬だった。というのも、翌年早く東方属州の視察に旅立ったゲルマニクスは、一九年一〇月一〇日、帰らぬ人となったからである。夫の遺骨とともにイタリアへ戻ったアグリッピナを迎えたのは、ティベリウスの息子ドルススと義弟クラウディウスだけで、ティベリウスの姿はなかった。ゲルマニクスの開放的で快活な性格とティベリウスの内向的な性格があうはずがなく、しかも、圧倒的な人気を博していたゲルマニクスを温かく見守るほどティベリウスは寛大でなかった。

4　グラン・カメオ

　一方、夫を失ったアグリッピナは、息子の一人を最高権力者にすることだけが自分の使命と思い込んでいた。息子とは長男のネロと次男のドルススで、幼い三男のカリグラは対象外であった。ゲルマニクスの遺族を冷たくあしらうティベリウスに対して、アグリッピナの不満はつのるばかりであった。不満の捌け口は、支持者たちとのティベリウス非難の会話であり、そのことが密告者によってティベリウスの耳に入った。もちろん密告者の報告をティベリウスにとりつぐのはセヤヌスの役目で、そこに拡大誇張がなかったはずがない。アグリッピナはヘルクラネウムで逮捕され、長男ネロも同じ不幸にあう。

母親のいなくなったカリグラを引きとったのは、すでに八〇歳をこえているリウィアであり、一五歳の少年にとって居心地のよいものではなかった。それでも、二年間をともに過ごしたことから、二九年のリウィアの葬儀に際しては、成人式もあげていないカリグラが、追悼演説を行っている。カプリに隠棲中のティベリウスは、実母の葬儀であるにもかかわらず列席していない。

アントニアのもとでの二年間

リウィアの死後、カリグラの後見人となったのは小アントニアである。マルクス・アントニウスの娘で、カリグラにとっては祖母にあたり、ティベリウスが一族のなかでもっとも信頼を寄せていた女性である。彼女のもとでカリグラははじめてといってもよい平穏な一時期を過ごすことができたばかりか、思いもよらない幸運に恵まれる。

リウィアがいなくなった首都で、セヤヌスの野望に立ちはだかる者は誰もいなくなった。彼が最初に手を下したのは、アグリッピナを彼女の母ユリアと同じくパンダテリア島に、ネロをポンティア島に追放することであった。すでに二人とも幽閉の身であったが、後継者となるわずかな可能性さえ摘みとっておく必要があった。幸いなことに、セヤヌスにとってもカリグラは、とるにたりない若者でしかなかった。この時点でもなおティベリウスのセヤヌスに対する信頼が揺らぐことはなく、三一年にはともに執政官に就任することを前年から予告していた。セヤヌスの野望が成就されるまで、あとわずかな道のりがのこされているだけであった。

三一年は、セヤヌスにとってこれまでの努力を結実させる年になるはずだった。完璧を期した計画に寸分の狂いもないと確信していた、しかし、寸分の狂いと思わぬ伏兵がいた。

長年あこがれてきた執政官就任がほころびのはじまりである。同僚執政官であるティベリウスはカプリを離れないので、もう一人の執政官セヤヌスは職務上ローマに釘づけとなった。二人の執政官のうちいずれかは都にいなければならないとする規則は、共和政期から厳しく順守されており、このため、自分以外の者がティベリウスに接触することを、身近にいて監視し回避させることが不可能となった。ティベリウスへの情報をすべて仲介していたことが、セヤヌスをここまで成功させた最大の理由である。そのことが不可能となったとき、ティベリウスのもとには驚くべき真相が続々ともたらされるようになった。

一方、思いもかけぬ伏兵とは、アントニアのことである。彼女は、父アントニウスのおかげで、エジプトにかなりの土地を所有する大富豪であり、その経済力が、ティベリウス一族とは距離をおく生活を可能としていた。つまり、権力欲にとりつかれることもなければ、権力にすがる必要もなかった。それゆえに、セヤヌスの毒牙の対象とならなかったのである。そのアントニアが、カリグラと生活をともにするようになったときから、若者の肉親の不幸を身近に知り、セヤヌスの暗躍を知る結果となった。しかも、この年、セヤヌスとともに神祇官に推挙されたことによってこの冷酷無比な男のブラック・リストに浮上しつつあったカリグラに、危険が迫っていた。アントニアは、セヤヌスの野望の最終目的がティベリウス自身にある旨を記した手紙をカプリ島に送りつけた。執政官就任以前であれば、セヤヌスの手元でとまるはずの手紙である。

事のすべてを知ったティベリウスの画策は、奸智のうえでセヤヌスを凌駕していた。信頼に足るマクロをひそかにカプリ島に呼び、親衛隊長に任命するとともに、詳細な計画を指示した。一〇月一七日の夜、ローマに帰ったマクロは、その足で執政官レグルスと夜警隊長にティベリウスの命令を伝えた。翌一八日、元老院が召集され、会議の目的はセヤヌスへの護民官職権授与であるという噂がながされた。この職権を獲得すれば、ティベリウスを亡き者にすることが可能だった。期待に胸膨らませたセヤヌスが会議場であるアポロ・パラティヌス神殿に入ると、ティベリウスの元老院宛書簡の朗読が始まった。朗読開始を確認したマクロは、市内の各所を走り回り、本日から自分が親衛隊長であることを警備にあたる兵士に告げ、カストラ・プラエトリアとアポロ神殿で待機することを命じた。元老院で朗読されている手紙は、マクロの奔走を可能とする時間をあらかじめ計算して書き記されていた。

とりとめもない内容が徐々に本題に近づいたころ、マクロの準備は完了していた。手紙の最後の、セヤヌスを断罪に処す命令が読み上げられたとき、セヤヌスにのこされていたのは、出世の階段をのぼる前と同じわが身ひとつであった。その身体も同じ日のうちに、二つに切断されてしまった。

倒錯の目覚め

アントニアのもとで過ごした約二年間は、カリグラの変転きわまりない生涯のなかで珍しく平穏かつ幸せな時期である。しかし、問題がなかったわけではない。カリグラが起居をともにしたアントニアの邸宅が、カリナエの旧アントニウス邸だったのかパラティヌス丘だったのかを明らかにすることはできないが、ともかく彼女の家には、多くの賓客が身を寄せていた。とくにアントニウスとの関係から、エジプト、ユダヤ、シリアからの高貴な客が多く、そのなかにヘロデス・アグリッパスも含まれていた。のちにキリスト教徒弾圧で有名となるユダヤ王である。放蕩癖のあるこのユダヤ人から若いカリグラが官能の世界を教えられた可能性は十分にある。アントニアの家に同じく住んでいたドルシッラをはじめとする妹たちとの近親相姦は、ヘロデスの影響だったのかもしれない。

カリグラの近親相姦に関してはさまざまな説がある。そのなかで、興味をひくのはカリグラのエジプト趣味に結びつけた説である。アントニアを介してカリグラはエジプトの貴顕に接し、その習慣や、文化、宗教にも触れていた。そしてエジプト王が姉妹を妃にする習慣を知らされていたと思われる。ヘロデスの手引きとエジプト王家についての知識が、近親相姦への罪悪感を弱めさせた可能性がある。ともあれ、カリグラのエジプト熱はかなりのもので、皇帝に即位してから、サエプタ・ユリアの隣にイシスとセラピスの神殿を建立している。

この年の秋、ティベリウスは、カリグラをカプリ島に呼び寄せ、以降約五年間をこの島で過ごさせた。若者にとって、都のにぎわいとはあまりに異なる環境であり、ティベリウスへの絶対服従が義務づけられていた。その義務を破綻なくやりおおせたものの、多感な若者の精神に大きな重圧となり、その重圧によって健全な精神の成長がゆがめられた可能性は十分にある。とくにこの島でのティベリウスは、都での公人としての体面を完全に捨てていた。異常な性的嗜好を有していることを誰はばかることなく露呈したので、山羊の性行為にたとえてカプリ島をカプリネウム（山羊の土地）と呼ぶ者さえいた。

カプリ島での生活は、カリグラに屈辱と忍従を強いるもので、のちに「彼ほど立派な奴隷もいなかったが、彼ほど見下げはてた主人もいなかった」と評されるほどであった。しかし、それに耐えることによって有力な後継者の一人に浮上した。当時、後継者として可能性のある者は三人しかいなかった。ユリウス・クラウディウス家の前途ある多くの男たちが、夭折、怪死、毒殺でこの世を去っていたからである。つまり、ティベリウスにとっては養子ゲルマニクスの息子であるから孫に相当するカリグラ、甥のクラウディウス、それに直系の孫ティベリウス・ゲメルスである。このうちクラウディウスは、あまりの醜さと要領を得ない言辞から一族の厄介者とされており、現実的な可能性はなかった。ティベリウス・ゲメルスは、カリグラよりも七歳年下という不利な条件をもっていた。後継者問題に関してもティベリウスは決して本心を明かそうとはしなかった。しかし、親衛隊長のマクロは、冷静に状況を分析し、カリグラ有利と判断していた。その判断に基づき周到な準備が行われた。ティベリウス逝去の際、時宜を失うことのないよう彼のそばを離れなかった。属州総督や軍団司令官には、カリグラ擁立を求める手紙を送りつけていた。

六カ月の善政

三七年三月一六日、ティベリウスはナポリ湾に面した別荘で永遠の眠りについた。間髪を入れず配下の兵士たちにカリグラへの忠誠を誓わせたマクロは、あらかじめ連絡をとってあった各地の軍団にも同様の行為を命じた。兵士たちの宣誓は逐次元老院に報告され、既成事実が積み重ねられた。二日後の一八日、元老院もカリグラに忠誠を誓い、ここに後継者が確定された。三月二九日、首都にティベリウスの遺体が到着し、遺書が公開された。そこには、カリグラとティベリウス・ゲメルスが同等の相続人に指名されていたが、もははや後者は人々の眼中にはなかった。一方、カリグラが元老院に皇帝としてはじめて要求した承認事項、つまりティベリウスの神格化は、軽く一蹴された。継承は順調に進んだが、真の実権を握るにはもう少し時間が必要だった。

即位してからの約六カ月間、カリグラは国民のすべてが待ち望んでいた理想的な皇帝だった。ティベリウスの遺書は無効とされたにもかかわらず、そこに記されていた親衛隊兵士への一〇〇〇セステルティウスの賜金は、倍に増額されて六月一日支払われ、都の市民にも三〇〇セステルティウスが贈られた。しかも七月一九日にはふたたび三〇〇セステルティウスが追加された。大金をかけて修復されたポンペイウス劇場、それにバルブス劇場やマルケルス劇場では連日のように演劇が開催され、タウルス円形闘技場やサエプタ・ユリアでは剣闘士競技が繰り広げられた。この時代になっても都ローマには何万人も収容できる大規模な円形闘技場はなかったので、サエプタ・ユリアでは仮設の観客席を設けて開催された。また、このころから市民にもっとも人気の高い娯楽となっていた戦車競技も大競馬場でしばしば行われた。カエサル以来、これらの催し物は市民の歓心を買う手段として活用されてきたが、多大な出費を必要とすることから、アウグストゥスは慎重に開催日を選び、ティベリウスはできるかぎり回数を減らしていた。娯楽に飢えていた市民にとってカリグラの大盤振舞いは干天の慈雨にひとしい効果をもっていた。

おそらく即位直後の効果的な施策は、親衛隊長マクロの助言によるものとおもわれる。

ティベリウス時代末期の市民の不満を熟知しており、しかも皇帝財庫（フィスクス）には二七億セステルティウスもの金が眠っていることを知っていたからである。その額は、当時の年間国家支出の五年分以上に相当する巨額なものだった。それだけの通貨が貯えられたのはティベリウスによる緊縮財政の結果であったが、当然、通貨量の不足をまねいていた。カリグラの大盤振舞いは経済の活性化という意味でも効果をもっていたと考えられる。ただし、極端な放漫財政だったことも確かである。

もう一人の有力な助言者はマルクス・ユニウス・シラヌスである。ティベリウスも一目おくほどの高潔な人物で、その娘とカリグラは三三年に結婚したが、三六年末の出産のおり、母子ともども他界した。つまり義父にあたる人物で、シラヌスは後見人をもって任じていた。おそらくティベリウスが着工したままのびのびとなっていたアウグストゥス神殿の完成や、クラウディウス（クラウディア）水道とアニオ・ノウス水道（いずれもクラウディウスが完成させる）の着工をうながしたのはシラヌスだったと推定される。

首都整備という観点からカリグラの造営事業を見たとき、二つの水道着工とテヴェレ川右岸の再開発をあげることができる。このうちテヴェレ川右岸の再開発

5　カリグラ

は、カエサルが構想した気宇壮大な計画や、アグリッパの綿密な地域開発計画とはくらべようもない、きわめて個人的な動機に発する計画であるが、都市としての範囲をテヴェレ川の対岸にまで広めたという点では一定の評価を与えることができる。

現在、ヴァティカン市国のある地域は、カリグラが母親のアグリッピナから相続した広大な庭園だった。おそらくアントニアのもとにいるころから、妹ドルシッラたちとしばしば訪れたところである。その一角にカリグラは、戦車競技のための競馬場を建設することにした。この競馬場建設によって、市民はテヴェレ川の対岸にも足を運ぶようになる。競馬場が建設されたのは、サン・ピエトロ大聖堂の敷地にほぼ相当する場所である。この競馬場の走路を往路と復路に分割する分離帯（スピナ）に、カリグラはエジプトのヘリオポリスからオベリスクを運ばせて建立した。その輸送に使用された船について、博物学者プリニウスはつぎのように語っている。

「元首ガイウス（カリグラ）の命令で、ウァティカヌス丘の競馬場に現在たっているオベリスクを、その基壇となっている同じ石でできた四個のブロックとともにエジプトから運んだ船……。この船以上に見事なものがかつて海上で見られることは決してなかった。バラストとして一三万モディウスのレンズ豆をのせていた」（『博物誌』第一六巻二〇一）

このオベリスクは現在サン・ピエトロ広場の中央にたっており、重さは三二二トン、基壇の石は一七四トンある。赤御影石の一本石でできたオベリスクの長さは二五・三六メートルあるため、船倉に入れることは不可能で甲板に置かれたはずである。そのため、船のバランスをとるレンズ豆一三万モディウスが船倉に積まれた。レンズ豆だけでも約九〇〇トンに相当し、そのうえオベリスクを積んでいたのであるから、船の積載トン数は約一四〇〇トンにものぼる。カエサルやアウグストゥスも同じような大きさのオベリスクをエジプトから運んでいるので、この程度の巨大船をつくる技術はすでに確立していたのである。

船に対してカリグラが特別の関心をもっていたというわけではないが、それにまつわる話がいくつかある。その一つがネミ湖の饗宴用巨大船である。一九三一年、湖水の水面を二一メートルも下げる大工事によって、長さ七一メートル、幅二四メートルもある船が湖底から出現した。モザイクで装飾された宴会ホール、床下暖房のある浴室、さまざまな植物を植えた庭園など贅をつくした船は、湖岸の格納庫に収容されたが、第二次世界大戦のとき空襲にあい、いまは残骸がのこるだけである。

もう一つは、ナポリ湾のプテオリからバイアまで輸送船を二列に並べて船橋とし、その上に土を盛ってアッピウス街道のような道路に仕上げたという。たった二日（三日とする者もいる）かぎりの見世物のためにである。その上を、初日には馬でバイアに渡り、次の日は二頭立て馬車でプテオリに戻り、得意満面であったという。徴用された輸送船があまりの数だったので、都への穀物輸送に支障をきたし、食糧不足に陥ったという。

これら一連の船にまつわる話は、当時の海上輸送が目を見張るような発達を遂げ、とくに輸送船の造船技術が古代としては最高の水準に到達していたことを物語っている。と同時に、皇帝の並みはずれた財力の証言でもあるが、いつまでも浪費を続けることはできなかった。

狂気と暗殺

即位した年の秋も深まったころ、カリグラは大病にかかり、約二カ月間を病床で過ごす。その間、政治をとりしきったのは、親衛隊長のマクロ、義父のシラヌス、それに後継者と目されていたティベリウス・ゲメルスである。しかし、病から回復したカリグラは、彼らが統治権の横取りを策謀したとして、処刑してしまった。有能な助言者を自らの手で切り捨ててからは、苦言を呈する者もなくなり、カリグラの度を過ごした冷酷残忍な行為はとどまるところをしらず、狂気としか思えない振舞いを続けた。

治世のはじめには、追放の身で獄死した母と兄の遺骨を自ら持ち帰り、市民の同情を買ったカリグラが、ゲルマニア遠征のときは妹の小アグリッピナとユリア・リウィッラを追放の刑に処している。また、アウグストゥス神殿を完成させたにもかかわらず、カピトリヌス丘のユピテル神殿とパラティヌス丘の宮殿を結ぶため橋を建設し、その橋脚に位置したアウグストゥス神殿をとり壊してしまった。事態を憂慮した元老院は、カリグラに敵対する態度を明確にし、それに対抗してカリグラは全員の断罪を計画したほどである。そして、四一年一月二四日、親衛隊の手で暗殺された。統治三年一〇カ月の短期間にカリグラがしたことといえば、国庫を空にしたことと、親衛隊の賛同なくしては皇帝に即位できないことを証明したことぐらいである。

3 歴史家皇帝クラウディウス

食糧の逼迫

カリグラが親衛隊の副官たちによって殺されたとき、叔父のクラウディウスは恐怖におののき宮殿の一室に隠れていたところを親衛隊兵士に発見され、カストラ・プラエトリアに逃げ込んだ。元老院では、カリグラの暴挙に懲りて政体を昔の共和政に戻すことが真剣に検討されていた。共和政に戻った場合、もっとも困るのは、ユリウス・クラウディウス家の一族と親衛隊である。皇帝を守るために組織された親衛隊は、皇帝がいなくなればその存在意義自体が失われてしまうためである。ここにクラウディウスと親衛隊の共通利害があった。元老院はそのことを十分認識して、自分たちの会議を都警隊に警備させていたが、親衛隊の敵ではなかった。親衛隊の兵士に守られたクラウディウスが元老院に出席すると、会議場の外から兵士たちの「インペラトル・クラウディウス」という歓声がわき起こり、議員たちも共和政復帰の議論を放棄して、クラウディウスの皇帝即位を認めざるを得なかった。五一歳の新皇帝の誕生である。ただし、皇帝擁立に際して、クラウディウスと親衛隊のあいだに取引きがあり、各兵士に一万セステルティウス（一万五〇〇〇とする説もある）の賜金が贈られる約束が成立していた。つまり、クラウディウスは皇位を金で買うという悪例をつくったのである。

皇帝に即位したクラウディウスがまず驚かされたのは、都に貯蔵されている食糧供給用の小麦が八日分しかなく、国庫はほとんど空という事態である。カリグラがあれほど蕩尽したのであるから当然といえば当然だったが、小麦の八日分は少なすぎた。というのも、エジプト、北アフリカ、シチリアから都へ運ばれる小麦は、毎年一一月から翌年四月まで海上交通がほとんど閉鎖されるため入荷の見込みがなく、即位の時点で少なくとも二カ月分の貯蔵量がなければならなかった。おそらく、穀物商人の倉庫に眠っている小麦を徴用し、イタリア各地の小麦を陸路で運ばせて四月までをしのいだのであろう。一〇年後の五一年にも飢饉が都を襲った。

「食料事情が逼迫してきたある日のこと、クラウディウスは中央広場のまん中で群衆に押しとめられ、罵詈雑言とともに、パン屑も浴びせられ、やっとのことで、しかも裏門を通って初めてパラティウムに難を避けることができたほどである。

それ以来、クラウディウスは冬期においてすら、食糧を輸入するためあらゆる手段を講じた。たとえば、輸入商人に、万一暴風雨のため何か事故があると、自分が損害を肩代りし、一定の儲けを保証した。そして貨物船を建造する者にも、それぞれの身分や境遇に応じ、多くの恩典を定めた。

つまりローマ市民ならば、パピウス・ポッパエウス法の適用を免除し、ラティウム人ならば、ローマ市民権を与え、婦人には四人の子持ちの特権を与えた」(国原吉之助訳、スエトニウス『ローマ皇帝伝』第五巻一八―一九)

建造を奨励した貨物船とは一万モディウス以上の小麦を積載できる船のことで、約八〇トンの、当時としては中型船である。この大きさの船であれば、沿岸づたいに冬期でも小麦を運ぶことが可能で、その船で都へ小麦を六年間運べば、独身者や子供のいない既婚男性を罰する法律から免除するというのである。このような奨励策をもうける一方、ローマのアキレス腱を取り除く大工事にも着手した。それが、テヴェレ川の河口を挟んでオスティアとは反対側につくられた港と港街、つまりポルトゥスである。

着工が即位の翌年、四二年であるから、いかに緊急を要した事業であったかがわかる。工事は四年後の四六年にはほぼ完成していたと思われる。なぜなら、「ドルススの息子、ティベリウス・クラウディウス・

6　クラウディウス

カエサル・アウグストゥス・ゲルマニクス（以上、クラウディウスの正式名称）、大神祇官、護民官、第六回執政官、第四回軍最高司令官、第一二回国父は、テヴェレ川からの運河を港まで開通し、海の危険から都を解放した」と記した碑文が発見されているからで、第六回執政官とあるのは四六年を指す。しかし、完全に工事が完成したのは、ネロの時代、六四年になってからである。カエサルが着工を試み、アウグストゥスが建設の必要を認めていながら着工できなかった港を、政治家としてははるかに非力なクラウディウスが実現できたのは、彼らの時代にくらべて帝国全体がしっかりと安定し、辺境での紛争が激減していた社会背景があったからである。と同時に、行政統轄者としての皇帝の地位が確立していたからである。

クラウディウスの港は、陸地を掘削してつくった湖のような大きさをもち、総面積は一平方キロ近くもあった。したがって、二〇〇隻を超える船が一度に停泊できた。港の入口には巨大な灯台が建設され、この灯台を支えるため、カリグラがオベリスクを運ばせたあの巨大船が海底に沈められた。一度の航海で使命を果たした船が、僚船の安全のため海底で灯台を支える役割を担ったのである。

海上輸送力の増強、港湾施設の整備以外に、都の穀物貯蔵能力の増大、食糧供給のための施設の整備にも力を注いだ。アウェンティヌス丘とテヴェレ川のあいだに穀物倉庫を建設し、カンプス・マルティウスのミヌキウス回廊（ポルティクス・ミヌキア）を小麦配給所に改築した。当時、小麦の無料配給を受ける市民は、その資格を証明する無料配給資格証（テッセラ・フルメンタリア）を各自所持しており、毎月指定された日に配給所へ小麦を受けとりに行った。クラウディウスは、ミヌキウス回廊に四五の配給窓口を設け、毎月の指定日に、指定された番号の窓口に出頭することを義務づけた。無料配給を受けていた市民の正確な数はわからないが、三〇万人とし、指定日が毎月二〇日あるとするなら、一つの窓口は一日約三〇〇人を処理すればよかった。しかも、配給所が一カ所にまとめられたので、業務上の効率も飛躍的に向上したはずである。

一方、財政再建のためにクラウディウスが実施したいくつかの方策のうちもっとも重要なのが、国庫管理の簡素化と直轄化である。その最初に手をうつ必要があったのは、カリグラが壊滅的な打撃を与えていた国庫運営に対する市民の信頼をとり戻すことである。そのために、四二年、国庫三人委員会を設置し、彼らに国庫（アエラリウム）の運営管理を委託した。そして、信頼をとり戻したと思われる二年後の四四年、三人委員会を廃止して、二名の国庫財務官にその仕事を引き継がせた。このことは、表面的には共和政期の制度へ回帰するかの印象を与えるが、実際には、公職就任間もない若い人間を毎年皇帝が選任したので、実質的には皇帝の関与が強化されることを意味した。また、クラウディウス以前の皇帝財庫（フィスクス）が、地域や収入によっていくつかの財庫に分かれていたのをただ一つの財庫に統轄し、簡素化とともに効率化をはかった。この財庫は、皇帝属州からの収入だけでなく、元老院管轄の属州にある皇帝領からの収入もあったので国庫を凌駕する規模にまで発展した。

解放奴隷の活躍

広大な帝国を統治するために、行政管理の集権化が進み、皇帝の権力はさらに強大となった。クラウディウスのもとには、それら膨大な行政事務を処理する組織が整備され、その整備によってさらに権力が拡大した。皇帝が管轄する行政は、クラウディウスの信任厚い有能な解放奴隷配下の、騎士階級の人間によって運営され、皇帝官僚団ともいえる組織が形成されていた。その組織は、少なくとも五つの担当部署、つまり、官房、財務、法務、陳情受付、それに図書学事に分かれていた。官房は、皇帝と属州のあいだで交わされるラテン語とギリシア語の書簡、報告書、議決書、覚書などを作成管理するところで、官房長官のギリシア人解放奴隷ナルキッススは、皇帝行政の中心人物だった。また、財務長官のパラスもその役務上、大きな権力を握っていた。二人の強大な権力は、それに比例した権益を彼らに与えていた。したがって、皇帝財庫が逼迫したとき、クラウディウスから相談をもちかけられたある男は、その二人の財産と皇帝財庫を合体させれば、金はあり余ることになるでしょう、と皮肉ったほどである。

皇帝官僚団の整備と充実にともない、パラティヌス丘の宮殿は大きなスペースを必要とするようになった。幸いなことに、ティベリウスが広い宮殿を新築し、カリグラが増築部分を加えていたので、クラウディウスがあらたに手を加えることはなかった。それでも、公共建築の管理事務所や水道管理事務所は宮殿のそとに置かれた。

皇帝に仕える解放奴隷の無視しがたい実権掌握と並んで、一般社会でもギリシア系解放奴隷の活躍は目覚ましかった。修辞学の教師、建築家、公証人、著述家、医者、代筆業など知的分野だけでなく、商工業においても確立した地位を占めるようになった。都の経済が属州依存の度合いを強めたからであり、ギリシア語を話せる有利さがさらに価値をもつようになっていた。その意味では、中世以降のヨーロッパ社会におけるユダヤ人や、近代のアルメニア人のような位置を占めていたのである。彼らの台頭と並行するかのように、騎士階級の社会的地位向上も目覚ましかった。皇帝権威を背景とする行政管理官として、あるいは皇帝属州の総督として、彼らに対する社会的需要は確実に増大していた。その反面、元老院の中核だった名門貴族（ノビリタス）の没落、消滅が顕著となるのもこの時代の特徴である。時々の権力者の嫉《ねた》みの対象となったり、エリートの閉鎖社会特有の活力欠如などさまざまな理由があったが、高い生活水準を維持する一方で、行政管理事務という実務から除外され、経済的没落に陥りやすい階層であったことも一つの原因である。したがって、元老院を構成する名門貴族はクラウディウスの時代、五パーセントにも満たず、そのほかは新貴族の人間であった。

常識人としての施政

そのように変質しつつあった元老院ではあるが、クラウディウスは、元老院との協調にできるかぎりの努力を惜しまなかった。カリグラの時代の対立を目にしていたからであり、即位後すぐに、追放処分になっていた議員たち全員を特赦で救済している。裁判においても元老院の意向を尊重し、その自主性を重んじたので、自ら下した決定を変更することもしばしばであった。そのことを古代の歴史家は、クラウディウスの性格的な弱さに起因すると結論している。たしかにその一面をもってはいたが、当時の社会と政治の状況を考慮すれば、協調路線という皇帝の政策に由来することが明らかである。

四四年九月二二日、元老院議員の三八三人（当時の議員数は六〇〇人）が出席している会議で、ある決議が検討され、承認された。それは投機の目的で住宅や別荘を売買した場合、買い主は購入価格の二倍の額を罰金として国に支払わなければならず、売り主に契約破棄を義務づけた元老院決議である。当時、購入した建物を解体して、その建築部材を売りはらうとかなりの利益がでたので、都だけでなくイタリアの多くの都市で金儲けの手段として行われていた。おそらく会議に出席していた議員のなかにも身に覚えのある者がいたことであろう。ただし、この決議が狙っていた真の目的については現在でも十分に解明されているわけではない。都市景観の破壊をくいとめるためであるという説や、地方都市から中心都市へ物資が流出し、都市の格差が拡大するのを防止するためであるという説（大都市においては地域格差）、そのほか耕作地への投資奨励などさまざまな推測がなされている。おそらくこれらすべてを対象とした決議なのであろう。

このような決議が布告された背景の一つに、建築資材に対する旺盛な需要があったものと推測できる。そのことを証明するかのように、スエトニウスは「公共建築物について、クラウディウスはたくさんというより、むしろ必要不可欠で大規模なものを完成させた」（国原吉之助訳『ローマ皇帝伝』第五巻二〇）と述べている。つまり、前に述べたオスティアの港の建設と、カリグラから工事を引き継いだクラウディウス水道およびアニオ・ノウス水道の完成である。この二つの水道は途中から上下二層の水路をもつ水道橋として合体し、プラエネステ街道をまたぐ地点で見事なプラエネステ門を形成した。五二年のことである。現在ポルタ・マッジョーレと呼ばれるこの門は、三世紀後半にアウレリアヌスの城壁に組み込まれた。

7　ポルタ・マッジョーレ

これらの大規模な土木事業だけでなく、いくつかの建築事業を遂行しており、それらもユリウス・クラウディウス朝体制の維持に「必要不可欠」だったのである。ティベリウスの時代、リウィアの大病快癒を祈願して建立が決議されていた祭壇は、ティベリウスによってもカリグラによっても手をつけられないまま放置されていたが、四三年、クラウディウスが完成し、奉献式が営まれた。また、ティベリウスが着工し、カリグラが完成させたものの、その直後に撤去されたアウグストゥス神殿は、撤去の原因であるパラティヌス丘とカピトリヌス丘を結ぶ陸橋をとり壊して再建された。いずれもきわめて個人的な理由から、遅延、撤去されたユリウス・クラウディウス朝の記念建造物を、そのあるべき姿に回復し、正当かつ正常な家系の呈示に寄与させたのである。その意味で、クラウディウスは前任者二人とは対照的な、常識人であった。そのことが古代の歴史家たちを、もの足りなく感じさせた大きな原因である。しかし、彼らがクラウディウスを非難することは、彼ら自身を、つまり歴史家を非難することでもあった。クラウディウスは皇帝であると同時に、歴史家でもあったからである。

醜い容貌と要領を得ない言辞から一族のつまはじきにあっていたクラウディウスは、アウグストゥスからさえ公衆の面前に出ることを禁止され、母親のアントニアや妹からも馬鹿にされる存在だった。しかし、その演説だけは、品格と博識に満ち、アウグストゥスを驚かせるほどであったという。公的活動にさくべき時間を読書にあてることができたからであろう。しかも、彼に歴史を教授したのは、あの有名な歴史家リウィウスであった。ローマ建国からアウグストゥスまでの歴史を丹念に記述し、栄光の元首政に至る道程を明快な史観に基づいて記述した歴史家である。師のすすめに応じてローマの歴史だけでなく、ギリシア語で『エトルリア史』二〇巻、『カルタゴ史』八巻を著した。これらの著作は一つとして現代に伝わるものはないが、著作をもとにした演説の一部が碑文として生地のリヨンにのこされている。その碑文には、王政期のエトルリア出身の王たちに関する貴重な情報が含まれており、単なる歴史愛好家としてのレヴェルにとどまらない、本格的な探究の痕跡を見ることができる。おそらく、クラウディウスの時代、ほとんど理解されなくなったエトルリア語文献を読解することができたのであろう。カエサルのように後代優れた歴史家と評される権力者もいたが、その著作は、あくまでも同時代の証言であり、過去の歴史の記述ではない。その意味でクラウディウスは、最高権力を握った数少ない歴史家と評することができる。

ローマの宗教儀式、社会制度、習慣の起源を求めていくと多くの場合、エトルリア文化にたどりつく。クラウディウスは、『エトルリア史』やローマの歴史についての著述を通じて、それらのことに造詣を深め、好古趣味ともいうべき広汎な教養を身につけた。それを実際の政治に適用したのが、卜腸官団の組織化であり、ポメリウムの拡大である。

鳥が飛びたつ方角によって神意を占う鳥占いは、占卜官の主要な占いの方法で、公式の儀式にも組み込まれ、そのため占卜官は、ローマ社会のなかで高い社会的地位を獲得していた。それに対して、動物の内臓、とくに肝臓を切り開いて神意をきく卜腸（肝臓占いともいう）は、より下等な方法と見なされており、占卜官ほどの社会的地位を獲得してはいなかった。しかし、エトルリア文化において、卜腸は鳥占いと同等の格式をもち、その複雑精緻な世界観は、エトルリア宗教の基本でもあった。クラウディウスは、かつて重要な役割を担っていた卜腸官を以前のような地位に引き上げるために、彼らを組織化したのである。

ポメリウムを市街地の範囲として規定することも、前に述べたとおりエトルリアに起源をもつ。クラウディウスがこのポメリウムを拡大する以前、実際の市街地は共和政期のポメリウムを超えて大きく膨張していた。現実の市街地を追認する役割しかもたなかったポメリウムの拡大であるが、アウェンティヌス丘がはじめて市街地として公認されたことは、その後のこの地域の発展に大きく貢献したばかりか、平民の聖地としての認識も薄れていった。このほか、大競馬場に戦車競技や競馬の出走用ゲートを大理石でつくり、市民がもっとも楽しみにしている娯楽施設を改善した。

教養にあふれた演説を好み、エトルリア人の文化についても書物を著している学者肌の皇帝は、傑出した政治家というより現状安定を心がけた穏健な政治家であった。学問と政治の分野でそれなりの成果をあげたクラウディウスではあったが、結婚生活では惨憺たるものであった。

妻たちの奸計

彼は生涯で四人の妻を娶《めと》っており、なかでも三番目と四番目の妻がいけなかった。四〇代後半に入ってから結婚した三番目の妻メッサリナは、クラウディウスの母（一時カリグラをひきとったアントニア）と異父姉妹の関係にある小マルケッラを祖母にもっていたので、クラウディウスにとってはいとこの娘にあたり、親族結婚だった。二人のあいだには、即位した年に男子が生まれ、四三年のブリタニア遠征の勝利を記念してブリタニクスと呼ばれるようになる。五〇歳を過ぎてから長男を得たクラウディウスのよろこびは大きく、妻メッサリナの要求をほとんどといってよいほどにかなえてやった。彼女の金銭欲に対しては、いくつかの商品を専売化して暴利を許し、多くの役職に彼女の息がかかった人間を登用してその権力欲を満足させた。それだけで満足できないメッサリナは、彼女に逆らう人間を追放処分とし、元老院議員だけでも三五人にのぼったという。逆鱗に触れた者のなかには、カリグラの妹ユリア・ドルシッラとの不義を理由にコルシカへ追放されたセネカもいた。それればかりでなく、若い愛人を毎晩のように寝所に連れこむ淫乱ぶりを発揮し、あげくには大富豪との結婚を思い立ち、夫のクラウディウスを亡き者にしようと陰謀を企てた。さいわいにもその陰謀は官房長官のナルキッススの知るところとなり、メッサリナは断罪に処せられた。

これほどのことがあったにもかかわらず、クラウディウスは四番目の妻を娶ることにする。皇妃の地位をねらう女たちのいがみあいがすさまじく、それに終止符を打とうとしたためであろうが、やもめ暮しに耐えられなかったクラウディウスの性格の弱さも原因の一つである。激しい競争を勝ち抜いたのは姪の小アグリッピナ、つまりカリグラのすぐ下の妹であった。彼女を推薦したのは解放奴隷で財務長官のパラスで、おそらくすでに彼女の愛人の一人であった。彼女には国民的英雄ゲルマニクスの孫にあたる息子ネロがおり、彼を皇位につけることが結婚の最終目的である。クラウディウスには実子ブリタニクスがいたものの、皇妃となったアグリッピナの奸智をもってすれば決して不可能なことではなかった。まず、ブリタニクスよりも四歳年上のネロに、五一年三月、通常よりも一年ほど早く成人式をあげさせ、クラウディウスの娘オクタウィアと結婚させた。事を急いだのは、ブリタニクスが成人式をあげる前に、皇位継承問題に決着をつけておく必要があったからである。

しかし、すべてが順調にいったわけではない。とくに、アグリッピナの協力者パラスは、宮廷内で同じように権力を築いている官房長官ナルキッススと敵対関係にあり、事あるごとに二人は対立していた。皇位継承に関しても、パラスがネロを、ナルキッススがブリタニクスをそれぞれにあと押ししていた。メッサリナの陰謀を暴いたのはナルキッススであり、いつまたアグリッピナがその対象になるかわからなかった。パラスと慎重に事をはかったアグリッピナは、ついに夫クラウディウスの暗殺に成功する。五四年一〇月一三日、享年六四であった。

4　ネロ、五年間の理想政治

セネカとブルスの後見

クラウディウスを暗殺しただけでネロが自動的に即位できるわけではなかった。あらかじめ計画されていたように、クラウディウスの死は、急病で床に臥したことにされ、その間、アグリッピナを中心に、財務長官のパラス、親衛隊長のブルス、それにネロの教師としてコルシカ島から呼び戻されていたセネカが、それぞれに適切な手を打った。即位を確実なものとするためには、親衛隊の忠誠を勝ちとることが先決である。ネロは、宮殿の警備にあたる親衛隊兵士の前に現れ、ブルスが経緯を説明すると、彼らのなかから「インペラトル万歳」と叫ぶ歓呼の声がわきあがった。さらに即位を確実なものとするため、ブルスをともない、ティベリウスがつくった彼らの兵営カストラ・プラエトリアに赴いた。多くの親衛隊兵士を前にして皇帝としての挨拶と同時に、莫大な賜金の給付をクラウディウスの例にならって約束した。この時点で、実質的には皇帝即位が決着していた。あとは、元老院での演説と、それに対する議員たちの反応がのこっていたが、そこで既成事実がくつがえされる危険はなかった。しかも、演説文は、名声高いセネカが十分に推敲を重ねたものである。元老院は、皇帝就任を認め、クラウディウスを神とする決議で終わった。

名実ともに皇帝となったネロは、クラウディウスのために荘厳な葬儀をとり行ったが、その追悼演説には哀悼の言葉とともに先帝を揶揄する言葉もまじっていた。演説を起草したセネカの、かつて自分を追放処分にしたクラウディウスに対するせめてもの復讐だった。

8 ネロ

遺体はカンプス・マルティウスで荼毘《だび》に付され、その骨壺はアウグストゥス墓廟におさめられた。

神に叙せられたクラウディウスのために、神殿建立の決議がなされ、カエリウス丘の北端ですぐに工事が始まった。カリグラは当然としても、ティベリウスは神格化さえ拒否されたのであるから、逝去後のクラウディウスは、死因を別とするなら、生前よりも恵まれた境遇に置かれたとさえいえる。ただし、建造主は、皇位をついだネロではなく、自分を殺した悪妻アグリッピナであるから、死後も悪妻の尻の下から逃げることのできない運命にあった。「神なるクラウディウス」の妻であることを明示できる建物が欲しかった。彼女にとっては、リウィアが神なるアウグストゥスを祀る女祭司だったように、アグリッピナも神なるクラウディウスの女祭司として権威を誇示したかったのである。

神殿の建設は、カエリウス丘の傾斜地を平らにする基礎工事から着手された。南北二〇〇メートル、東西一八〇メートルもある神域は、カエサル広場やアウグストゥス広場よりもはるかに広大な面積を占めていた。それだけの敷地を平らにするためには大土木工事が必要である。北側の正面と東西の両側に高さ一五メートルを超す強固な扶壁《ふへき》を石垣のように築き、その中に土を運びこんで平らな地面の神域がつくられた。運びこまれた盛土は四〇万立方メートルを超すので、一〇〇台の荷馬車が一日一〇回土を運ぶとしても一年以上を要する大工事である。しかも東側の扶壁は、トラヴァーチンを用いた、複雑に入り組む泉水堂をかねていた。トレヴィの泉を横に一〇以上も並べたような壮観さである。神域正面の北側は丘の末端であるから扶壁の高さは二〇メートル近くになり、壁の厚さも六メートルを超えた。煉瓦を用いたコンクリートの壁で、その表面は大理石もしくはトラヴァーチンで化粧張りされたのであろう。その中央から前面に突きだす正面階段は、幅五〇メートル以上あった。西側の扶壁は、アーチを上下に二層連続させた構造で、トラヴァーチンを石材に使用している。このトラヴァーチンの表面は、目地の部分をのぞいて粗い削りのままの、いわゆる「田舎風の」仕上げで、クラウディウスからネロの時代にかけて流行した石材表面の仕上げ法によっていた。

この大がかりな基礎工事による人工基盤全体が広大な神域で、そのなかに、六本の円柱を正面にもつカエサル神殿と同じタイプの神殿がつくられるはずであった。しかし、五九年、アグリッピナがネロによって殺されると、工事は中断されてしまった。

ネロが母親殺しを実行するときまでの治世五年間（クインクエンニウム）は、後代の賢帝からも、もっともよき政治の行われた時代として高く称讃された。事実、即位の当初、ネロはアウグストゥス政治への復帰を計画し、元老院でもそのことを宣言した。つまり、紀元前二七年に制定された元老院の管轄属州と、アウグストゥスが管轄する属州を明確に分割し、それにかかわる裁判もそれぞれが管轄するという制度への復帰である。元老院の権威と機能を保障する制度であるため、議員たちのよろこびは、かぎりないネロ称讃につながった。一七歳そこそこのネロが、当時の政治状況を把握して、元老院議員たちを感嘆させるような演説ができるはずはなかった。明らかに、共和政復帰を信条とするセネカの強い影響が認められる。ストア派の哲学者であると同時に、当代一の著述家だったセネカは、状況判断に優れた現実主義者でもあった。優れた後見人の存在が、ネロを光り輝かせる光源だったのである。

もう一人、親衛隊長のブルスもセネカに劣らず重要な役割を担っていた。歴戦のつわものので、兵士の信頼厚く、実直剛毅な人物である。元老院と軍団という帝国の根幹を占める二つの組織を、二人の後見人がそれぞれに掌握していた。彼らの掌握する範囲のなかでネロが行動しているかぎり、問題はなかった。しかし、この五年のあいだにも、その範囲からの逸脱、つまりネロ独自の判断による行動がいくつかあった。その一つが五五年に起こったブリタニクス毒殺であり、女奴隷アクテへの恋情である。一三歳の少年ブリタニクスの毒殺は、その残忍な手段を除けば、皇位安定という観点から容認できなくはない行為であった。アクテとの恋も一七歳の若者としては仕方のないことであり、まして、母親に強制されたオクタウィアとの結婚生活がうまくいっていなかったので後見人たちも容認する態度をとった。

しかし、そのことが意外な展開を遂げることまで彼らは予見できなかった。母親の強い影響下にあった若者が、はじめての恋愛を通して自我に目覚め、美貌と才知で評判のポッパエアの虜《とりこ》となった。気位が高く独占欲の強い彼女は、ネロに母親の手綱を断ち切るようそそのかし、陰湿な女同士の戦いがふたたび始まった。アグリッピナは、わが身を賭して息子を誘惑し、母子相姦のいまわしい世界に息子をひき込んだ。夫の毒殺をはじめ、あらゆる残忍な方法を駆使してきたアグリッピナにとって、権力維持の一手段にすぎなかったかもしれないが、多感な若者は、屈折感にさいなまれ、その苦しさが、理性とそれによって制御されていたどす黒い情念との上下関係を逆転させた。皇帝一族の別荘が立ち並ぶナポリ湾で、アグリッピナは暗殺され、理性の師である二人の後見人の占める場所も、ネロのなかにはなくなりつつあった。

公共事業と娯楽の提供

善政とたたえられる皇帝ネロの最初の五年間は、アウグストゥス政治への復帰宣言に見られる保守的政策と、間接税軽減のような税制改革など革新的政策の均衡からもたらされた安定期で、属州辺境における軍事衝突が少なかったことも原因の一つである。その安定した社会で、ネロがもっとも気をつかったのは都に住む市民の動向である。彼らを満足させるには、十分な食糧と娯楽を提供すればよかったが、即位した最初の冬に、早くも小麦が不足する事態となった。このため小麦価格の抑制や輸送船の税金を免除する応急対策が講じられただけでなく、クラウディウスがほぼ完成していたオスティアの港をさらに完璧な施設とする工事が急ピッチで進められた。食糧不足は、明らかに港湾施設の不備が最大の原因だったからである。このため、天候によって左右されない水上輸送、つまり、ナポリ湾からオスティアまでを運河で結ぶ壮大な計画が立案され、実行に移された。すでにナポリ湾とアヴェルノ湖のあいだ約一キロは運河で結ばれていたので、アヴェルノ湖からオスティアまでのあいだを掘削すればよかった。といっても二〇〇キロ近くの起伏のある土地を切り開くことは、皇帝の力をもってしても不可能で、ほどなく計画は放棄された。

食料品の流通に関してもいくつかの対策を講じている。その一つが、クラウディウス神殿の裏側に新設された大市場（マケルム・マグヌム）である。肉や魚のほかにさまざまな食料品を売る店が集まるマーケットのような施設で、水を大量に使用するため、水道橋の近くに建設された。この大市場が建設されるまで、都には、大規模な市場は二つしかなかった。一つはバシリカ・アエミリア裏側の市場で、その敷地はのちにウェスパシアヌスが平和の神殿（広場）に利用するところである。もう一つは、アウグストゥスが建設したリウィア市場で、エスクイリヌス丘の「セウェルスの城壁」を出たところにあった。前者は、一世紀に入ると言及されることがなくなるので、どの程度活用されていたのかを明らかにすることはできない。また後者は、中心地から離れていたので人気のある市場というわけではなかった。おそらくネロが新築した市場は、便利さと規模の両方でそれまでの市場を凌駕したはずである。このほか、テヴェレ川の左岸に青物市場（フォルム・ホリトリウム）があり、そこでの食料品は飢饉のとき無税とする処置がネロによって行われているが、露天商の並ぶ市場で、右の機能的な大規模市場とは性格を異にしていた。

娯楽に関してもできるかぎりの市民サーヴィスに努めた。それは都における皇帝の重要な仕事であると同時に、観客としてあるいは役者や競技者として参加することはネロの生きがいそのものだったので、力の入れ方が違っていた。できるかぎり多くの戦車競技や競馬を見たいばかりに、レースは一日中開かれるようになった。それだけで満足できないネロは、カリグラがつくった競馬場を改修してひそかに御者の訓練をうけ、公開の競技に出場さえした。剣闘士競技もお気にいりの催し物で、ローマ唯一の円形闘技場であるタウルス円形闘技場が六四年の大火で焼失すると、たった一年で再建し、とぎれることなく競技を催した。これらの娯楽に対する熱の入れ方だけでも尋常ではなかったが、それ以上に熱中したのが劇場での催し物である。子供のときから歌に親しんでいたネロは、本格的な歌手となるため自らを鍛錬し、ポンペイウス劇場やマルケルス劇場の舞台に立つこともしばしばであった。ネロが舞台に立つことさえなければ、市民の楽しみとネロの趣味とは完全に一致していた。

これらの催し物と並んで市民の日常の楽しみである入浴のために、ネロは、ローマで二番目の大規模な公共浴場を建設した。場所は、パンテオンと人工池に挟まれたところで、最初の公共浴場であるアグリッパ浴場のすぐ北側である。東西一九〇メートル、南北一二〇メートルの敷地一杯に建設されたこの浴場は、アグリッパ浴場の三倍もあった。着工されたのは六二年と推定され、大火のあと完成したと思われる。冷浴室、微温浴室、熱浴室が南北の中央軸線上に並び、その両側に脱衣室や談話室が対称に配され、それ以降建設される公共浴場の模範となった。

5　ローマの大火と新しい都

ローマ炎上

五九年、アグリッピナが殺されると、クラウディウス神殿の工事は推進者を失って中断された。ネロには、工事を継続させる意志はまったくなく、それよりもはるかに重要な工事が計画中もしくは進行中だった。パラティヌス丘の宮殿とオッピウス丘にあるマエケナス庭園を結ぶ建物の建設工事である。パラティヌス丘の宮殿は、ティベリウスとカリグラによって丘の西側半分をうめつくす広壮な建築群に発展し、謁見の間や皇帝官僚団の執務室などの公的部分と皇帝一族が住む私的部分とからなっていた。そこには広い中庭と眺望のきくテラスがあり、日々の公的、私的生活に十分対応できるだけの広さと機能が備わっていた。しかし、ローマ人の生活に欠かせない自然がパラティヌス丘にはもはやなく、自然に親しみたいとき、この丘の住人は、皇帝所有のマエケナス庭園やロリアヌス庭園に出かけた。そこは都のなかで別荘生活を楽しめる離宮のようなところである。しかし、二つの丘のあいだには公共建築が立ち並ぶフォルム・ロマヌムと住宅街があり、そのなかを護衛を従えて通り抜けなければならなかった。ネロは気楽な姿で、気やすく足を向けることができるよう一キロを超す通廊を建設した。ドムス・トランシトリアと呼ばれる建物で、強いて訳せば「渡り宮殿」といった意味である。

おそらくこの宮殿ができあがってほどなく、ローマは未曾有の大火に見舞われる。六四年七月一九日、日没のころと推定される。タキトゥスはそのときの模様をつぎのように詳しく記している。

「この後ですぐ災難が起った。偶然だったのか、元首の策略によるのか、不明である

（両説あってそれぞれが信用のおける典拠をもっているので）。それはともかく、今度の火事は、それまで都を襲ったどの猛火よりも規模が大きく被害もはなはだしかった。火の手が最初にあがったのは、大競技場がパラティウム丘とカエリウス丘に接する側である。そこには燃えやすい商品を陳列した店屋ばかり並んでいた。それで、発生と同時に火勢は強く、おまけに風にあおられ、石塀をめぐらした邸宅や外壁に囲まれた神殿などの延焼をおくらせるような障害物がまったくなかったためもあって、見る見るうちに大競技場をすっぽり包んでしまう。炎は狂暴な勢いでまず平地をなめつくすと、次には高台にのぼり、ふたたび低地を荒らした。どんな消火対策もおいつかぬくらい、災害の勢いは早かった。その頃のローマは、幅の狭い道があちこちと曲がりくねって、家並みも不規則だったから、被害を蒙りやすい都であった。

それに加えて、恐れおののく女の悲鳴、もうろくした人、がんぜない子。だれもが自分の安全を計り、他人の身を気遣い、弱い者を引き連れあるいは待ちながら、ある人はおくれ、ある者はあわて、みなお互いに邪魔し合う。多くの人が背後を気にしているまに、横から前から火の手にかこまれてしまう。近くまで逃れたと思うと、そこはもはや炎に包まれている。遠いと思っていた場所も、やはり同じ状態なのを見つける。ついにはどこを避け、どこへ逃げるか、見当もつかなくなる。人々は道路で押し合いへし合いし、地の上に転び倒れる。ある人は全財産を失い、一日分の食糧すらない。救ってやれなかった身内をいとおしがって、生きる手段を与えられながら、命を絶つ人もある。

こうしてだれ一人として火を消し止めようとはしなかった。それどころか、消そうとするのを、多くの人はしばしばおどし邪魔をした。なかには、おおっぴらに松明を投げながら、「その筋の命令でやっているのだ」と叫んでいた。本当に命令を受けていたのか、それとも、いっそう図太く火事泥棒をやらかそうとしたためか。

ちょうどそのとき、ネロはアンティウムに滞在していた。都に帰ってきたころには、パラティウム丘とマエケナス庭園を結ぶ「ネロの館」に今にも火が燃え移ろうとしていた。しかし、火を消し止めることができたのは、パラティウム丘が、カエサル家やその周囲の建築物を含めて、ことごとく灰燼に帰してしまったあとである。

ネロは呆然自失の態でいる罹災者を元気づけるため、マルス公園やアグリッパ記念建築物を、さらには自分の庭園までも開放した。そして応急の掛け小屋を設け、そこに無一物となった群衆を収容する。オスティアや近郊の自治市から食糧を運ばせ、穀物の市価を三セステルティウスまで下げさせた。このような処置は民衆のために取られたはずなのだが、何の足しにもならなかった。というのも、次のような噂が拡がっていたからである。

「ネロは都が燃えさかっている最中に、館内の私舞台に立ち、目の前の火災を見ながら、これを太古の不幸になぞらえて、『トロイアの陥落』を歌っていた」と。

六日目にやっと、火はエスクィリアエ丘の麓で鎮まった。広大な範囲にわたって建物が壊滅したので、これ以上猛火が続いたとしても、その火が出くわすのは、茫々たる地平線と原野しかなかったほどである。

ところが恐怖がまださめず、心に希望がたちかえらぬうちに、火がまた燃え上った。今度は、市内の広々とした地域を襲ったので、人命の損傷は少なかったが、神殿や逍遥柱廊などは、もっと多く崩壊した。この出火はアエミリアヌス街のティゲッリヌスの所有地から起っていたため、先のよりも不名誉な噂が添えられた。「ネロは新しく都を建てなおし、それに自分の名前をつけようという野心を、日ごろから抱いていた」と。そして人々は本当にこれを信じていたのである。

じっさい、ローマは一四区に分れていたが、そのうち完全な姿で残ったのは、四区でしかない。三区は焼け野原と化し、残りの七区は、倒壊したり半壊したりした家の残骸をわずかにとどめていた」(国原吉之助訳『年代記』第一五巻三八—四〇)

以上が、六四年の大火についてのもっとも詳細な記述で、ほかの資料は断片的もしくは大まかなものでしかない。そこで、この文章を中心に六四年の大火とその当時の都のようすを考えてみよう。

最初の火事は、六四年七月一九日の日没のころ、パラティヌス丘とアウェンティヌス丘のあいだにある大競馬場（キルクス・マクシムス）から起こった。火元は、競馬場の南東端、大きく湾曲している観客席の下にある店である。現代のガード下にはいり込んでいる店と考えればよい。店の屋根裏部屋は、家族の寝起きする場所として使用されていたので、夕食の支度をしていたかまどや七輪から出火したのであろう。火は大競馬場全体に広がり、そのことが大災害となった最大の原因である。なぜなら、大競馬場は、南北をパラティヌス丘とアウェンティヌス丘に接し、東をカエリウス丘、西をウェラブルムに接しているからである。しかし、翌年の春、恒例の競技が開催されているので、その石造の軀体まで致命的な被害を受けたわけではなかったようである。

パラティヌス丘の宮殿と大競馬場は通廊で結ばれ、反対側のフォルム・ロマヌムとは、カリグラがつくったカストル神殿への通廊でつながれていた。しかも渡り宮殿によってオッピウス丘とも連結されていた。オッピウス丘とフォルム・ロマヌムのあいだには庶民の住宅と店舗がひしめきあう下町スブラがある。大競馬場からオッピウス丘やウィミナリス丘の庭園まで建物が連続しているのであるから、延焼の条件は整っていた。

大競馬場の東と南に接するカエリウス丘とアウェンティヌス丘は、いずれも高級住宅街であったが、防火線の役割を果たすような広大な庭園はなかった。一方、大競馬場の西側は、貧民窟や売春窟のあるごみごみとしたウェラブルムで、北東に広がるカンプス・マルティウスとつながっていた。したがって、大競馬場からの出火は、一方向への延焼ではな

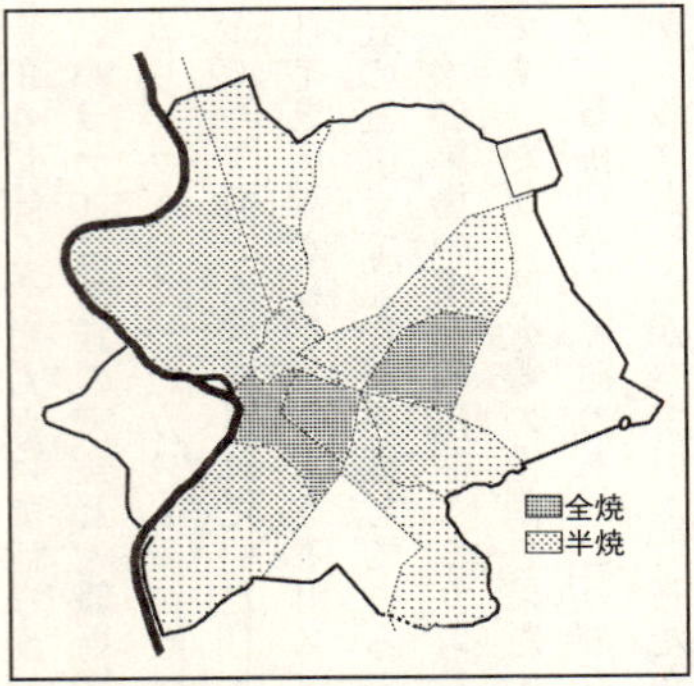

9　大火による罹災の状況

く、すべての方角へ同心円を拡大していくように広がったのである。この状況では、アウグストゥスが組織した夜警隊も無力にひとしかった。人力ポンプによる放水が効果を発揮する段階はとうに過ぎ（シフォナリイ、アクアリイ）、防火線をつくるにもコンクリートの建物は手ごわすぎた（バリスタリイ）。おそらく夜警隊唯一の手柄は、窓から飛び降りる人を無事着地させる程度であった（エミトゥラリイ）。

都をうめつくす建物は、すべてコンクリート造りもしくは石造で、木造建築は皆無にひとしかった。それでも延焼に延焼を重ねたのは、水平構造材に可燃性のものが多かったからである。鉄筋コンクリートのなかった当時、まして鉄骨などあろうはずがない時代、床や天井を支える梁《はり》や桁《けた》は材木に限られていた。わるいことに、これらの桁は、コンクリートの壁の内側だけでなく壁の外側に突き出して、バルコニーを支える水平支持材でもあった。しかも、上の階にいくほどバルコニーは道路にせり出し、反対側のバルコニーと接するまでになっていた。四、五メートルの道幅しかない街路は、徐々にせり出すバルコニーによってトンネルのようになっていた。バルコニーづたいに火勢は広がり、必死に逃げまどう人々めがけて炎となった材木が頭上から降りそそいだ。火炎地獄でしかなかった。

ローマから約四五キロ離れているアンティウムにいたネロが、使者の報告によって火事に気づいたのは真夜中を過ぎてのことと思われる。そこから馬を駆っても二時間以上はかかる。火の海となったローマに着いたのは夜明け近く、すでになす術《すべ》はなかった。中心にもっとも近く、しかも安全な場所はマエケナス庭園しかない。防火線の役を果たしている広々とした庭園のなかの高い塔から燃え広がる大火を見ていたはずであり、とうに火の海と化しているパラティヌス丘の宮殿に立ち入り、その舞台で自作の詩を歌うことなどできるはずはなかった。もし歌ったとするなら、マエケナス庭園の塔からで、目の前に広がる炎は、伝承にあるローマ人の母市トロイアの炎上に当然つながる。それを、ネロが悲劇として歌ったのか、野心達成の前兆として歌ったのか、どちらかに決めることはむずかしく、それでも、あえて選択しようとするのであれば、予見による断定的なネロの評価とならざるを得ない。

大競馬場から出火した火は六日目の七月二四日、ようやく鎮火した。しかし、十分な消火ができないままに第二次火災が発生し、ふたたび猛威をふるった。ただし、出火場所がネロの側近、親衛隊長のティゲリヌスが所有する建物だったとするタキトゥスの記述には、ネロを暴君と断定する予見がある。もしその意図があったなら、ティゲリヌスはもっと賢く振る舞うことができたはずである。ともかく七日間の大火が終わると、ローマ一四区のうち完全な姿でのこったのは四つの区だけであった。おそらく建物が密集していなかった第五区、第六区、第一二区、第一四区の四区を指すのであろう。もっとも被害が激しく焼け野原となった三つの区とは、中心部の第三区（オッピウス丘）、第一〇区（パラティヌス丘）、第一一区（大競馬場）のことと思われ、のこり七つの区は、全壊もしくは半壊した建物の残骸が広がっていた。つまり、ローマの主要な地域は壊滅状態となったのである。

この大火は、紀元前三九〇年のガリア人による大火以来の規模であったという。アウグストゥスが「将来に対してすら安全な都市」につくりかえたといっても、一世紀に入ってからこのときまで、記録されている大火だけでも七件にのぼる。小規模火災には消火能力を発揮することができた夜警隊も、大きな火災を鎮火させることはできなかった。

「新都市」計画

ネロの大火が、それまでの火災とは比較にならないほどの被害をもたらした原因として、出火場所があらゆる方角へ延焼しやすい地点だったことや夜中に発生したことなどがあげられる。しかし、最大の原因は、急激な発展を遂げた首都が、建築物の林立する高密都市に発展していたことである。一〇〇万の人口をかかえるローマは、至るところに四階建て、五階建ての集合住宅を建てなければならなかった。ティベリウスやクラウディウスが、テヴェレ川の河岸両側に境界線を設け、建物の建設を厳しく禁じなければならないほど、空き地は、建物でうめつくされていたのである。したがって、大火で家を失った罹災者のため、できるかぎりすみやかに住宅を建設し、都市を復旧させなければならなかったが、同時に、ふたたび大火が起こらないように、大火の教訓を十分にとり入れた綿密な復興計画を策定することが必要だった。それが、ネロによる「新都市」(ウルプス・ノウァ)計画である。

崩壊した建物の瓦礫は、小麦をローマまで運んでくる川船を用いてオスティアの南に広がる湿地帯に、埋めたて用として活用された。一戸建て(ドムス)もしくは集合住宅(インスラ)を一定期間内に再建しようとする者には、返済能力に応じた建設資金を貸し付け、復旧の迅速化をはかった。その際、火災に強い都市とするため、区画整理を行って道幅を広げ、集合住宅の高さをそれまでの二〇・六五メートル(七〇ペス)から一七・七メートル(六〇ペス)に抑え、内側に中庭を設けることを義務づけ、各階の床に材木を使用することを禁じた。水平支持材として使用されていた材木にかわって、ヴォールト天井が上階の床を支えた。また、火に強いガビイ産やアルバ産の石材使用を奨励し、建物前面の街路に避難用としても使える柱廊を設けた。一方、一戸建て住宅に関しては、独立性を保つよう隣家との共有壁を禁止し、消火用器具の備え付けを義務づけた。

火災が起きたとき、十分な放水活動ができなかったのは、貯水池が足りなかったばかりか、導水管を本管につないで不法に取水する者が多かったためである。このことを教訓として、許可なく取水することを監視するための機関を創設しただけでなく、カエリウス丘、アウェンティヌス丘、パラティヌス丘、そしてテヴェレ川右岸の第一四区にも十分給水できるよう新たな水道施設を設けた。クラウディウス神殿の人工基盤を利用して貯水池がつくられたのもこのときである。

これらの新都市計画事業と並んで、被害を受けた多くの公共建築の修復再建工事も進められた。以上の都全体をつつみこむような復旧工事によって、火災に強い整然とした都市に生まれかわるはずだった。区画整理によって道幅が広くなっただけでなく、直線に近い道筋となり、街路の両側に立ち並ぶ建物も高さと正面をそろえることが義務づけられたので、見違えるような街並みとなる条件は整った。少なくとも、道路の幅が広くなり、建物の高さが制限されたことによって、道路に太陽の光線がとどくようになったようである。というのも、夏は以前よりも暑くなったと不平をこぼす者がいたからである。都市計画の専門家によって立案された新都市計画は、周辺都市のその後の整備計画にも大きな影響をおよぼすほど見事なものであった。

黄金宮殿

ギリシア・ローマ時代を通じてアレクサンドリアやアンティオキアに並ぶ都市計画の成

功例として高く評価できる新都市計画ではあったが、計画がすべて実現されたわけではない。すでに大火の以前から、おそらくアグリッピナを殺したころから、ネロは政治への執着心を失い、個人的な趣味と情念の虜になっていた。したがって、都の至るところに大火の爪痕がのこされたままになっていた。大火のあと、ネロが完成にこぎつけた大事業は、もっとも情熱を注いで推進した黄金宮殿（ドムス・アウレア）だけである。オッピウス丘とパラティヌス丘をつなぐ渡り宮殿の建設工事に着手したときから、ネロはより壮大な宮殿構想をあたためていたのかもしれない。しかし、ネロの財力をもってしても既存の邸宅や私有地を買収し、公共建築を撤去することは不可能であった。その夢が大火によって可能となったのである。焼け野原となったカエリウス丘、オッピウス丘、ウェリアの広大な土地を手に入れたネロは、セウェルスとケレスという二人の建築家に宮殿を建設させた。その黄金宮殿をスエトニウスはつぎのように語っている。

「『黄金の館』の前庭には、高さ百二十ペースもあるネロの巨像が立ち、前庭の幅は、一マイルの柱廊が三列も並ぶほど広かった。

庭池は海のようであり、その周囲を建物が取り囲み、まるで都市の外観を呈した。さらに耕地、葡萄園、牧草地、森林と、さまざまな景色をもつ田舎があり、そこにありとあらゆる家畜や野獣が飼われていた。

館内の大部分の部屋は、すべて金箔を張りめぐらし、宝石と真珠層を鏤《ちりば》めていた。

食堂は天井に象牙の鏡板がはめこまれ、開閉式の鏡板からは花が、水管のついた鏡板からは香水が、客の上に撒き散らされるように工夫されていた。

食堂の貴賓室は、球状で、昼も夜もたえまなく、天体のごとく自転していた。

浴場には海水と硫黄泉がひいてあった。右のような館を完成し奉献式をあげたとき、ネロは「これでやっと人間らしく住めるようになった」と言うまでに、満足したのである」（国原吉之助訳『ローマ皇帝伝』第六巻三一）

約八〇ヘクタールにもおよぶ広大な敷地の南端には、クラウディウス神域の基壇東面を利用した長さ二〇〇メートルもの泉水堂がその裏側につくられた貯水池から水を流して滝をつくり、その水は人工池（のちにコロッセウムが建設された）に集められた。この人工池を見下ろす北側斜面に、黄金宮殿が東西に大きく翼を広げるように建っていた。それまでの建築伝統に束縛されない斬新なプランと工法によるこの宮殿には、ヴォールトやドームの天井が多用され、広々とした大宴会場と広間をいくつもつくっていた。壁面には、繊細華麗な蔓をからませた植物や怪物の顔が熟練した筆致で描かれ、床にはさまざまな色のガラス片と色大理石によるモザイクがはめこまれていた。それらの豪華絢爛たる装飾は現在ほとんどのこっていないが、ルネッサンス時代、洞窟のような廃墟と化していたこの宮殿の装飾を見て感激したラファエッロは、ヴァティカン宮殿のなかに洞窟風の、つまりグロテスク（洞窟風の美しい装飾を意味する）な壁面装飾を再現している。一四〇〇年以上も経

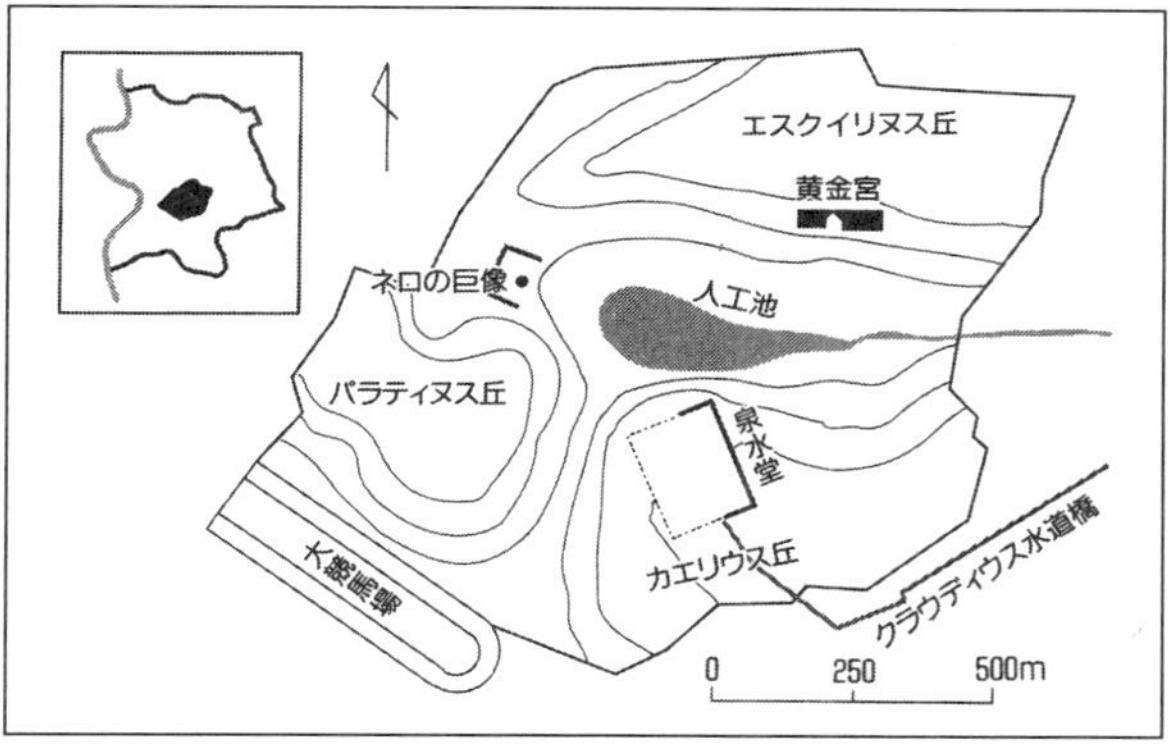

10　黄金宮の敷地

11　八角形大広間（黄金宮）

っていたとはいえ、ラファエッロが手本とするほどに美しい装飾だったのである。

広い敷地には珍しい動物を放し飼いにした森、手入れのいき届いた庭園が広がり、その入口には黄金に輝く太陽神ヘリオスになぞらえた高さ三五メートルもあるネロの巨像があたりを睥睨《へいげい》していた。そして、黄金色に輝く宮殿の丸屋根が緑のなかに望めたという。復興途上にある市街地と壮観な黄金宮殿との対比は、ネロに対する反感を強める原因の一つであったことは十分に想像できる。当時、「ローマはただ一つの宮殿となってしまう。だから、ローマの市民よ、この宮殿がヴェイオを占領しないうちに、ヴェイオに移住しよう」という警句がはやったのは、庶民の気持ちを反映していたからである。

新都市計画を推進する大がかりな公共事業とネロの際限ない浪費は、たちまちのうちに国庫を空にした。大火後のローマは区画整理がなされたものの、火事の傷跡を完全にいやしてはいなかった。それでも公共事業の出費がかさみ、物価を高騰させたが、かつてのようにネロが市民を援助することはなく、逆に税を引き上げ、小麦の取引きで皇帝自身が利潤を得ようとさえした。高額貨幣の貴金属含有量を落とす一方で徴税を強化した。ネロの暴走を止めるはずのセネカやブルスのような賢明な後見人は、ネロ自身の手で自殺に追いやられていた。のこるのは阿諛迎合の輩だけである。彼らの密告を利用して、大富豪たちをつぎつぎに処刑し、財産を没収した。政権末期の典型的な様相であり、常套手段である。ティベリウスの通貨政策も原因して、ネロの時代には広大な土地を占有する大土地所有者の数だけでなく、その財力も格段に増していた。属州アフリカ全面積の半分を、たった六人の人間が占有していたほどである。それほどの大富豪をネロが見過ごすはずはなく、六人とも断罪に処せられて財産を没収された。

経済混乱と政治の弛緩に追い打ちをかけるように、東方属州では軍事衝突が深刻化し、ユダヤ人の反乱はユダヤ戦争に発展した。そのような緊迫した状況にもかかわらず、ネロは、詩人として、歌手として、また鷹揚なギリシア文化のパトロンとして称讃を集めるため、ローマをあとにしてギリシアを旅行していた。ネロが長期のギリシア旅行から帰ってきたとき、都の市民は完全にネロを見限っていた。そのことを察知した軍団兵士は、西方属州の総督たちを皇帝にまつりあげ、反乱を起こした。軍団や親衛隊の兵士だけでなく、とりまきや市民からも見放されたネロは、ローマ近郊で自らの命を絶った。六八年六月九日未明の出来事である。

アウグストゥスがつくりあげた強固な統治機構の、その中心に君臨したユリウス・クラウディウス朝は、ネロの死によってその幕を閉じた。しかし、ユリウス・クラウディウス朝が終焉しても、ローマ帝国が揺らぐことはなく、ましてその都ローマが首都の地位をほかに譲ることもなかった。帝国一の都市、古代世界随一の都市であることにかわりはなかった。

約一〇〇年におよぶユリウス・クラウディウス朝の統治によって、この都は大きく発展し変貌した。アウグストゥス時代、フォルム・ロマヌムとカンプス・マルティウスの整備にともない、いくつもの壮麗な公共建築が建立され、都市行政が確立したにもかかわらず、庶民の住む地域は曲がりくねった狭い道に集合住宅がひしめきあう旧態依然としたところであった。それらの地域が一新されたのは、六四年の大火を契機とする新都市計画の推進によってである。それまでの都が抱えていた都市の構造的欠陥が改善され、少なくとも健全な骨格をもつ都市に生まれかわった。もちろん、この骨格にたくましい肉づけがほどこされるには至らなかったが、この改善事業に費やされた巨額の支出が、ユリウス・クラウディウス朝の命とりとなり、一方、そこに住む市民は、支配者の交替にもかかわらず、都ローマに住む特権をあいかわらず享受したのである。

第四章　横溢の都
——フラウィウス朝の時代——

都は古い火災や破壊によって醜い姿にかわり果て、家々も荒れ放題だった。空き地はその所有者が放置したままにしている場合、誰でもそこを占有して家を建ててもよいことにした。ウェスパシアヌスは、ユピテル・カピトリヌス神殿の再建を瓦礫の除去作業から始め、自ら瓦礫を肩にかついで運んだ。

スエトニウス『ローマ皇帝伝』
ウェスパシアヌス　8.

1 ウェスパシアヌスとティトゥス

六〇歳の皇帝

　ネロがローマをあとにして、ギリシアのコリントで詩や音楽にうつつをぬかしていたころ、パレスティナではローマの圧政に対する民衆の不満が高まり、大規模な反乱が勃発した。各地のローマ守備隊は、怒りに狂うユダヤ人の前に敗退し、六六年九月、イェルサレムからすべてのローマ兵が撤退するという深刻な事態に陥った。一〇月末、シリアからの援軍が到着したものの、完膚なきまでに敗れさり、ローマ軍の威光は地に落ちた。ようやく事態の重大さに気づいたネロは、コリントにいたウェスパシアヌスを総司令官に任命し、六万の兵をパレスティナに投入した。有能な将軍ウェスパシアヌスは、またたくまにユダヤ人を制圧し、最後の目標であるイェルサレムの攻略にとりかかったとき、ネロ自殺の知らせがはいった。西方属州では、軍団がそれぞれに皇帝を推挙し、都へと向かった。最初に都に到着したのはスペインのガルバだったが、部下のオトに殺され、オトもゲルマニアから戻ったウィテリウスによって自殺に追いやられた。

　彼らが皇帝を狙うのであれば、ウェスパシアヌスも同等の資格をもっていた。アレクサンドリアでは、六九年七月、軍団兵士がウェスパシアヌスを皇帝とする誓いをすでにたてていた。経験豊かな将軍は、本心をひけらかすことなく事態の推移を見守った。膠着状態のイェルサレム攻略を息子ティトゥスにまかせるとともに、兄サビヌスの率いる先遣隊をローマへ送り、自らはアレクサンドリアに渡った。皇帝の許可なしには上陸を禁止されていたところである。その地のセラピス神殿での祭事は、彼を皇帝に推す軍団兵士への正式の回答でもあった。六〇歳という高齢の皇帝誕生である。それでも首都の動向を見守るためにすぐにローマへ出発することはなく、ようやく腰をあげたのは翌年になってからである。すでにウィテリウスは殺害されていたので、ウェスパシアヌスの帰還は、皇帝の帰還としてローマの市民に迎えられた。

1　ウェスパシアヌス

ウェスパシアヌスが最初に手がけたのは、ネロの末期とその死後一年間の無政府状態で、混乱の極に達していた都の秩序をとり戻すことであった。つまり、統治体制と財政の建て直し、六四年の大火および各軍団による市街戦の傷跡を一掃すること、それに健全な人心を回復することであった。決して洗練された人物ではなかったが、謹厳実直で親しみがもてるだけでなく、軍事と財務に明るいウェスパシアヌスは、ローマの再建者としてうってつけの皇帝だった。

軍事と財務の両方に通じていたのは、ウェスパシアヌスが騎士階級の出身だったからである。彼らは軍団将校としての軍務と、皇帝管轄属州の財務管理者としての行政職の両方を経験しながら出世の階段をのぼっていった。九年生まれの彼は、トラキアの軍団付将校として公職の経歴を開始し、二五歳ころ、ラトゥス・クラウスを授かっている。つまり、元老院議員に選出された。といっても、元老院議員がトゥニカに緋色の縦帯（ラトゥス・クラウス）を縫いつけるようになるのはカリグラのときからであるから、議員になりたてのころは、靴以外の装いは、元老院議員といっても通常のトガ姿とかわりはなかった。その後、五一年には執政官を、六一年には属州アフリカの総督を歴任し、騎士階級出身としては頂点をきわめた。そのかぎりでは、ウェスパシアヌスは成上り者（イグノビリス）であった。

手本はアウグストゥス政治

ローマに戻ったウェスパシアヌスをとりまく情勢は、カエサルのあと最高権力者となったアウグストゥスの状況と類似しており、カリグラのつぎに皇帝となったクラウディウスとも似ていた。事実、統治体制の建て直しに関して、ウェスパシアヌスが実施した政策は、アウグストゥス政治を手本としている。

アウグストゥスを先祖にもつわけではなく、貴族の出身でもなかったので、ウェスパシアヌスは自らの権威を高めるために細心の注意をはらった。ティベリウスやクラウディウスたちが使うことのなかった「インペラトル」を皇帝の正式名称に加え、アウグストゥスの正式名称にならっている。また、その治世に八回も執政官に就任しているのは、アウグストゥスが紀元前三一年から紀元前二三年まで続けて執政官についているのと同じである。アウグストゥスの権力基盤がその権威（アウクトリタス）に由来していたことを見習って、皇帝権威の確立を、統治体制再建の基本としたのである。

また、それまでの皇帝たちを、悪しき者と善き者とに区別することも、皇帝権威の確立には重要であった。このため、ネロがひとりで使用していた黄金宮殿の敷地を市民の公園として開放し、ネロとの相違を鮮明にした。一方、黄金宮殿の泉水堂へ水を供給する貯水池にすぎなくなっていたクラウディウス神殿を、本来の神殿に戻して善き皇帝を尊重し、体制安定への意志を明らかにした。

皇帝権威の確立は、皇位継承のためにも必要なことであった。ウェスパシアヌスは、皇帝即位のときから息子ティトゥスを同僚として公衆に紹介し、「息子のほかに皇帝となる者はいない」ことを公言した。即位当初から、ウェスパシアヌスは、自らの出身氏族であるフラウィウス家を、ユリウス・クラウディウス朝のような王朝にしようと意図していた。その意図は、ユダヤ戦争勝利を記念して挙行された七一年の凱旋式において明白である。ティトゥスが後継者であることを公式に表明するため、ウェスパシアヌスとともに凱旋将軍として行進に参加しているからである。

この凱旋式のようすは、ティトゥスの死後、弟のドミティアヌスが完成したティトゥス凱旋門の、通路両側にはめ込まれた二枚の浮彫りによって華やかな雰囲気を知ることができるだけでなく、ヨセフスの記述によって詳細に伝えられている。

「兵士たちは全員、いまだ夜の明けぬうちから彼らの指揮官のもとに、百人隊や歩兵隊となって行進をはじめていた。……夜が明けるころ、ウェスパシアヌスとティトゥスが出発した。彼らは月桂冠をいただき、伝統的な緋色のトガをまとっていた。……ほとんどの戦利品は混然と積まれて運ばれた。しかし、イェルサレムの神殿で獲得されたものはなによりも目立っていた。それらは、金製のテーブル、多くのタラントン金貨、それに燭台からなる。燭台は金でつくられているように思われるが、われわれが日常生活で使っているものとはタイプが異なる。……これらのあと、戦利品の最後に、ユダヤの戒律を書いたものが運ばれた。それから、すべて象牙と黄金からなるニケの像を運ぶ一団が続いた。彼らの後ろにウェスパシアヌスが（戦車を）駆り、ティトゥスが従っていた」（『ユダヤ戦記』第七巻一二三―一五六）

兵士たちが凱旋式の前夜待機していたのは、共和政期からの伝統的な待機場所ウィラ・プブリカである。カンプス・マルティウスのほぼ中央、サエプタ・ユリアの東にある。そこを夜明け前に行列の先頭集団が出発する。先頭を行くのはラッパ吹きで、その後ろに、部隊ごとに分かれた兵士が続く。彼らは車や輿《こし》に戦利品を山のように積み上げて運び、ユ

2　ティトゥス凱旋門

3　凱旋行進をあらわす浮彫り（ティトゥス凱旋門）

ピテルに捧げる犠牲獣や捕虜を従えている。戦利品のなかで人々の注目を集めたのは、黄金のテーブルと七枝の燭台である。両方ともモーゼが命じたユダヤ教の祭器で、イェルサレムのツィオンの神殿から運びだしたものである。兵士のなかには、征服した都市の名前を記したプラカードや戦闘のようすを描いた絵を掲げ持つ者もまじっている。市民はそれらを見て、戦いの詳細を知ることができる。兵士たちの長い行列のあとに、先導吏をともなう元老院議員や政務官、それに神官たちの一団が続く。凱旋将軍が登場するのはそのあとである。

金色に輝く凱旋戦車に乗るウェスパシアヌスは、緋色の地に金糸で棕櫚《しゅろ》の枝を刺繡したトゥニカのうえに、やはり豪華な刺繡の施された緋色のトガ（トガ・ピクタ）をまとい、月桂樹の枝と王笏を手にしている。顔は鉛丹で赤く塗られ、月桂冠をいただいている。ティトゥスもウェスパシアヌスと同じ凱旋将軍のいでたちで父に続き、その弟ドミティアヌスは白馬にまたがって彼らに従った。皇帝一族のあとに続くのは、解放奴隷や皇帝官僚団の一群である。

行列は、ウィラ・プブリカを出たあと、アポロ・ソシアヌス神殿とマルケルス劇場の脇を通り、ウェラブルムを通過して大競馬場に入っていく。凱旋式の一つのクライマックスがこの大競馬場内の行進である。観客席に坐る何万という市民の盛んな歓声を浴びながら東の門から退場し、左へ折れて北上する。カエリウス丘とパラティヌス丘をつなぐクラウディウス水道の水道橋をくぐり、右に再建工事のはじまっているクラウディウス神殿を見ながら、三年前までは黄金宮殿の敷地だった庭園に入る。やがて、海のように広いといわれた人工池のところまで進むと、行列はネロの巨像が立つ黄金宮殿の門をめざして左に曲がる。おそらく凱旋式の行われたころ、人工池の水は排出され、コロッセウムの工事がはじまっていたものと思われる。したがってネロの巨像も、その頭部だけをとりかえてヘリオス像にかわっていた可能性がある。

左に折れた行列は、太古の昔から聖なる道とたたえられてきた聖道をたどってフォルム・ロマヌムに入る。六四年の大火のとき、バシリカ・アエミリアとバシリカ・ユリアは大きな被害を受けていないので、すでに以前の壮観をとり戻していたものと思われる。フォルム・ロマヌムからカピトリヌス丘のユピテル神殿へは急な坂道をのぼり、神殿の前で犠牲式をあげて戦勝の報告と感謝を捧げ、凱旋式は終わる。

アウグストゥスが紀元前二九年に行った三日にわたる凱旋式以降も、ティベリウスをはじめとする後継者たちは同様の凱旋式を挙げてきた。しかし、ウェスパシアヌスとティトゥスが指揮したユダヤ戦争は、ローマ帝国にとって久々の本格的で大規模な戦争であり、激しい戦闘のすえに獲得した勝利は凱旋式を挙行するだけの十分な意義をもっていた。ふたたび、帝国に平和をもたらした戦勝であり、元老院と市民もそのことを高く評価していた。その評価は、ユリウス・クラウディウス朝にかわって権力をにぎるフラウィウス朝への信頼につながり、評価と信頼を確認する祭典がこの凱旋式だったのである。

「パンとサーカス」の提供

一方、財政の建て直しは、伝統的な方法と新しい方法の両方を用いて推進された。伝統的方法とは、個人財産の没収という簡単、確実な皇帝たちの常套手段である。常套手段とはいえ、それまでの規模とはまったく違い、ユリウス・クラウディウス朝が約一世紀にわたって積み上げたすべてが対象だった。なかでも、エジプトの広大な一族の所領は、一括してウェスパシアヌスの所有するところとなり、皇帝財産を膨らませる大きな財源となった。それればかりでなく、ネロが反感をいとわずに掻き集めていた没収財産も、ウェスパシアヌスが自動的に継承した。皇帝財庫が、ほかのすべての財庫を凌駕するようになったのはこのときからである。

新しい方法とは、実務経験から生まれた効率的な徴税方法である。間接税を復活し、いくつかの税をあらたに設け、属州の貢税率を上げたため、エジプトではウェスパシアヌスを泥棒呼ばわりするほどであった。彼の伝統にとらわれることのない斬新な発想は、小便税（ウェクティガル・ウリナエ）とでも訳すべき間接税に如実にあらわれている。現代でいえば洗濯屋兼染め物屋に相当する縮絨《しゆくじゆう》業者は、公衆便所にたまる尿を毛織物の染色および洗濯に無料で活用していた。その尿に税を課したので、ウェスパシアヌスは、市民にとって絶好の嘲笑の的になった。ティトゥスが体裁を考えるよう意見をすると、ウェスパシアヌスは最初に徴収した税のなかから貨幣をとりだして「臭いかね」と尋ねたという。それほどまでして増収を心がけたのは、即位当時、少なくとも四〇億セステルティウスを集めなければならないと公言させるほど公金が不足していたからである。ウェスパシアヌスの努力によって財政は好転し、しかもティベリウスのように貯めこむだけではなかったので通貨不足を招くことはなかった。

人心が健全さをとり戻すためにもウェスパシアヌスはさまざまな手をうった。クラウディウスの先例にならい、戸口調査を七三年から七四年にかけて実施し、ネロの恣意的な推薦任命によって混乱していた元老院階級と騎士階級の資格を厳しく調査した。また裁判で公正を期すことに努め、密告をさげすみ、家父長権を尊重した。ローマ社会がかつてもっていた美風の再現という意味では、アウグストゥスやクラウディウスに共通する考えである。しかし、彼らと大きく異なるのは、人材登用に実力主義を貫いた点である。おそらく皇帝自身の出身階級に原因しているのであろう。そのことを自ら手本として示すために、ウィテリウスとの闘いで炎上したユピテル・カピトリヌス神殿の再建工事では、人夫にまじって石材を背負い急峻な坂道をのぼったという。神殿の再建者（レスティトゥトル・アエディウム・サクラルム）という称号を元老院から与えられたのは、自ら汗する市民皇帝だったからである。

ウェスパシアヌスが即位したころのローマは、六四年の大火から完全には復興しておらず、しかも六八年から六九年にかけての抗争で、さらに被害は大きくなっていた。そのため、建物が焼失し空き地となっているところは、土地の所有者が誰であれ、建物を再建した人間の土地とすることを定め、民間の投資意欲を高めた。また、ネロの放漫財政を緊縮財政に転換して財政の健全化につとめると同時に、新たな公共事業を治世の早い段階から実施して都の再建を進めた。つまり、財政上は収入と支出の均衡化であり、政治上は「飴と鞭」の政策だった。「飴」の目玉となったのは、コロッセウムの建設である。

それまでのローマで、剣闘士競技を行う恒常的な施設はタウルス円形闘技場しかなく、その観客収容能力はおそらく一万人程度であった。一〇〇万の人口にくらべてあまりにも小さな円形闘技場だったので、主要な剣闘士競技は、サエプタ・ユリアに仮設の観客席を設けて挙行するか、大競馬場を借用して行うしかなかった。大競馬場の広大な走路での剣闘士の闘いは、観客席によっては死角となったり遠すぎたりして、興味を半減させた。また、タウルス円形闘技場は、六四年の大火で炎上し、その跡地にネロが急遽つくらせた木造の円形闘技場にかわっていた。都に住む多くの市民を収容できる本格的な円形闘技場が必要だった。

ウェスパシアヌスが選んだ建設予定地は、ネロの人工池である。おそらくカンプス・マルティウスの一角も検討されたと推定されるが、テヴェレ川の沖積地で地盤がわるく、一方、ネロの人工池は地表から一〇メートル近く掘り下げてあり、すでに岩盤まで達していた。池の水を排出するだけで岩盤を確認でき、基礎工事のために大量の土を掘り出す必要もなかった。しかも、都の中心であるフォルム・ロマヌムから数百メートルしか離れていない便利な地点である。

以上の技術的理由と利便性のほかに、政治の上でも大きな効果を期待することができた。黄金宮殿が市民の反感の対象となったのは、広大な敷地と豪華な宮殿が、ネロというたった一人のためのものだったからである。ネロ専用の人工池を円形闘技場につくりかえることは、暴君の途方もない贅沢を、市民すべての楽しみの場にかえることだった。緊縮財政と徴税強化を実施しなければならない状況のなかで、市民の不満を解消することができるまたとない造営事業である。したがって、ウェスパシアヌスがローマに戻った七〇年に工事は着手されたものと推定される。

長軸一八七・七メートル、短軸一五五・六メートルの楕円形プランをもつこの円形闘技場は、約四万五〇〇〇人の観客を収容することができる。これほどの巨大施設であるにもかかわらず、七九年に奉献式が挙行されている。六〇歳で即位したウェスパシアヌスの高齢を考慮した繰りあげの式典であり、工事の完成を祝っての式典ではなかった。というのも、同年六月に皇帝は他界しており、奉献式を記念して行われるはずの競技がまったく言及されていないからである。それに対して、ティトゥスが翌年挙行した奉献式の場合、さ

4　コロッセウム（円形闘技場）

まざまな猛獣が五〇〇〇頭も殺され、剣闘士競技と模擬海戦が行われた。
　帝国最大の円形闘技場の完成は、「パンとサーカス」（パネム・エト・キルケンセス）の言葉によって適切に表現されている小麦の無料配給と催し物の提供という、皇帝の基本的政策（したがって責務でもある）の完成を意味していた。首都に住む市民の代表的特権であり、皇帝の市民対策の柱であるこの二つは、その代表的施設であるミヌキウス回廊（食糧配給所）とこの円形闘技場を構造的に類似させている。前に述べたとおり、ミヌキウス回廊には四五の配給窓口があり、それぞれの窓口に番号が記してあった。三〇万人を超える受給者をさばくためである。円形闘技場へ入る八〇のアーチのうち皇帝や剣闘士専用の入口をのぞく七六のアーチにも番号が付され、入場券（テッセラ）にその番号を記して混乱することなく入場できるよう工夫されていた。おそらく配給窓口の整理法を参考にしたのであり、皇帝にとって、小麦の配給と娯楽の提供に本質的な相違はなく、したがって共通する処理の仕方を思いついたのであろう。

ウェスパシアヌスとティトゥスが完成させたので、この円形闘技場は正式名称をフラウィウス円形闘技場といった。しかし、ローマの栄光を物語るこの巨大な遺構を、われわれはコロッセウムと呼んでいる。この通称名がいつから用いられるようになったのかはいまだに不明で、その理由も十分に解明されていない。ある者は、すぐそばにネロの巨像（コロッスス）があり、それと混同してコロッセウムと呼ばれるようになったという。また、ある者は、円形闘技場自体が巨大な建造物だからであるという。いずれにしても、その威容にふさわしい名称であることにかわりはない。

コロッセウムの建設と並行して、フォルム・ロマヌムの北側、バシリカ・アエミリアの裏側にウェスパシアヌスは、公共広場を建設した。アウグストゥス以来、歴代の皇帝を悩ませていたユダヤ人問題に一応の解決をもたらし、帝国に平和が実現したことを記念する広場で、そのなかに平和の神殿を設けたので、広場全体が平和の神殿と呼ばれた。アルギレトゥムの北東にあった市場（マケルム）を撤去したその敷地は、市場であったことを物語るほぼ正方形である。神殿にはイエルサレムからの金銀財宝がおさめられただけでなく、ネロが蒐集していた数多くのギリシア美術品が収納されたので美術館のようであり、建物もそれらの美術品に負けない美しさを誇った。そのため、ウェスパシアヌスに仕えていた博物学者プリニウスは、この広場を、バシリカ・アエミリア、アウグストゥス広場に並んでローマでもっとも美しい建物と記している。

一〇年という短い治世ではあったが、実務的な施策によって首都は秩序と活気をとり戻し、市民は「パンとサーカス」の生活を満喫した。そのような状況のなかにあっても、ウェスパシアヌスとティトゥスは、社会基盤のさらなる充実をおこたることはなかった。とくに教育制度の整備充実は、それまでのいずれの皇帝も手をつけていなかった分野であり、それゆえに特筆すべきことである。

教育制度の整備

ローマでは、子弟の教育すべてが親にまかされていたので、授業料を支払う能力のある家庭の子供だけが教師のもとに通うことができた。これらの教師は、読み書きを教える初等教師（リテラトル）、文法や初歩的修辞学を教える中等教師（グランマティクス）、それに修辞学を中心とし、法律も教授する高等教師（レトル）に分かれ、それぞれの指導内容や名声によって授業料も違っていた。ウェスパシアヌスは、中等教師と高等教師に免税の特権を与え、ギリシアの優秀な教師が首都に移住することを奨励した。この教師の特権は、のちに医者にも適用され、免税だけでなく徴兵と公役の免除にまで拡大された。また、教師たちの頂点に立つ大学者の身分を保障するために、皇帝財庫から給与が支払われる一種の講座を設けた。ギリシア語修辞学講座とラテン語修辞学講座の二つで、後者にはクインティリアヌスが就任した。小プリニウスやタキトゥスはその薫陶をうけた弟子であり、前者は多くの書簡によって当時の政治、社会、日常生活をわれわれに伝えており、後者は『年代記』をはじめとする歴史書で一世紀のローマ社会を証言している。

混乱からローマを立ち直らせ、安定した社会を回復するのに大きな貢献を果たしたウェスパシアヌスは、七九年六月、永眠し、アウグストゥス墓廟に埋葬された。その威信のゆえに、皇位継承には何の問題も起こらず、すでに皇帝の同僚として実績を積んでいた息子ティトゥスが即位した。ウェスパシアヌスが没した翌日の六月二四日である。

ティトゥスの二年間

皇帝に即位してからちょうどひと月が経った日、南イタリアのウェスウィウス山が噴火し、ポンペイやヘルクラネウムが埋没した。罹災地に赴いたティトゥスは、先頭にたって家をなくした人々に救助の手をさしむけ、災害復興委員会を組織して、要職の人間を就任させた。また、その翌年、都で大火が発生し、フォルム・ロマヌム、パラティヌス丘、カピトリヌス丘、カンプス・マルティウスの広い範囲が罹災すると、私財を提供して復旧を急がせた。ただし、八一年九月に病死するので、このとき被害を受けた多くの建物は弟ドミティアヌスによって修復された。

ティトゥスの治世は二年という短い期間でしかなかったが、その間に旺盛な造営事業を展開した。コロッセウムを完成させ、フォルム・ロマヌム西側のコンコルディア神殿脇に、神格化された父を祀るウェスパシアヌス神殿の工事を開始した。そこはフォルム・ロマヌムの広場に面した最後の空き地で、大きな建物をつくる余裕はこのウェスパシアヌス神殿によって完全になくなった。一方、広大な土地がある黄金宮殿の庭園には、ティトゥス浴場を建設し、スブラやカエリウス丘に住む市民にとって便利な、都で三番目の公共浴場を提供した。現在、ヴァティカン博物館に展示されているラオコーン像は、この浴場付近から出土したので、おそらくネロが所有していたものと推定されている。なぜなら、トロイアの神官ラオコーンの彫刻は、六四年の大火をイリウペルシスに見立てるほどトロイアに憧れていたネロにふさわしい主題の美術品だったからである。

黄金宮殿の庭園は市民に提供されたものの、宮殿自体は皇帝がなお使用していた。しかし、庭園を前提とした別荘風の開放的な造りだったので警備上問題があり、公式の宮殿に向いてはいなかった。やがては違う目的で使用しなければならない建物なので、ティトゥ

5　ティトゥス

スは、パラティヌス丘の宮殿を拡充することにした。ティベリウスとクラウディウスがつくった宮殿のさらに東側に、以前の二倍もの増築部分をつけ加えることにしたのである。おそらく、皇帝配下の行政組織がさらに膨張していたことが、増築の大きな理由だったのであろう。

2 ドミティアヌスの権力政治

ティトゥスが手がけた造営事業のほとんどは、八一年九月の突然の死によって、弟のドミティアヌスが工事を継続し、完成させた。三人の皇帝を輩出したフラウィウス朝は、造営事業に関しての一貫した方針を堅持し、先帝の逝去後も着工されていた工事が中断されたり放棄されることはまったくといってよいほどなかった。帝政という体制が確立し、それを支える皇帝官僚団が実務を掌握し、継続性が生まれたからである。しかし、フラウィウス朝最後の皇帝ドミティアヌスは、父であり兄である前の二人とは境遇を異にしていた。

ウェスパシアヌスとティトゥスは、ネロが破綻するまで、皇帝の地位につくことなど夢にも考えていなかった。前者の即位が六〇歳、後者の即位が四〇歳のときであるから、少なくとも人格形成期に登位を意識することはなかった。その意味で両者は、市民皇帝と称することができる。それに対してドミティアヌスの場合、父親が皇帝になったのは一八歳

6　ドミティアヌス

のときであり、子供のときから権力の中心で実際の政治を経験し、帝王学を授けられたはずである。ドミティアヌスの権威主義は、そのような環境のなかで成長したからであろう。彼が皇帝となってから公布される正式文書には「われらの主君にしてわれらの神は、以下のことがなされるよう命じたもう」という言葉で始まり、自分を君主（ドミヌス）と呼ばせた。皇帝という言葉がまさにふさわしい権力者像を、ドミティアヌス自身が頭に描いていたのであり、その意味で、ドミティアヌスは市民皇帝というよりも、王朝が生んだ皇帝だった。

二九歳で皇帝に即位したドミティアヌスの権力主義的傾向は誇大妄想へと発展し、やがて恐怖政治（とくに九三年から）による失脚という結末をもたらしたが、都市ローマの整備に関しては大きな貢献を果たした。彼の手になるさまざまな事業は、大まかに分類するなら、父ウェスパシアヌスと兄ティトゥスが開始した建設を完成させること、自らの権威を高めるための事業、都市整備事業のいずれかに属する。

フラウィウス家顕彰のための建築

最初のグループに属するものとしては、コロッセウムの最終的工事、ユピテル・カピトリヌス神殿再建、ウェスパシアヌス神殿などがある。コロッセウムの最終工事とは、観客席の最上層部分を完成させることだった。白い砂がまかれている闘技場（アレナ）を摺り鉢状にとり囲む観客席の最下段は皇帝や元老院議員たちの席であり、中段は騎士階級や有力市民が坐り、上段は一般市民の席だった。そのさらに上の最上段を、おもに女性たちの見物席としてつけ加えたのである。観客席全体は、暑い陽光をさえぎる天幕で覆われていたので、熱狂した観客の歓声は天幕によって場内にこもり、いっそう興奮を高めた。地上から五〇メートルを超す高さに天幕を張るために、ミセヌムの海軍総督府から派遣された熟練の水兵たちがローマに駐屯していた。また、おもにナポリ湾周辺に点在する剣闘士養成所で訓練をうけた剣闘士たちが、コロッセウムに出場するときの宿舎であり訓練所（ルドゥス・マグヌス）がコロッセウムの東隣に建設された。その中庭は、コロッセウムの闘技場と同じ楕円形をしており、剣闘士たちの最後の調整が行われた。この剣闘士訓練所は、猛獣を待機させる場所も備えており、地下道によってコロッセウムの奈落に通じていた。そのような施設と装置が完備されたことによって、観衆は、一日に何十組もの剣闘士競技と何百頭にものぼる猛獣の闘いを見物することができるようになった。

二番目のグループとしては、賢帝であった父と兄の後継者であることを明らかにするためのディウォルムやティトゥス凱旋門の建設、クイリナリス丘のゲンス・フラウィア神殿、フォルム・ロマヌムのドミティアヌス騎馬像、パラティヌス丘のほぼ全域を占めるほどに

7　ウェスパシアヌス神殿（復元図）

増築された宮殿（ドムス・アウグスタナ）、ローマ一四区のそれぞれに建立された記念門などがある。

カンプス・マルティウスのほぼ中心に建設されたディウォルムは、南北約二〇〇メートル、東西約五五メートルの敷地を列柱回廊がとり囲む広大な神域で、おそらくその敷地はウィラ・プブリカのあった場所と推定されている。紀元前五世紀以来、幾多の凱旋行進を出発させ、外国の使節団が宿泊し、戸口調査が行われた由緒ある公共建築がこのとき歴史の舞台から姿を消した。この神域のなかに、ウェスパシアヌスとティトゥスをそれぞれ祀る神殿が建立された。ティトゥスが着工しドミティアヌスが完成したフォルム・ロマヌムのウェスパシアヌス神殿も、完成時の奉献式ではウェスパシアヌスとティトゥス二人のための神殿として献ぜられているので、彼らはローマに二つの神殿をもつことになった。アウグストゥスでさえ一つの神殿しかもっていないので奇妙な感じをまぬがれないが、おそらく父と兄の神格化を徹底することによってドミティアヌス自身の権威を高めようとしたためであろう。

兄とは親密な関係になかったにもかかわらず、フォルム・ロマヌムに近いウェリアの丘にティトゥス凱旋門を建立したのは、神の弟であることを誇示するため以外のなにものでもなかった。「神なるティトゥスに元老院とローマ国民はこれを捧げる」という異常なほどに簡略でそっけない凱旋門の碑文は、ドミティアヌスの建立目的を端的に示している。

同様の目的で建設されたのがクイリナリス丘のゲンス・フラウィア神殿（フラウィウス家の神殿）である。皇帝になる以前、ウェスパシアヌスが住んでいた、そしてドミティアヌスが生まれた家のあった場所に建立された。現在のヴェンティ・セッテンブレ通りとクアットロ・フォンターネ通りが交差する地点であることは判明しているが、神殿の形式など細かな点は不明である。ただし、貴族出身でないフラウィウス家を特別な家系として顕彰するという建立目的は明白である。

フォルム・ロマヌムのドミティアヌス騎馬像もドミティアヌス自身がつくらせた記念物である。騎馬像の正面にカエサル神殿があり、後方にコンコルディア神殿が、左右にバシリカ・ユリアとバシリカ・アエミリアがあると当時の詩に書かれているので、広場のほぼ中央に位置していたことは確かである。また、同じ詩に、その大きさは塔や宮殿のように巨大で、前脚の一方がライン川の擬人像を踏みつけていると記されている。誇張されてはいるが、広場全体を睥睨するほどの堂々とした騎馬像だったのであろう。

斬新な都市計画

最後の都市整備事業としては、八〇年の火災で罹災した数多くの建物の修復と、ディウォルムをはじめとするカンプス・マルティウスにおけるいくつかの事業のほかに、ネルウァ広場の建設、クリア・ユリア付属のカルキディクムの改築（アトリウム・ミネルウァエ）、そしてトラヤヌス広場の着工がある。このなかでとくに重要なのは二つの公共広場の構想である。

この二つの公共広場は、完成時の皇帝の名前で呼ばれているが、建設を構想し着工したのはドミティアヌスであり、都市整備の観点から高く評価できる事業である。前者のネルウァ広場は、西側のカエサル広場とアウグストゥス広場、東側の平和の神殿に挟まれた南北に細長い場所に建設された。そこは、庶民の下町スブラとフォルム・ロマヌムを結ぶ街路アルギレトゥムが通っているところで、広場建設以前は、街路に沿って雑然とした商店が立ち並んでいたところと推定される。そのような地区を公共広場にかえることは、まさに区画整備であり、フォルム・ロマヌム北側の全域が公共広場で埋めつくされることになった。

このドミティアヌスが着工した広場には、彼が崇拝する女神ミネルウァ（ギリシアの女神アテナに相当する）の神殿が建立され、広場全体を堅牢な壁がとり囲んだ。現在、コロナッチェの名称で親しまれている遺構は、この壁の一部で、壁の前面に等間隔で置かれた円柱の二本とその上の浮彫りフリーズものこっている。浮彫りフリーズは、ミネルウァに関する神話があらわされ、現存する部分は、アラクネの物語と考えられている。女神ミネルウァよりも機織りがうまいと自慢したために、クモ（アラクネ）にかえられてしまった娘の物語である。区画整備という公共性をもち、ミネルウァ崇拝の場という皇帝の個人的動機をもっていた公共広場は、ドミティアヌスの死によってつぎの皇帝ネルウァが完成することになる。

トラヤヌス広場も、ドミティアヌスが構想した公共広場であるが、一部の用地取得で終わり、実際の工事はすべてトラヤヌスに負っているものと考えられている。ただし、旧市街地であるフォルム・ロマヌム周辺と新市街地のカンプス・マルティウスを公共広場の建設で結びつけようとした構想は、ローマの都市計画では画期的な斬新さをもっており、卓越した構想であったからこそトラヤヌスが継承し実現したのである。

これらの多様で膨大な数にのぼる建設事業を進めたために、父と兄が健全化した財政はふたたび破綻をきたし、ドミティアヌス時代の末期になると重税が課せられ、あらたな財源探しが行われるようになった。密告、謀略による財産没収は、恐怖政治をもたらし、人心はまたたく間に皇帝から離れていった。元老院と親衛隊だけでなく身辺警護にあたる者や召使からも見放された皇帝は、九六年九月、彼らの手によって斬殺された。享年四四であったという。

フラウィウス朝三皇帝の造営活動はアウグストゥスのそれに比肩するほどの規模であった。着実で実際的、機能的な整備事業によってネロが構想した新都市計画はフラウィウス朝の皇帝たちによってはじめて具体化されたといってもよい。しかも、アウグストゥス以来の伝統的建築様式である古典主義を克服して、より豊かで広大な内部空間を実現し、自由な装飾性をもつ建築様式を生みだしたのである。それらは黄金宮殿の八角形ホール、ネロ凱旋門の軀体から独立した円柱などのように、ネロの時代にすでに芽生えていた要素でもある。しかし、その本質を深く認識して大規模に採用し、ローマ建築に新たな可能性を与えたのはフラウィウス朝の建築である。

第五章　都市機能の充実

——五賢帝の時代——

ハドリアヌスはいたるところに数限りない建物を建設したが、彼は、その父トラヤヌスの神殿以外のいずれにも自分の名前を刻むことがなかった。

『ローマ皇帝伝』ハドリアヌス XIX. 9.

1 老皇帝ネルウァ

ドミティアヌスが殺された同じ日に、元老院は、同僚議員の長老格であるネルウァの皇帝即位を宣言した。暗殺という強行手段によっていながら、混乱もなく皇帝を指名できたのは、暗殺が計画されているときからつぎの皇帝となるべき人物が決定されていたからであり、その意味で、ネルウァも暗殺計画に荷担していたのである。

新しい皇帝の即位を宣言したこのときの元老院会議はひさしぶりによろこびと希望に満ちていた。専制的な暴君ドミティアヌスのもとで、元老院議員たちは、同僚ばかりでなく自分の奴隷や解放奴隷の密告につねにおびやかされていたからである。その危険からの解放感は、ドミティアヌスへの憎しみをいっそうつのらせ、彼を思い起こさせるすべてのものをこの世から消滅させる「記憶抹消の刑」が決議された。フォルム・ロマヌムの巨大な騎馬像や鍍金《ときん》青銅製の見事な肖像はただの地金に熔解され、建物の碑文に刻まれているドミティアヌスの名前は削りとられ、公式文書中の名前も徹底的に消された。彼によって追放されていた者は帰還を許され、逆に密告者は死刑に処せられた。新しい五賢帝時代の幕開けである。

ネルウァの即位は、三人の皇帝を出したフラウィウス朝の終焉と、ドミティアヌスによる恐怖政治からの訣別という政治的に大きな意味をもつ出来事であったが、元老院階級と騎士階級以外の一般市民にとっては皇帝が誰であろうと彼らの生活に大きな違いはなかった。彼らの関心は、「パンとサーカス」の生活をいかに保障してくれるかであり、したがって、政変に沸きたつ元老院の興奮をむしろ冷ややかに眺めていた。充実した都市生活を支える行政組織の整備が、都ローマのなかにおいてさえ市民の共同体意識を希薄なものにする皮肉な結果を生んでいたのである。

　近代の歴史家が「人類史上、もっとも幸福な時代」と称するネルウァ即位からの約一世紀間、つまり五賢帝時代は、都ローマに関してはまさにその言葉どおりの時代であった。しかし、ローマ帝国全体を視野に置くなら、むしろ緩やかな転換の時代ということができる。繁栄から衰退への転換である。それでもネルウァからマルクス・アウレリウスまでの五人の皇帝たちは、優れた政治によってその転換を遅らせることに貢献し、よりおだやかなものにしたという意味で五賢帝の名にふさわしい治世者である。

1　ネルウァ

　この五賢帝のなかでもっとも目立つことのない、在位期間も約一年半にすぎないネルウァは、出身母体である元老院との協調をはかり、公正で安定した政治状況を生みだすことに貢献した老練な政治家であり法律家であった。すでに六五歳前後（生年を三〇年一一月八日とするなら）の高齢の域に達していた地味な皇帝は、父方と母方の両方の家系を共和政期の内乱時代にまでさかのぼることのできる名門貴族であった。とくに母方の血筋はユリウス・クラウディウス朝につながり、そのためにネロの友人でもあったが、ウェスパシアヌスとドミティアヌスのとき執政官に選出されているので、元老院ではつねに一目置かれていた存在だったことがわかる。そのような人間が皇帝に即位できたのは、九三年以降のドミティアヌスがあまりに専制的な暴君だったからであり、ネルウァはその対極的な人物と考えられていたためである。事実、あれほど大々的な造営事業を推進したドミティアヌスとは対照的に、都市ローマの整備に関してネルウァが行ったことは、ドミティアヌスがほぼ完了していた公共広場（ネルウァ広場）の工事を完成したことと、穀物倉庫を増やしたことぐらいである。混乱した内政を回復することにすべての精力を費やしたのであるから当然の結果だった。

元老院は、ネルウァの努力によって実現された政治的安定を高く評価したが、軍団はこの年老いた皇帝をそれほどには評価していなかった。輝かしい戦功をあげたことのない、元老院一筋の経歴しかもたないネルウァは、軍団将兵には人気がなく、将兵を大切にしたドミティアヌスをなつかしがる者さえいたほどである。彼らは軍務に通じた人間（ホモ・ミリタリス）が皇帝につくことを期待し、九七年には不穏な空気さえ流れた。将兵たちの不満を抑えるためには、少なくとも彼らに人気のある人物を皇位継承者として指名する必要があり、白羽の矢をたてられたのが上ゲルマニア方面軍最高司令官のトラヤヌスである。

2 軍人皇帝トラヤヌス

ネルウァの指名した後継者

クラウディウスが皇帝だった五三年、ヒスパニアのイタリカに生まれたトラヤヌスは、ウェスパシアヌスの有能な部下で軍団司令官の父に従って帝国各地を転戦し、軍事に通暁していたばかりでなく、若くして元老院議員に叙せられていた。軍事上、政治上の要職をこなしたトラヤヌスは、ドミティアヌス時代の九一年、三八歳という若さで執政官に就任しており、その後も数々の輝かしい軍功をあげた。

皇帝に即位したネルウァは、軍団将兵の不満を和らげ、死後の混乱を避けるためトラヤヌスを後継者に指名しようと考えた。ネルウァにそのような考えを抱かせ、トラヤヌスこそ最適任者であると思わせたのは、おそらくトラヤヌスの忠実な部下であり友人だったリキニウス・スラである。

九七年一〇月二七日もしくは二八日、ユピテル・カピトリヌス神殿に詣でた皇帝は、ゲルマニアでの戦争勝利をユピテルに感謝したあと、神殿の正面階段から人々に向かって、トラヤヌスを養子とすることを宣言した。トラヤヌスを皇位継承者とする公式表明である。

それは、皇帝に不満を表明していた軍団将兵に対する譲歩の意思表明でもあったが、元老院も、トラヤヌスにカエサルの称号を贈る決議をすることによって積極的な賛意を表明した。そればかりでなく、護民官職権と軍最高指揮権も付与したので、トラヤヌスはネルウァに並びたつ権力を皇帝になる以前から保有することになった。ウェスパシアヌス時代のティトゥスと同じ地位である。そして、翌年一月一日からネルウァとともに執政官に就任したが、一カ月もたたない一月二七日、ネルウァは天寿をまっとうして永遠の眠りについた。遺体は荼毘《だび》に付され、アウグストゥス墓廟に埋葬された。

ネルウァが逝去したとき、ケルンにいたトラヤヌスは、ハドリアヌスによってもたらされたネルウァ逝去の報に接しても、すぐにローマに戻ろうとはしなかった。ゲルマン人との戦局が重大局面にあったためである。信頼のおける部下のスラとセルウィアヌスに当面の戦いを託し、ローマへ向けてゲルマニアをあとにしたのは九九年の春もしくは夏になってからである。

皇帝としてのローマ帰還ではあったが、軍団での質素な生活に慣れていたトラヤヌスは、にぎにぎしい虚飾によって自らの権威と体面を保とうとするような人間ではなかった。ローマに到着しても、馬や輿に乗ることはなく、カピトリヌス丘までの道を、元老院議員たちと抱擁を繰り返し、市民の歓声に応えながら徒歩で行進した。しかも、大勢の元老院議員たちが周囲をとりまいてともに歩いたので、皇帝の身辺警護をする護衛兵や先導吏さえ必要なかった。トラヤヌス以前の皇帝でこれほど率直に振る舞うことのできた者は一人もなく、元老院階級や騎士階級だけでなく一般市民からも大きな人気を集めていたことがうかがわれる。それはトラヤヌスの率直で飾りけのない人間性によることは確かであるが、軍隊という強固な基盤に基づく強大な権力にも原因していた。

戦場で鍛えた頑強な身体をもち、的確な判断を即座に下すだけの決断力をそなえたトラヤヌスは、帝国辺境で紛争が勃発していた当時のローマ社会にとって最適の皇帝だったが、軍事だけを得意としていたわけではない。若くして議員に選ばれていたので元老院対策にも長じており、皇帝官僚団の活用にも通暁していた。ネルウァの後継者指名が誤りでなかったことを、トラヤヌスは治世の当初からいかんなく証明した。

2 トラヤヌス

公僕フロンティヌス

即位してからの一年数カ月はゲルマニアに釘づけになっていたため、皇帝としてはじめて執政官に就任したのは一〇〇年一月一日だった。このとき、同僚執政官に選んだのがフロンティヌスである。ネルウァ亡きあとの元老院で最長老格のフロンティヌスは、ネルウァと同様名門貴族の出身であるばかりか、高潔有能な人物として同僚議員の尊敬を集めていた。その人選は、元老院と協調をはかり、元老院を重視するというトラヤヌスの具体的な政治表明だったのであり、事実、戦争などでローマをあとにしているとき以外、トラヤヌスはできるかぎり元老院会議に出席し、議員たちの意見に耳をかした。

フロンティヌスの執政官就任は、元老院対策としてだけでなく、皇帝官僚団を支える騎士階級にも好ましい刺激を与える効果をもっていた。というのも、彼は水道長官をつとめた、官僚団の頂点にたつ人物だったからである。ウェスパシアヌス時代の七〇年、都督をつとめ、その数年後に一回目の執政官に就任しており、九八年と一〇〇年にも同じ公職の最高位についている。正確な年代は不明だが、一回目の執政官をつとめたあと属州ブリタニアの総督として辣腕をふるい、七八年、ローマに戻っている。水道長官に任命されたのはネルウァが皇帝だった九七年で、執政官にあった九八年もその職を兼務した。そのような経歴をもつ人物がふたたび執政官に就任したのであるから、配下にあった官僚団の士気が高揚しないはずはなかった。

彼は水道長官としての職務をまっとうするために、当時機能していた九本の水道を調査して『ローマ水道論』を著している。そこには、それぞれの水道の建設者と建設年代、総延長と経路、総給水量と用途別の給水量、それに水道に関する管理法や法律が詳細に記述されており、ローマの水道についての基本的な、第一級資料としての価値がある。そればかりでなく、皇帝から任命されたことを誇りとして職務に精励し、使命感をもって行政にあたる清廉な公僕フロンティヌスの人間像が浮彫りにされている著作である。帝国の安定と皇帝の権力、それに大都市ローマの都市行政は、フロンティヌスのような官僚によって支えられていたのである。

そのフロンティヌスが建設中であることを示唆しているトラヤヌス水道は、彼が他界したあとの一〇七年に完成した。ローマの西約四〇キロのブラッチァーノ湖を水源地として、テヴェレ川右岸の地域に上水をもたらした。この地域は、カエサルがローマの市民に遺贈した庭園やアグリッピナの庭園など広大な緑地が広がると同時に、河岸に沿ってごみごみとした貧民街とさまざまな工場が立ち並ぶ産業地帯でもあった。そこに良質で水量豊かな上水を供給することは、産業基盤の強化であり、かつてアグリッパがウィルゴ水道によってカンプス・マルティウスの公共基盤を整備したのと同じ効果をもっていた。しかも、ウィルゴ水道建設にともなってつくられた遊水池の機能をもつ人工池（ドミティアヌスのとき競馬場になり、現在ナヴォナ広場になっている）と同じように、模擬海戦場（ナウマキア）としての広大な池がテヴェレ川右岸に建設された。この模擬海戦場はすでにドミティアヌスが完成していたものであるが、トラヤヌスは、テヴェレ川の渇水時にはトラヤヌス水道の水を流し込み、増水時には遊水池として利用できるよう拡張工事を行った。明らかにアグリッパの地域開発の方法を手本とした公共事業である。

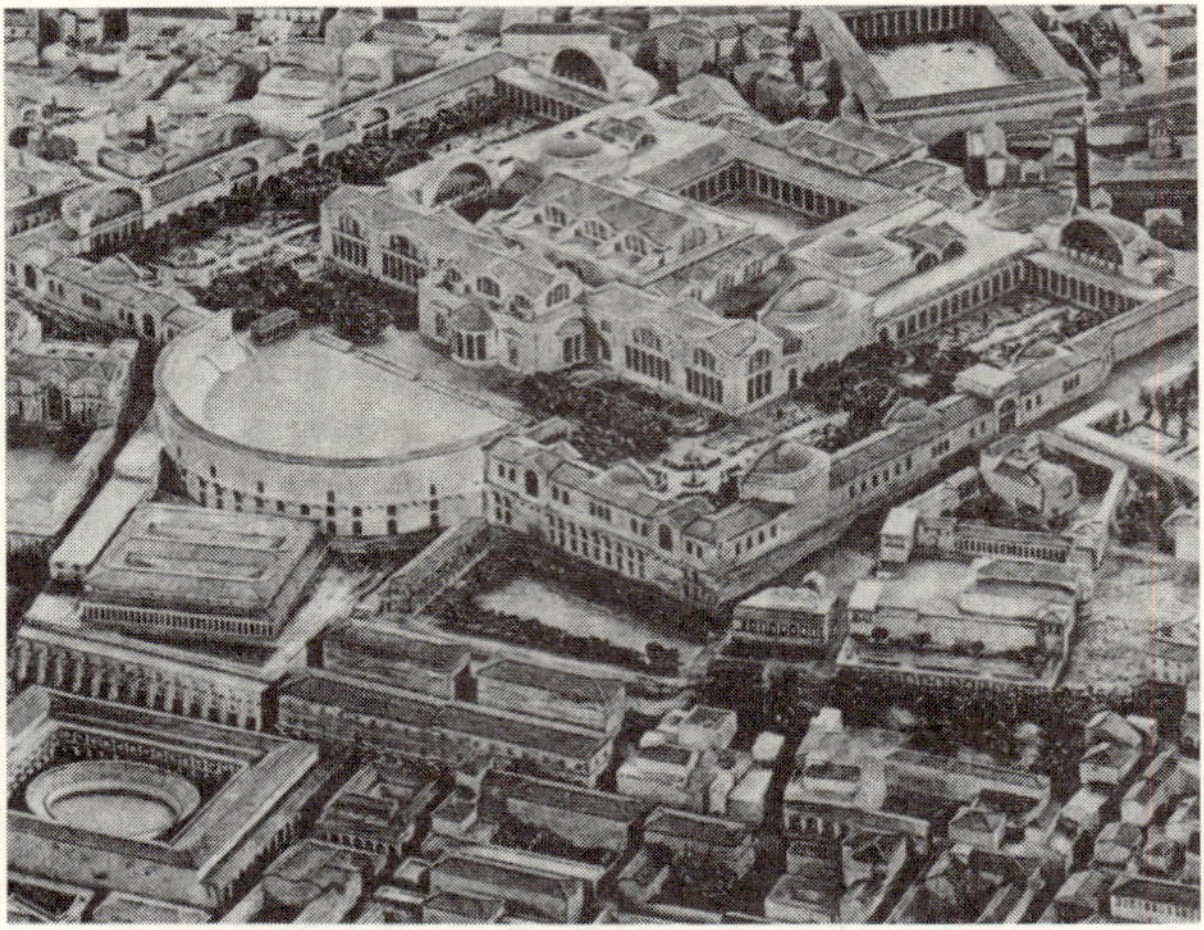

3　トラヤヌス浴場（模型）

トラヤヌス水道は、テヴェレ川右岸だけに給水したのではなく、対岸のオッピウス丘まで導水管をのばし、ティトゥス浴場の東隣に建設されたトラヤヌス浴場にも豊かな水をもたらした。アグリッパ浴場、ネロ浴場、ティトゥス浴場に次ぐ四番目の大規模なこの公共浴場は、トラヤヌスのお抱え建築家であるダマスクス出身のアポロドロスが設計した。構造設計の天才ともいえるこの建築家は、ネロの黄金宮殿の建物全体を人工基盤の基礎とすることによってオッピウス丘末端の傾斜地を平らなテラス状につくりかえ、その上に広大な浴場を建設した。宮殿として使用するにはあまりにも開放的な黄金宮殿の、大胆かつ有効な活用法であると同時に、ウェスパシアヌスがネロの人工池をコロッセウムにつくりかえたのと同じ政治的効果をもっていた。

隣接するティトゥス浴場の五倍近くの広さをもつトラヤヌス浴場は、幅二八〇メートル、奥行二一〇メートルもの広大な敷地を、周壁がとり囲み、そのなかに浴場の建物だけでなく、庭園、遊歩道、運動場（パラエストラ）、劇場などがあり、総合娯楽センターとしてのさまざまな施設を完備していた。浴場自体は、中央軸線上にプールのような冷浴室、中央ホール、微温浴室、熱浴室を並べる伝統的配置であり、その両側に脱衣室やマッサージ室、それに各種の浴室を左右対称に配し、男女それぞれの使用に供した。

一〇九年六月二二日に浴場の献堂式が盛大に挙行され、二日後の二四日、トラヤヌス水道の完成式も行われた。

浴場と水道が建設中だったとき、それらよりもさらに大規模な造営事業が並行して進められた。一つはトラヤヌス広場の建設であり、もう一つはオスティアの港の大工事である。前にも述べたように、トラヤヌス広場の建設は、ドミティアヌスが構想したもので、すでに部分的な用地買収が行われていたものと推定される。トラヤヌスは、このドミティアヌスの計画を継承しながら、構想自体を一新するはるかに大規模な公共広場として工事に着手した。

トラヤヌス広場の建設

トラヤヌス広場の建設目的は二つあった。一つは旧市街地の中心であるフォルム・ロマヌムと新市街地のカンプス・マルティウスを結びつけることであり、そのためにトラヤヌス広場の東端はカエサル広場とアウグストゥス広場に接し、西端はカンプス・マルティウスに接している。この計画自体は、カピトリヌス丘によって分断されている二つの地域をより有機的に結びつける、都市計画上きわめて優れた構想であったが、建設予定地はカピトリヌス丘とクイリナリス丘の斜面が南北から迫っている谷間のような狭い場所だった。そのような場所にゆったりとした広場をつくるには、斜面を削りとる大土木工事が必要だった。このため、クイリナリス丘の末端を削りとると同時に、その工事でより垂直に近くなった斜面の土留めが行われた。全体設計にあたったと推定される建築家アポロドロスは、この土留めのために数段の人工テラスを設け、そこに最新の設備をそなえた商店街を建設した。つまり、トラヤヌス広場の建設にともなって一大商業センターをつくることがもう一つの目的だったのである。曲がりくねった細い路地に雑然と軒を並べた商店しかなかった都に、整然とした商店街がはじめて出現したのである。

大がかりな土木工事によって整地された広場は、幅が一八五メートル、奥行が三一〇メートルもあり、カエサル広場やアウグストゥス広場の三倍近い広さをもっていた。単一の広場としてはあまりに広大なため、敷地のなかほどのところにバシリカ・ウルピアを設け、

4　バシリカ・ウルピア内部（トラヤヌス広場）

5　トラヤヌス広場と市場（後方上段）

6　トラヤヌス記念柱

本来の広場、バシリカ、トラヤヌス神殿の三つの部分で全体を構成する複合体として設計された。広場とバシリカの配置は、軍営（カストラ）内の広場と軍団本部の配置に似ており、軍営生活の長かったトラヤヌスの意向が反映していると推定される。

豪華なバシリカ・ウルピアの奥には、ラテン語本とギリシア語本をそれぞれに収納する二つの図書館が建設され、広場の北西端にはトラヤヌスの死後、彼を祀る神殿が建立された。帝国の繁栄と富の巨大さを、広大な規模と豪華な建物によって陳列した恒久の博覧会場のような広場であった。

しかも、二つの図書館に挟まれた中庭のような地点には、第一次（一〇一―一〇二年）と第二次（一〇五―一〇六年）のダキア戦争勝利を記念して、高さ約三〇メートルの記念柱が建立された。トラヤヌス記念柱と呼ばれるこの凱旋記念碑は、ダキア戦争の発端から終わりまでを浮彫りで克明にあらわしており、それを見る市民たちに戦記を読むような臨場感を与え、いまさらのように帝国と皇帝の強大さを伝えた。というのも、ダニューブ川流域を荒らしまわるダキア人とその王デケバロスの侵入に悩まされていたローマは、ドミティアヌスのとき屈辱的な講和条約を結んでいたからであり（実際には賢明な選択であったが）、その驕れる蛮族をトラヤヌスが成敗した、戦勝の記録であり記念だったからである。

盛大な広場の竣工式が行われたのは一一二年一月一日であり、記念柱が完成したのは一一三年五月一二日である。

港の建設

もう一つの大事業はオスティアの港の建設である。すでにクラウディウスがテヴェレ川河口の右岸に何百隻もの船が一度に停泊できる港を半世紀ほど前に完成していたが、六二年の嵐では二〇〇隻の船が沈没するような事故が起こり、万全な港湾施設とはいえなかった。トラヤヌスは、より安全な港を建設することによって都の食糧事情を安定したものにするため、クラウディウスの港の奥に六角形の港を建設し、その港とテヴェレ川を直接に結ぶ運河（フォッサ・トラヤニ）を掘削した。海が荒れているときでもこの港までは大波が押し寄せることはなく、船荷を積みかえた川船も運河を通って安全にテヴェレ川を遡航することができるようになった。

テヴェレ川を水上交通路として活用するためには、廃棄物のたまりやすい川底をつねに浚渫する必要があった。そのことは洪水防止にもつながることなので、ティベリウスの時

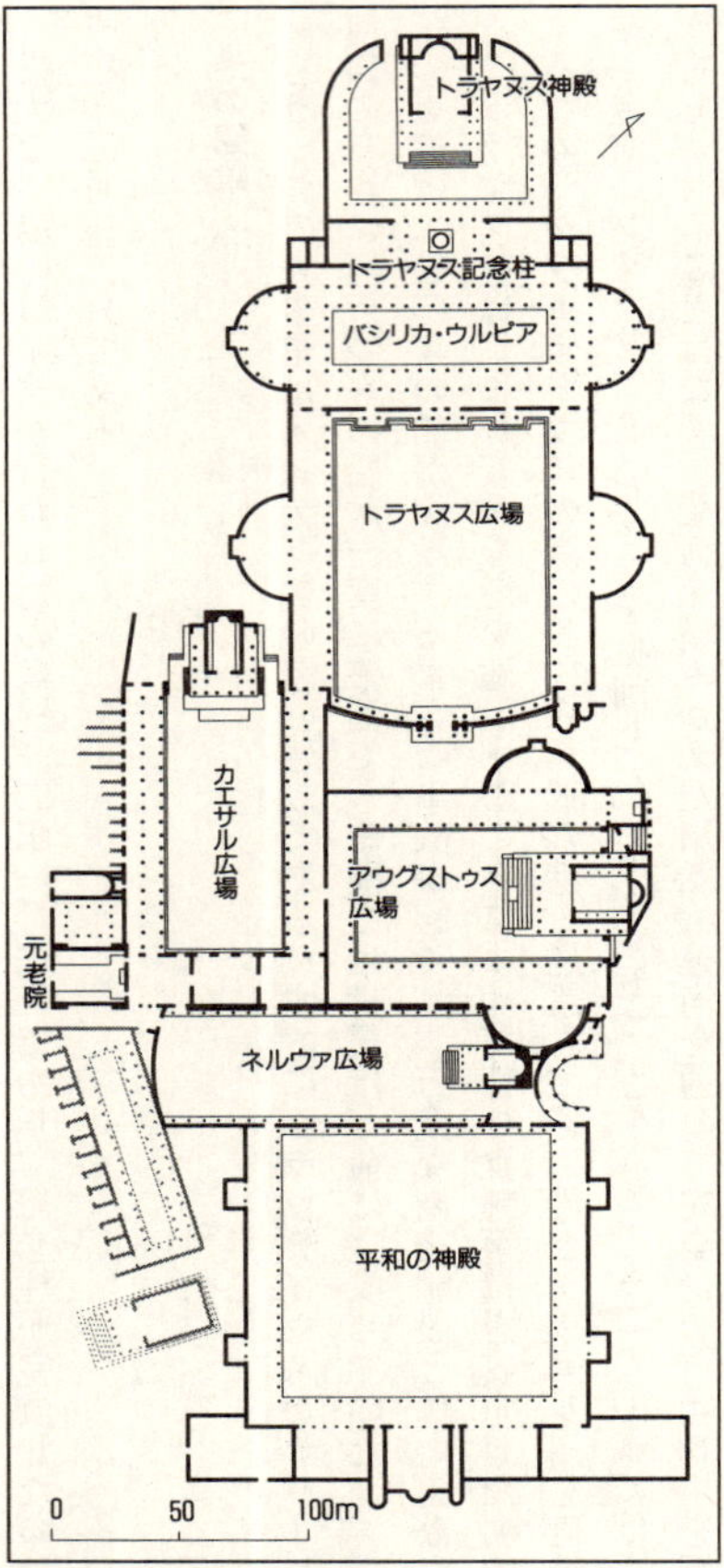
トラヤヌス神殿
トラヤヌス記念柱
バシリカ・ウルピア
トラヤヌス広場
カエサル広場
アウグストゥス広場
元老院
ネルウァ広場
平和の神殿
0
50
100m

7　皇帝広場

代にテヴェレ川管理事務所がすでに設置されていた。トラヤヌスはこの管理事務所の管轄範囲をテヴェレ川だけでなく下水道にまで広げ、一体化した管理事務を行えるように改組した。また、ネルウァの時代に始まっていた既存水道の補修改良工事をより大規模に展開した。アニオ・ノウス水道に関しては水源地をかえることによって水質を改善し、マルキア水道に関しては導水管をアウェンティヌス丘まで延長して、その地域に豊富な水を供給できるようにした。

一九年という比較的長い治世にもかかわらず、トラヤヌスが都で推進した造営事業の数は決して多くはない。多くはないが、トラヤヌス広場一つをとりあげても、小さな都市を建設するほどの費用を必要とする大事業であり、都市機能を向上させる重要な役割を担っていた。したがって、クラウディウスのように、必要肝腎な事業だけを推進し、アグリッパのように綿密周到な計画をもって実行したといえる。この計画には、戦略戦術にたけた軍人トラヤヌスの面目がいかんなく発揮されており、地図を前に軍事作戦を練るかのような具体性と効率性が認められる。食糧供給地としてオスティアの港を建設し、補給路としてのテヴェレ川を整備し、旧市街地とカンプス・マルティウスという二方面に分断されていた都を広場の建設によって連結している。ローマを地中海世界の中心基地としてとらえ、その構想のもとに的確な作戦行動を展開しているかのようであり、そのことは都を中心とする道路網の整備と社会政策にも如実に現れている。

都につながる道路網の整備は、広大な版図をもつ帝国の統治という観点からも、また、都を支える経済構造の強化という観点からも重要な事業であった。建設されてからすでに五〇〇年以上も経過しているアッピウス街道の改修工事は、ネルウァのときに開始されており、トラヤヌスは第四八里程標（ローマから約七五キロの地点）までの再舗装を一〇〇年までに完了し、その先の工事もさらに継続した。このアッピウス街道の中ほどに位置するベネヴェントから枝分かれして、バリを通りブリンディシに至るトラヤヌス街道が一一二年ごろに完成した。共和政期からすでに利用されていた道ではあるが、それを石畳で舗装し、駅停と里程標を設置して、街道管理事務所を設けたのはトラヤヌスであった。ギリシアのパトラスもしくはピレウスへ渡るのにもっとも便利な街道が整備されたのである。そのほか、イタリア北部を走るアエミリウス街道や、中部のサラリア街道、カッシウス街道を改修し、多くの橋をかけかえた。道路網の整備だけでなく、海上交通の要となる港の整備にもトラヤヌスは力を注ぎ、オスティアの港をはじめとして、チヴィタヴェッキアやアンコーナにも新しい港を建設した。

アリメンタ制

皇帝主導の活発な公共事業は都ローマとイタリアにおいてであり、それに対して、属州の公共事業は土地の名士によって繰り広げられた。この役割分担はアウグストゥス以来の伝統ではあったが、トラヤヌスはイタリアの活性化にとくに心を砕いた。というのも、帝国内における都とイタリアの優位性を確保することが、帝国安定の基礎と考えていたからであり、トラヤヌス以前の皇帝たちもさまざまな優遇策を講じていた。トラヤヌスが制定したアリメンタ制もそのような優遇策の一つである。貧しい自由民の子供たちを扶養するために基金を設け、そこからの貸付金の果実を彼らに供与する制度である。都では約五〇〇〇人の子供がこの恩恵に浴し、イタリアの地方都市でもかなりの子供たちがこの制度の対象となった。

アリメンタ制の主眼は、子育ての負担を軽減することによって貧しい自由民に出産を奨励し、イタリアの人口を増加させることにあった。と同時に、年率約五パーセントという比較的低利の資金を担保としての土地に貸し付けることによって耕作地の生産性を向上させる目的も含まれていたと推定される。児童福祉、人口増加、生産性の向上という多目的の社会政策であった。この政策がどれほどの効果をもたらしたかは十分に解明されていないが、イタリアの属州に対する経済的依存度が、わずかにせよ緩和されたことは確かである。しかし、イタリアの長期的低落傾向をかえるほどの効果がなかったこともまた確かである。

統治前半のダキア戦争勝利による莫大な戦利品は、戦費をまかなってもあまりある富をローマにもたらし、それによって多くの公共事業や社会政策が推進された。そのことが、東方のアルメニアとメソポタミアを属州化して、帝国の国境をティグリス川まで拡大する構想にトラヤヌスをとりつかせた一因とも考えられる。アウグストゥス以来、東方における紛争の火種であるアルメニアの王位継承問題を口実としてトラヤヌスは、一一四年、パルティア戦争を開始した。アルメニアとメソポタミア北部を占領後、さらに南下してパルティア人の都の一つクテシフォンを軍門に下したが、アンティオキアへ戻る途中、大軍をもって攻撃した堅牢な城塞都市ハトラを占領することはできなかった。

メソポタミアの完全な制圧が実現するまえに東方遠征を終結させたのは、新たに占領した地域でふたたび反乱が起こり、北アフリカのキュレナイカやキュプロス島でもユダヤ人の反乱が激化したからで、そのうえ皇帝自身の健康もすぐれなかったからである。

ハドリアヌスにシリア方面軍の指揮を託したトラヤヌスは、ローマへの帰途につき、キリキアのセリヌスで忽然と他界した。享年六三、一一七年八月の出来事である。

3　巨人皇帝ハドリアヌス

ギリシア文化愛好者

アンティオキアを去るにあたってトラヤヌスがハドリアヌスに託した新たな占領地の支

配という仕事は重大な意味をもっていた。パルティアとの戦争自体は勝利に終わったが、メディア地方に戦力を温存しているパルティア人がいつ反撃を再開するかわからなかったし、ようやく手に入れたアルメニアやメソポタミアが無に帰すおそれがあったからである。それほど重要な任務をハドリアヌスに託したのは、トラヤヌスが彼の軍事能力と統治能力を高く評価していたからにほかならない。そうであるにもかかわらず、トラヤヌスは皇位継承者としてハドリアヌスを指名することはなく、皇帝権限の一部を彼に譲ることもなかった。そのことが、ハドリアヌスの皇帝即位に関して大きな疑惑を生んだだけでなく、トラヤヌスの死因自体にも疑念を生んだ。

ハドリアヌスは、トラヤヌスと同じく、ヒスパニア南部のイタリカで、七六年一月二四日、生まれた。二人は同郷人であるばかりか、縁戚関係にあった。つまり、ハドリアヌスの父アフェルがトラヤヌスのいとこだったのである。幼くして両親を失ったハドリアヌスは、トラヤヌスのもとにひきとられ、ローマで教育を受けた。直接の後見人は、のちにトラヤヌスの親衛隊長となるアキリウス・アッティアヌスである。当時の習慣として、ギリシア人教師にギリシア語と修辞学を教授されたハドリアヌスは、ギリシア文化に傾倒し、「グラエクルス」（小さなギリシア

8　ハドリアヌス

人〉と呼ばれるほどであった。

九〇年ごろ、さらに文武の訓練を受けるため故郷に戻されたハドリアヌスは、友人たちと狩猟に明け暮れる生活を送ったため、ふたたびローマに呼び戻され、一兵卒として軍歴を開始することになる。彼自身の才能とトラヤヌスとの縁戚関係から、またたく間に頭角を現し、パンノニアやモエシアなど北方属州の軍団将校として活躍した。

トラヤヌスが皇帝に即位した年、二二歳だったハドリアヌスは、皇帝参謀団の一員に登用され、ダキア戦争においては軍団司令官にまで出世した。一〇八年、三二歳の若さで補欠執政官となり、数年後、アテネのアルコン（統治官）として同地に赴任する。子供のころからギリシア文化に熱中していたハドリアヌスは、アテネでの生活を通して、真のギリシア文化愛好者になった。

子供のいなかったトラヤヌスにとってハドリアヌスは息子のような存在であり、とくにトラヤヌスの妻プロティナはハドリアヌスを寵愛した。おそらく、各地を転戦する夫の留守宅を守るプロティナにとって、ハドリアヌスはもっとも身近な人間だったからであろう。彼女は、夫の姪の娘ウィビア・サビナを、夫の反対にもかかわらず、ハドリアヌスに嫁がせるほどであった。なぜトラヤヌスが反対したのかはわからないが、開放的で率直な性格のトラヤヌスは、ギリシア文化を愛好する内省的なハドリアヌスと肌が合わなかったためかもしれない。パルティア戦争の戦後処理という重大な任務を一任されながら、皇位継承者に公式指名されなかったのもそのことが原因していた可能性は十分にある。

トラヤヌス逝去の報は、八月一一日、アンティオキアのハドリアヌスのもとに届いた。配下の将兵たちはハドリアヌスを「インペラトル」としてたたえたので、この日が公式の皇帝即位日となった。一方、プロティナは、元老院に書簡を送り、トラヤヌスが死の床でハドリアヌスを養子とすることを宣言したと伝えた。トラヤヌスが自らの後継者を生前に指名したことを意味するが、書簡の署名はトラヤヌスではなくプロティナであった。しかも、真相を知る唯一の証人であるトラヤヌスの筆頭先導吏も、八月一〇日、なぜか急死を遂げていたので、元老院の疑惑はさらに深まった。しかし、プロティナと親衛隊長アキリウス・アッティアヌスの帰国、そして荘厳な葬儀のあいだにハドリアヌスの皇帝即位は既成事実と化していった。

トラヤヌスの葬儀に際して、思いもよらない問題が浮上した。前皇帝の遺骨を埋葬するにふさわしい墓所が見あたらないという問題である。アウグストゥス以来、歴代の皇帝たちはアウグストゥス墓廟に埋葬された。もちろん、カリグラ、ネロ、ドミティアヌスを除く皇帝たちで、ネルウァの埋葬を最後としてアウグストゥス墓廟には新しい遺骨を納めるだけのスペースがなくなっていた。プロティナをはじめとするトラヤヌスの遺族は、トラヤヌス記念柱の基壇内に黄金製の骨壺を安置する承認を元老院に求めた。ポメリウムのなかの、しかも都の中心部に墓所を設けることに対して抵抗もあったと推定されるが、偉大な皇帝トラヤヌスの記憶と元老院での人気が特例を認めさせることになった。

元老院は新しい皇帝の一刻も早い帰国を要請したが、ハドリアヌスは戦後処理といくつかの属州における不穏な動きを理由になかなか都へ戻ろうとはしなかった。ハドリアヌスがようやくローマに戻ったのは一一八年七月九日になってからである。皇帝として都で最初に手がけたことは、市民に賜金を贈ることと、即位にあたって疑義をとなえた四人の執政官経験者を処刑することであった。元老院はこの処置に対して賛同するしかなかったが、皇帝に対する不信感を厚いヴェールで覆い、しっかりと記憶にとどめた。

平和的手段による国家経営

ローマ市民の誰もがハドリアヌスはトラヤヌスの政治を継承するものと信じていた。北のブリタニアから南のエジプトまで、西のマウレタニアから東のティグリス川まで帝国版図をかつてない広さに拡大したトラヤヌスの、外敵には武力行使をも辞さない毅然とした対応と、内にあっては元老院との協調をはかる、アウグストゥス時代の元首政のような柔軟公正な政治である。後者に関して彼らの推測はほぼ的を射ていたが、前者に関しては期待を裏切られた。

青年時代、北方辺境に従軍し、アテネの統治官としてギリシアを熟知し、パルティア戦争のとき東方辺境を転戦したハドリアヌスは、帝国の実情をもっともよく理解していたローマ人であった。もはや帝国の威信を守るためだけに戦争を遂行する余力が帝国にないことを彼は痛感していた。トラヤヌスが多くの犠牲をはらって獲得したアルメニアとメソポタミアを手放すことにしたのも、軍団駐留に莫大な経費がかかるわりに、その見返りが望めなかったからである。この賢明な選択は、トラヤヌスに仕えていた筋金入りの帝国主義者たちの抵抗にあった。前に述べた執政官経験者四人の処刑は、彼らの抵抗を抑える目的も含んでいたのである。

ハドリアヌスが即位したころの都ローマは、約一四〇〇ヘクタールの広さをもち、一〇〇万の人口をかかえていた。数字だけを見るなら、アウグストゥス時代とそれほどかわってはいなかったが、一〇〇年を超える時間の経過はローマを大きく変貌させていた。さまざまな公共建築が歴代の皇帝によって建設され、成熟した都市に近づいていた。そのことは都市の発展の可能性という観点からは、硬直化が進んでいたことを意味する。同様に、市民の皇帝に対する依存度も高まっていたので、都を維持するための皇帝による支出が増大し、皇帝財庫の硬直化も進んでいた。このような状況のなかにあってハドリアヌスは、帝国全体の再構築に心血をそそぐと同時に、都の整備を皇帝の責務と考え、整備計画立案のため綿密な都市の調査を、信頼する解放奴隷のアエリウス・フレゴンに命じた。アウグストゥスがウァロを登用したのと同じ方法である。皇帝の要請に応えて記された『ローマの土地とその名称について』というフレゴンの著書は残念なことに現存しないが、地名の由来を歴史的に記述したものと推定され、アウグストゥスが制定した一四区それぞれの面積や人口、無料で小麦の供給を受ける市民の数など統計上の数字も記されていたと考えられる。

フレゴンの調査に基づいてハドリアヌスが計画した都市整備事業には、三つの主要な目的があった。その一つは、適切な公共事業を推進して皇帝の名声を高め、名声の高まりによって皇帝権威をさらに強固なものにすることである。トラヤヌスの前例からハドリアヌスはその相関関係を的確に把握していた。しかし、ドミティアヌスのように過度な造営事業を行うと、元老院の反感を買うだけでなく財政上の破綻をきたすことも認識していた。新しく獲得した領土の維持を、経済的見地から判断したように、都の整備に関しても、政治上、民生上の効果と財政上の負担を天秤にかけ、総合的判断を下す必要があった。帝国領土を拡大するという可能性がのこされている時代であれば、皇帝財庫が底をついても征服戦争によって補うことが可能だった。その伝統的な収入の道がもはや望めないほどに帝国は膨張していたので、帝国内の活性化をはかることによる需要拡大こそがもっとも重要な課題となっていた。ハドリアヌスの時代に至って、征服戦争という手段によらない、真の平和的手段による国家経営が必要となり、都の整備に関しても投資効果に配慮しなければならない段階に至っていた。

この目的実現のための具体的、効率的な方策は、アウグストゥスが樹立したユリウス・

クラウディウス朝とウェスパシアヌスによるフラウィウス朝に続く、三番目の王朝としての名声と権威を確立することである。そのために、前任者であるトラヤヌスとその妻プロティナだけでなく義母のマティディアたちの神殿を建立した。しかし、あまりに強引な方策を推し進めれば、元老院の反発を買う危険があり、それを避けるため、建造主としての自らの名前ではなく、「元老院令によって」建立した旨の碑文を掲げさせることにした。そのことは、ハドリアヌスからカリヌスまでの歴代皇帝の伝記を著した『ローマ皇帝伝』（スエトニウスの同名の著作とは別書）にも「（ハドリアヌスは）いたるところに数限りない建物を建設したが、彼は、その父トラヤヌスの神殿以外のいずれにも自分の名前を刻むことがなかった」（ハドリアヌス、第一九巻九）と記されている。自身の名前を誇示しなくとも、ハドリアヌスが計画し建設費を出していることは誰の目にも明らかだった。そのうえ、元老院を前面に立てることによって、議員たちの自尊心を満足させ、彼らとの協調をはかれるからである。造営事業を通じて元老院重視の政策を浸透させること、それが二番目の目的であった。

もう一つの目的は、都市機能の向上とそれにともなう都市生活の充実であり、この目的には二つの側面があった。街路や水道を建設する文字どおりの公共基盤整備と、それにともなう都市経済の活性化である。トラヤヌスも水道をはじめとする公共基盤の整備に力をそそぎ、幹線水道の建設などを推進したが、ハドリアヌスはより綿密な計画によって都のすみずみにまで給水できるように心がけた。つまり、点と点を結ぶ線的な整備から、地域全体を対象とする面的整備に発展させたので、最下層の市民たちも公共基盤充実の恩恵に浴することができるようになった。しかも、公共事業の推進にともなう雇用増大は、彼らの収入を安定させる効果ももっていた。

以上、三つの目的は、それぞれ複雑に有機的に結びついているため、ハドリアヌスの個々の造営事業をその目的に従って分類することは困難である。そのことこそが、つまり、いくつもの目的を個々の事業に重層的に課して、総合的な都市整備を行うことこそがハドリアヌスの真の目的だったのかもしれない。したがって、目的によってではなく、カンプス・マルティウスやフォルム・ロマヌムなどそれぞれの地域によって彼の造営事業を見ていくことにする。

政治表明の場としてのパンテオン

カンプス・マルティウスでハドリアヌスが手がけた数多くの造営事業のなかで、現在もほぼ完璧な状態を保っているのはパンテオンである。帝国滅亡後、すべての殉教者と聖母マリアを祀る教会堂（聖マリア・アド・マルティレス教会堂）に改修され、使用され続けたからである。キリスト教の教会堂に改修されたといっても、手を加えられた部分は少ししかなく、コロッセウムと並んで古代ローマの栄光を物語る代表的な建物と見なされている。

しかし、一九世紀末まで、このパンテオンは、ハドリアヌスではなくアグリッパが建設したものと信じられてきた。古代の著述家がパンテオンの創建者はアグリッパであると伝えているからであり、事実、パンテオンの正面には「ルキウスの息子マルクス・アグリッパが第三回執政官のとき建造」という碑文が刻まれているからである。その後の研究によって、われわれが目にすることのできるパンテオンは、ハドリアヌスによって建立されたのであり、アグリッパのつくったパンテオンは八〇年の火災で焼失したことが判明した。しかも、その後、ドミティアヌスが再建したパンテオンも一一〇年の落雷によって同じく焼失している。ハドリアヌスは、焼失したままになっていたパンテオンを再建するために、一一八年、工事に着手している。即位の翌年というきわめて早い着工年である。パンテオンの再建を、皇帝権威の確立に利用しようとした意図があったからこそ、即位間もない時点で着工に踏み切ったのである。

9　パンテオン

それまでのパンテオンは、両翼を左右に広げた形の神殿で、ティベリウスが再建したコンコルディア神殿に類似した神殿タイプだった。ただし、正面は南を向いており、その背面はカンプス・マルティウスの市街地のほぼ北端に位置していた。ハドリアヌスが再建したパンテオンは、それまでとはまったく異なる斬新なプランであり、正面もそれまでとは反対の北向きとなった。斬新なプランとは、内陣を直径四三・三メートル（外径は五七メートル）の円堂としたことで、その上に半球状のドームがのった。さまざまな色大理石を幾何学的にはめ込んだ床からドームの最高部まで同じく四三・三メートルあるため、内陣内部に直径四三・三メートルの円球がすっぽりと入ることになる。

この円堂形式の内陣の前に、八本の円柱とそれによって支えられた三角破風からなる正面部分がとりつけられた。正面八本の円柱の柱身は、エジプト産の御影石による一本石で、礎盤と柱頭だけがギリシアのペンテリゴン産大理石である。正面八本の円柱と円堂の内陣とのあいだには、さらに四本ずつの円柱が二列並び、閉鎖的な内陣に入る前の半開放的な空間が玄関部分として準備された。そして、円堂の青銅製大扉の両脇にその軀体から突き出した壁体を設け、そこに深い窪みをもつ壁龕《へきがん》がつくられた。この壁龕にはアウグストゥスとアグリッパの彫像がそれぞれ安置されたが、現在その痕跡すらのこっていない。同様に、三角破風の装飾も現在は失われているが、装飾をとりつけた釘穴の位置から、葉環のなかに鷲があらわされていたと推定される。葉環は、紀元前二七年、平和を実現したアウグストゥスに市民が感謝の気持ちをこめて贈ったコロナ・キウィカ（市民冠）を意味し、鷲はユピテルの聖鳥であるばかりか皇帝のシンボルでもあった。つまり、壁龕に置かれたアウグストゥスとアグリッパの彫像は帝政初期の善政を示唆し、アウグストゥスがことのほかよろこんだ市民冠の葉環のなかに鷲をあらわすことは、アウグストゥス政治を継承するハドリアヌス自身を意味したのである。したがって、パンテオンは、ハドリアヌスが行おうとする政治を明示する、政治表明の場であった。そのことをできるかぎり早く市民に知らせるために、着工を急いだのである。

パンテオンという名称はすべての神々を祀る神殿という意味で、内陣をとりまく壁の七カ所に設けられた壁龕には、天空を支配する神々の像が安置されていた。パンテオンは、これらの神々が支配する宇宙の雛型であり、巨大なドームの中心に開く直径九メートルの天窓（オクルス）からの陽光が、この小宇宙を照らし出した。ハドリアヌスは、これらの神々が見守るなかで、小宇宙の中心に座して、法律に基づく公正な裁判を行ったという。

パンテオンの前面にはさらに幅六〇メートル、奥行一〇〇メートルの列柱回廊をめぐらし、壮麗な神域としての整備が行われた。この前庭部からパンテオンを見たとき、円堂の内陣は、円柱と三角破風から構成される正面部分によって隠され、通常の神殿と同じような印象を与えた。というのも、当時の地面は、現在よりも約四メートル低いレヴェルにあり、正面をより高い位置に仰ぎ見なければならなかったからである。パンテオンが建立されてからルネッサンス時代に至るまでの間に四メートル近く地面が高くなったのは、テヴェレ川氾濫によって堆積した土砂のためである。ハドリアヌスの時代もこの地域はしばし

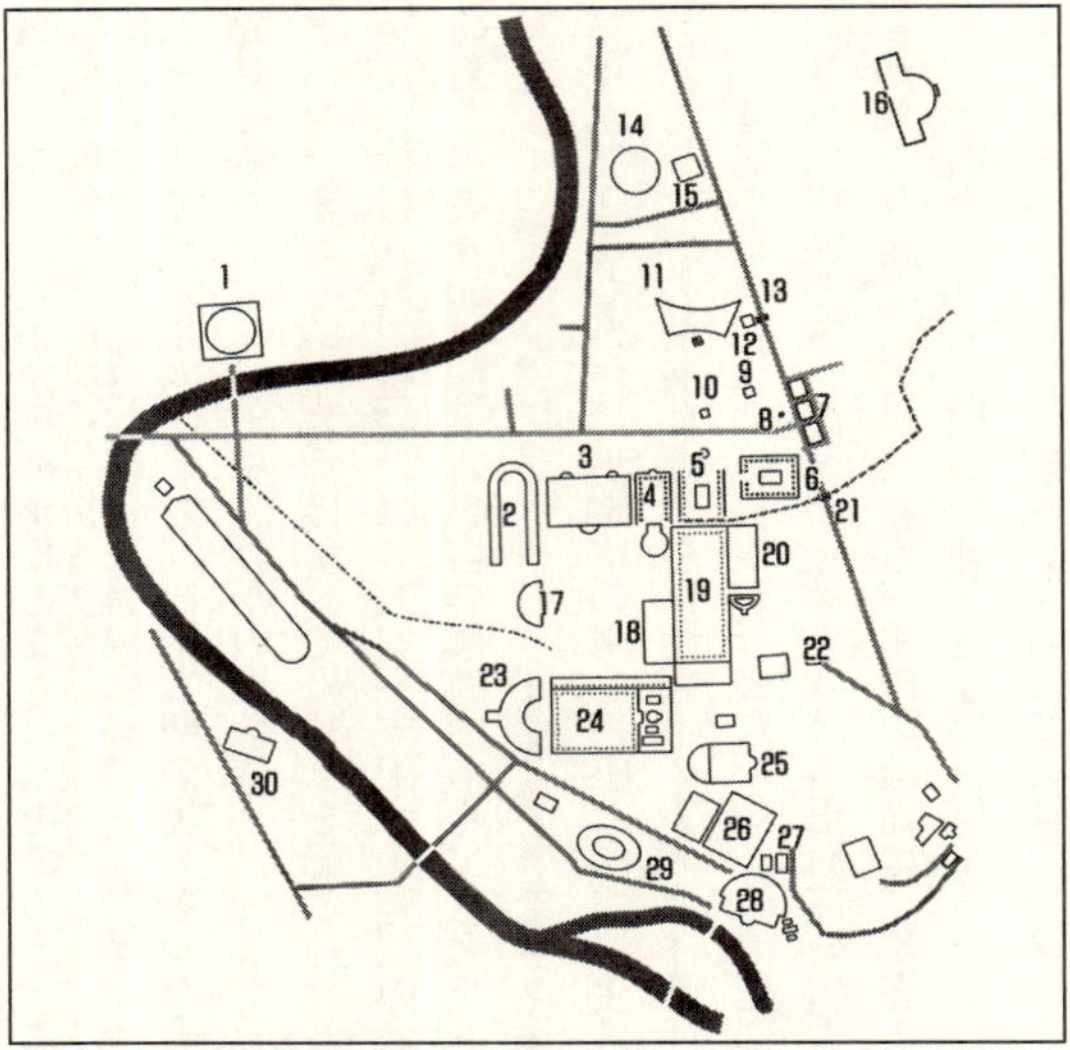

10　ハドリアヌス時代のカンプス・マルティウス
1. ハドリアヌス墓廟　2. ドミティアヌス競馬場　3. ネロ浴場　4. パンテオン　5. マティディア神殿　6. ハドリアヌス神殿　7. 集合住宅　8. マルクス・アウレリウス記念柱　9. マルクス・アウレリウス火葬場　10. アントニヌス・ピウス火葬場　11. アウグストゥスの日時計　12. 平和の祭壇　13.「ポルトガッロ記念門」　14. アウグストゥス墓廟　15. アウグストゥス火葬場　16. ルクルス荘　17. オデウム　18. アグリッパ浴場　19. サエプタ　20. イシス神殿とセラピス神殿　21. クラウディウス凱旋門　22. ディウォルム　23. ポンペイウス劇場　24. ポンペイウス回廊　25. バルブス劇場　26. オクタウィア回廊　27. アポロ・ソシアヌス神殿　28. マルケルス劇場　29. タウルス円形闘技場　30. アグリッパ荘

ば冠水に悩まされた。とくに、アウグストゥスの日時計や平和の祭壇のあるカンプス・マルティウス北部はパンテオン周辺にくらべてさらに低地だったので、その被害はより深刻だった。ハドリアヌスが盛土をしてパンテオンとその北に広がる地域一帯のかさ上げを行ったのは、洪水の被害を最小限にくい止めるためである。

パンテオン周辺がどの程度かさ上げされたのかを明らかにする考古資料がないため推測によるしかないが、おそらく一メートル前後の盛土が行われただけと考えられる。一方、北側の、アウグストゥスの日時計がある地域は、発掘によって具体的数字が明らかにされている。日時計の指時針だったオベリスクの影を映すための広大な広場から出土した二つの石碑によってである。

この石碑はいずれもポメリウムの境界石で、同じ地点から出土した。一つは一二一年、つまりハドリアヌス時代に設置されたもので、現在の地表面から四・一五メートル下の、当時の地面に下半分を埋め込んで建立されており、もう一つのフラウィウス朝時代に属する石碑は、それよりもさらに三メートル下のレヴェルで発見された。いずれもポメリウム第一五八番目の境界石であることが記されていることから、ハドリアヌスが約三メートルの盛土をしたあと、同一地点に新たに境界石を設置したことは明らかである。では、アウグストゥスがつくった日時計はそのときどうなったのであろうか。おそらく、盛土をして整地された広場に以前とほぼ同じ日時計がつくり直されたと思われる。というのも、すで

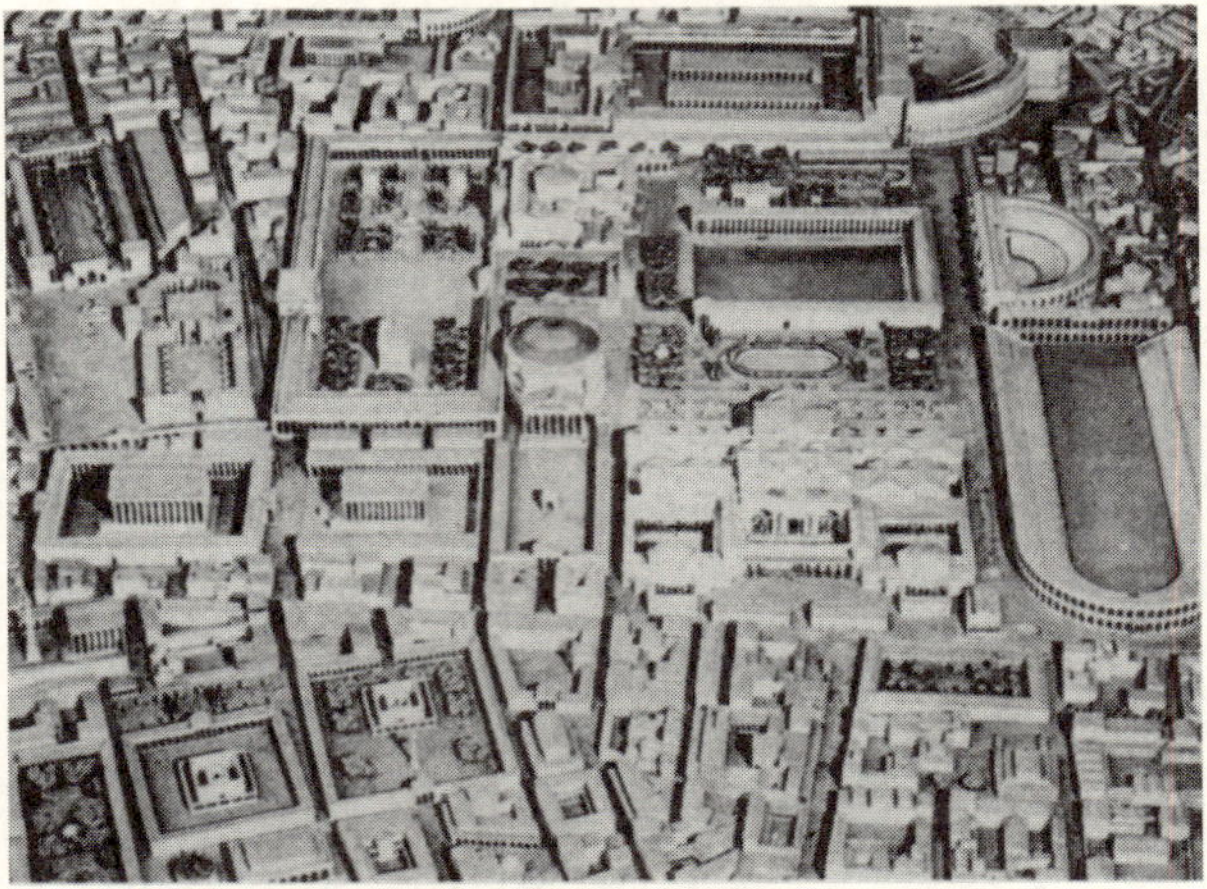

11　カンプス・マルティウス（模型）

にフラウィウス朝時代、アウグストゥスの日時計が正確さを欠くようになっていたことをプリニウスが指摘しているからである。地震によって指時針であるオベリスクが動いてしまったためと推定されている。ハドリアヌスが日時計をつくりかえることは、日時計にかつての正確さを与えるだけでなく、アウグストゥスの後継者であることを印象づけることのできる格好の事業であった。

日時計のある広場一帯の地面がアウグストゥス時代より少なくとも三メートル高くなったため、広場の東端に位置する平和の祭壇は、窪地のなかにあるかのような状態になった。このため祭壇周壁から約三メートルの距離をおいて牆壁《しょうへき》がめぐらされ、正面（西）開口部へは階段を下りて行くことになった。以上の整備事業によって、カンプス・マルティウス北部は、ふたたびアウグストゥス時代の壮麗さをとり戻した。しかも、パンテオンの正面が、この地域の北端にそびえるアウグストゥス墓廟に正対することによって両者の結びつきが明らかになり、ハドリアヌスが意図するアウグストゥスとの絆を、視覚的にとらえることができるようになった。

パンテオンの回廊北側を東西に走るレクタ通り（古代の名称は不明）が、ラタ通りに突き当たる地点の東側に、ハドリアヌスは広大な集合住宅（インスラ）を少なくとも三棟建設している。政治的プロパガンダとしての性格が濃厚なこの地域の整備事業にもかかわらず、住宅建設によって、庶民の生活向上にもハドリアヌスは十分な配慮を加えている。

レクタ通りの南側は、ユリウス・クラウディウス朝だけでなくフラウィウス朝の栄光を物語る建造物が数多く点在していた。その点では、フォルム・ロマヌムに共通する性格をもつ地域だった。ポンペイウス劇場とサエプタ・ユリアは共和政末期の独裁者たちを想起させ、焼失したパンテオン、アグリッパ浴場、ミヌキア回廊、ネロ浴場はユリウス・クラウディウス朝をしのばせ、ディウォルムのウェスパシアヌス神殿とティトゥス神殿、スタディウム、イシス神殿とセラピス神殿、それにオデウムはフラウィウス朝の権威を誇示するための建物だった。帝政期三番目の王朝であることを印象づけるためには、この地域にハドリアヌスの存在を示す建造物を建設する必要がある。その目的をになった中心的な建物がパンテオンであり、東隣のマティディア神殿とバシリカ・マルキアナも同様の目的をもっていた。

マティディアは、ハドリアヌスの妻サビナの母であり、マルキアナはトラヤヌスの姉である。マティディアに神殿を奉献するためには、元老院が彼女の神格化を承認する必要があった。神殿建立の実質的な推進者はハドリアヌスだったが、神格化を審議承認し、神殿正面の碑文に造営主としての名前を記されるのは元老院であった。元老院を前面にたてた寛容な皇帝ハドリアヌスの思慮である。

マティディア神殿南側にはサエプタ・ユリアがあった。アグリッパの葬儀の際、盛大な剣闘士競技が行われたほど広大なその中庭には東方からの贅沢品を売る商店が軒を並べ、回廊にはギリシア絵画の傑作が展示されていたので、散策や恋を語るにはもってこいの場所だった。貴族や金持ちの市民に人気の高いサエプタにいっそう豪華な装いを与えるため、ハドリアヌスは東側回廊の中央に壮麗な門をつけ加えた。サエプタの中庭と東隣のイシス神殿を結び、しかも南北に走る回廊の邪魔とならないように四面門として建設された。この巨大な門の高さは、ティトゥス凱旋門のアーチの三倍近くあり、当時の都では最大のアーチ門だった。

サエプタの東側に四面門を建設したのは、ラタ通りとの往来を便利にするだけでなく、そのラタ通りを南へ下がると行き当たるトラヤヌス広場との連絡を緊密にするためである。

つまり、カンプス・マルティウスの中心部とトラヤヌス広場とをより密接につなぐための道路網整備の一環としてサエプタ・ユリアの四面門は建設されたのである。

社会の変質と新しい美意識

トラヤヌス広場は、トラヤヌスの存命中にほぼ完成していた。つまり、広場自体とそれをとりまく列柱廊、広大なバシリカ・ウルピアと二つの図書館、それに二つの図書館に挟まれた中庭に建立されたトラヤヌス記念柱である。ハドリアヌスはこの記念柱の北側にトラヤヌス神殿を建立し、その妻プロティナをともに祀ることにした。その神殿を囲む広々とした神域が、トラヤヌス存命中に計画されていたのかどうかは明らかにされていない。しかし、トラヤヌス広場の計画段階から、その敷地が、何らかの建造物を建立するために確保されていた可能性は十分にある。というのも、カンプス・マルティウスとフォルム・ロマヌム周辺を結びつけることが広場建設の主要な目的の一つであり、そのためには記念柱の北側を整備する必要があったからである。しかし、記念柱が完成した一一三年からトラヤヌス神殿が着工される一一八年ごろまで、そこがどのような状態だったのかを伝える資料は何ものこっていない。

トラヤヌス神殿はパンテオンと同じく、ハドリアヌスがローマに戻った直後の一一八年ごろに工事が始まり、一二八年以前に完成した。神殿の工事が始まった当初はトラヤヌスだけに献堂される予定であったが、プロティナが他界したので彼女をともに祀る神殿に変更された。神域から出土した碑文に「元老院令によって、神なるトラヤヌス・パルティクスとプロティナに、神なるトラヤヌス・パルティクスの息子にして神なるネルウァの孫、大神祇官にして護民官職のインペラトル・カエサル・トラヤヌス・ハドリアヌス・アウグストゥスが第三回執政官のとき彼の両親に（これを献じた）」と記されているからである。プロティナの大きな愛情に応えるためである。

神殿は正面に八本の円柱をもつ周柱式で、背面は神域をとり囲む外壁に接しているので列柱はなかった。カエサル広場のウェヌス・ゲネトリクス神殿やアウグストゥス広場のマルス・ウルトル神殿と同じ配置であり、神殿形式も共通する。ただし、正面の円柱に用いられた柱頭は高さが二メートル以上もあるので、円柱全体の高さは一五メートル近く（五〇ペス）あったと推定され、マルス神殿よりもはるかに大きな建物だった。

トラヤヌスとプロティナ神殿はその大きさだけでなく、さまざまな大理石や御影石の色彩によって絢爛豪華な壮麗さを誇った。建物に色石を用いてより豪華な装いを与えることは、アウグストゥス広場の列柱廊など帝政初期の建築にいくつかの例を見いだすことができる。しかし、アウグストゥス広場の中央に屹立するマルス・ウルトル神殿は白大理石だけで建立されており、白亜の神殿を浮かび上がらせるために多彩色の列柱廊がそのまわりをとり囲んでいた。建築に色石を用いるのはあくまでも補助的な範囲に限られていたのである。ハドリアヌス時代に入ると、そのような補助的使用ではなく、神殿自体にも色石が使われるようになる。パンテオンの正面円柱や内陣の装飾がその典型であり、おそらくトラヤヌスとプロティナ神殿も色石を多用していたと推定される。

アウグストゥス時代の大規模建築の多くは、ギリシア人建築家の手によるもので、ヘレニズム建築の端正優美な伝統が色濃く反映した造りであった。地中海世界に広く普及していたその古典的な建築様式は、地中海世界に君臨するローマ帝国の都を飾るのにもっともふさわしく、アウグストゥスの後継者たちもその様式を継承した。アウグストゥス様式ともいえるこの端正な建築様式に変化が現れるのはクラウディウスのときからである。輝くように磨き上げられた積み石の表面が、意図的に鑿《のみ》の跡をのこしたままの「田舎風（ルスティコ）」となり、優美さよりも堅牢さを求める傾向が生まれる。それまでの建築伝統から抜け出そうとする試みの端緒であり、ネロの時代になるとさらに顕著になる。浴場など実用的な世俗建築でしか使用されていなかったドームが宮殿建築にも使用されるようになり、軀体から突き出したエンタブラチュアを独立した円柱が支える奔放ともいえる建築様式が流行する。この新しい様式は、フラウィウス朝時代、さらに発展し、パラティヌス丘の宮殿やネルウァ広場などにその代表例を見ることができる。ローマ建築は、この段階に至ってようやくヘレニズム建築の軛から解放され、独自の建築様式を確立するのである。

トラヤヌス時代の建築は、フラウィウス朝時代の新しい建築様式の可能性をさらに追求している。とくにアポロドロスのような優れた建築家の活躍によって、構造上の問題を克服した斬新なプランをもつ建物が建設可能となった。パンテオンは、トラヤヌス時代の建築を基盤としているのであり、その構造に関する工夫は現代の建築家を驚かせるほどである。しかし、それよりもわれわれの目をひきつけるのは、さまざまな色大理石を広範に使用している点である。帝国各地から運ばれてくる大理石をはじめとする各種の石材は、帝国の広大さと多様性を雄弁に物語り、アウグストゥス時代の端正さを尊重する好みとは明らかに異なる美意識から出発している。

このような美意識が成立する背景には、ハドリアヌスの新しい帝国統治政策に顕著な、ローマ社会の変質があったからと推定される。ハドリアヌス以前の属州および属州都市は、唯一の主役である都ローマをひきたたせるいわば舞台背景のようなもので、主役をいかに盛りたて大きくするか（繁栄させるか）という観点から歴代皇帝は帝国を支配してきた。属州出身のトラヤヌスでさえこの伝統的政策の枠から出ることはなかった。それに対してハドリアヌスは、舞台背景のなかから属州都市を舞台で活躍する脇役に抜擢し、主役とからみあう脇役のうごきによって主役自体を盛りたてようとした。すでに主役だけの独り芝居は不可能になっていたからである。

一二年間にわたる属州旅行

ハドリアヌスの統治政策が、帝国と皇帝の権威を確立したトラヤヌスの遺産を前提としていたことはいうまでもないが、都の繁栄維持と帝国全体の安定が不可分な関係にあることを認識し、その認識を政治に反映させたのはハドリアヌスが最初の皇帝である。事実、ハドリアヌスは一二一年から一二六年にかけてと、一二八年から一三四年にかけての二回、属州歴訪の旅に出かけている。治世二一年間のうち一二年間をこの旅行に費やしたことになる。

最初の旅行で訪れた主な地方は、ガリア、ゲルマニア、ブリタニア、ヒスパニア、マウレタニア、キュレナイカ、小アジアである。ブリタニア北部では一一八キロにもおよぶ長城を建設して辺境を固め、ガリアのニームに滞在中、プロティナの凶報に接して彼女の神殿を建設している。また、ハドリアヌスがこよなく愛した狩猟用の愛馬ボリュステネスがアプトで死んだときは、自作の詩を墓石に彫らせてその死を悼んだという。二回目の旅行は、ギリシア、小アジア、シリア、アラビア、パレスティナ、エジプトが中心で、おそらく一三四年のエジプト滞在中（一三〇年ごろとする説もある）、寵愛していたアンティノオスをナイル川で失い、その死を記念して河畔にアンティノオポリスという名の都市を建設した。

二回の旅行の主な目的は、都市化の推進と既存都市の活性化、食糧の増産、軍団視察と辺境の防衛力整備、それに法のもとにおける公正な社会の実現であった。帝国全体の整備と安定なくして都ローマの繁栄があり得ないことを深く認識していたからこそ、通算一二年にもおよぶ大旅行を行ったのである。おそらく、戦争を目的としないでこれほどの大旅行を長期にわたって行った支配者は、ハドリアヌス以外にいないだろう。この旅行が顕著に物語っている内政重視の政策を必要とするほどに、帝国は守りの態勢に入っていたのであり、首都とそれ以外の帝国領土という単純な図式ではとらえることができなくなっていた。ハドリアヌスの努力はある程度成功したようで、以前よりも活発な商業活動が各地で繰り広げられただけでなく、都にもさまざまな物資がもたらされるようになった。そのような社会状況のもとに多くの色大理石がローマに運ばれ、美意識にも影響を与えたのである。

建築家ハドリアヌス

ハドリアヌスはトラヤヌスに仕えていた時代から建築に関心をもっていた。そのことをディオ・カシウスはつぎのように伝えている。

「トラヤヌスが建物のある点についてアポロドロスの意見をきいているとき、横から口を出したハドリアヌスに「向こうへ行って南瓜の絵でも描いていろ。君にわかるようなことではない」とアポロドロスはいった。……。皇帝になってもハドリアヌスはこの些細なことを覚えていたので、アポロドロスが勝手に話すのを許そうとはしなかった。アポロドロスの手助けがなくとも大建築の造営ができることを彼に思い知らせてやろうと、ハドリアヌスは、ウェヌスとローマ神殿の設計図をとどけさせ、計画している建物が十全かどうかをたずねた。アポロドロスは、まず神殿に関しては、高台に地下を設けてたてるべきであって、そうすれば、聖道からいっそう目立つようになるし、その基壇のなかに（コロッセウムで使用する）装置を収納することができ、さらに見えない状態で両者を連絡して誰からもさとられることなく装置をコロッセウムに運びこめるはずである、とこたえた。ついで神像に関しては、内陣の高さに対して神像の背丈が高すぎ、「もし女神たちが立ち上がって、（神殿から）出ていこうとしても、彼女たちはそうすることができないでしょう」といった」（第六九巻四）

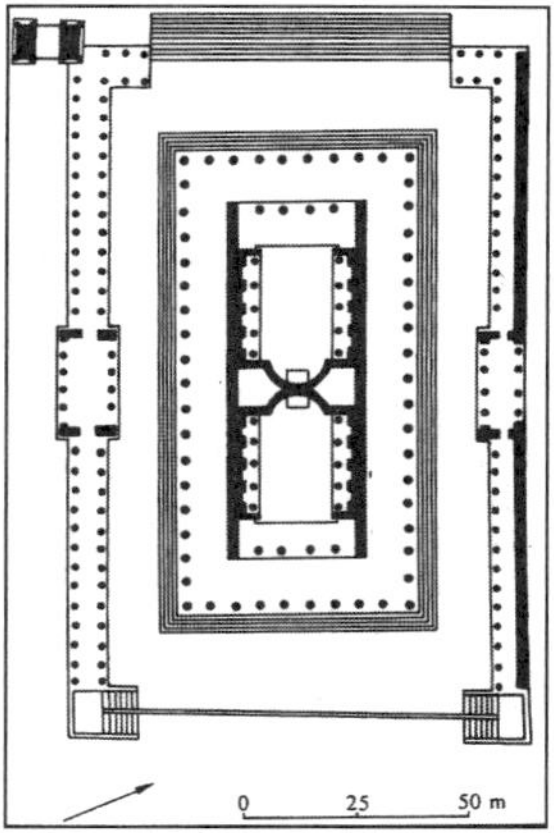
12　ウェヌスとローマ神殿平面図

ハドリアヌスが、パンテオンの設計者であるのかどうかを資料によって確かめることはできないが、コロッセウムの西側に建立されたウェヌスとローマ神殿は皇帝自身の設計によることが右の引用文からうかがえる。

アポロドロスの指摘によって設計に変更の手が加えられたかどうかは不明であるが、

13　ハドリアヌス墓廟

彼が提案したように、南脇を通る聖道を見下ろすかのような高い基壇が建設された（基壇の内部に地下室も設けられたが、それはハドリアヌス時代よりもあとの工事によると思われる）。そこはネロの黄金宮の正面入口（ウェスティブルム）があったところで、ネロの巨像（すでにヘリオス像として改修されていた）が建っていたところでもある。ハドリアヌスはこの巨像をコロッセウム寄りに移し、東西一四五メートル、南北一〇〇メートルの神域としての基壇を建造し、基壇よりも一回り小さな平面の神殿をその上に建立した。それでもローマ最大の、しかももっとも豪華な神殿であることにかわりはなかった。

神域の南側と北側には列柱が並び、神殿自体は周柱式だったため、内陣を列柱が二重にとりまいているかのような印象を与えた。その内陣にウェヌスとローマ二人の女神を祀らなければならないので内陣を中央で東西二つに壁で分割し、神像を背中あわせに安置した。

この神殿の建立目的は、都ローマそのものを顕彰することであった。ウェヌスはローマ人の祖神としてのウェヌス・フェリクスであり、女神ローマは首都そのものを意味した。

ハドリアヌスは、家畜の神パレスをたたえるパリリア祭が、ロムルスによるローマ建国の日である四月二一日に行われていたことから、おそらく一二一年、それまでのパリリア祭をローマ建国そのものを祝うロマイア祭にかえ、そのことを記念して神殿建立に着手したのである。属州重視と同時に、都をないがしろにしているわけではないことを元老院と市民に知らせるためであった。その意味では、アレクサンドリア重視のアントニウスに対抗して、自らの墓廟をローマに建設することによって都の市民を安心させたアウグストゥスの墓廟造営と似ており、そうであるから、一二一年、最初の属州歴訪の旅に出発する前に工事にとりかかったものと推定され、一三五年、竣工式を挙行した。しかし、完全に完成したのは一四一年になってからである。

複雑巨大な人格

ハドリアヌスが自分の墓所について考えるようになったのは五〇歳近くになった一二五年ごろと思われる。アウグストゥス墓廟は、ネルウァの遺骨埋葬によってすでに飽和状態となっており、そのためトラヤヌスの遺骨は、元老院の承認を得てトラヤヌス記念柱の基壇のなかに埋葬されたことをよく承知していたからである。ローマ人はポメリウムの外の街道沿いに墓をつくることを慣習としていた。ポメリウムのなかに墓をつくることは禁止されていたからであり、ポメリウムを出たすぐの街道沿いであれば、そこを往来する人々によっていつまでも思いおこしてもらえるからである。もちろん「偉大さと名誉のための記念物」として元老院から承認されれば、ポメリウムのなかに墓をつくることができた。トラヤヌスの墓がその例であり、カンプス・マルティウスにもその種の墓がかなりの数点在していた。しかし、元老院との関係がかならずしもうまくいっていないことを承知していたハドリアヌスは、生前に自分の手で墓を建設する決心をした。場所はテヴェレ川の右岸、したがってポメリウムの外に位置するドミティア庭園のなかである。

墓の建設場所として選んだ地域は、これといった施設も建物もない低地で、洪水のたびに冠水するところだった。ただし、八〇〇メートルほど西のカリグラとネロ競馬場の脇にキリスト教徒の墓が集まるようになり、やがて貧しい市民の墓もその周囲につくられるようになっていた。皇帝の墓廟を建設する場所として最適地というわけではなかったが、カンプス・マルティウスとはテヴェレ川を挟むだけであり、アウグストゥス墓廟からも八〇〇メートルと離れていなかった。そこに壮大な墓廟を建設すれば、二つの墓廟を見くらべることができ、墓所に関してもアウグストゥスと肩を並べることができるのである。

高さ約一〇メートル、平面八五メートル四方の基壇の上に、直径七四メートルと六八メートルの円筒形がのる総高五〇メートルの墓廟は、アウグストゥス墓廟よりも一回り大きく、周囲は青銅製の孔雀などで豪華に装飾された。そして、ほぼ正確に南を向く正面とレクタ通りとを結ぶため、ハドリアヌスはテヴェレ川にアエリウス橋を建設した。

以上がハドリアヌスによる造営事業の代表的なものである。そのほかにも数多くの新築と改築修理を行っており、都ローマの都市機能は、帝国全体の充実と軌を一にするように改善整備された。都市という集住形態が固有にもつ可能性と制約、この相互に対立する基本的な二つの条件に調和を与えることこそが都市建設者のもっとも重要な仕事であり、ハドリアヌスほどこの仕事に適した人間はいなかった。

一度しか会ったことのない兵士の名前でさえ正確に記憶していたというハドリアヌスは、政治、経済、軍事だけでなく、法律、宗教、文学、数学などさまざまな分野に通暁した万能の人間だった。瑣末なことにも旺盛な好奇心を示しながら、大局の判断を狂わせることはなく、冷静周到に計画を練りながら、決断実行においては大胆果敢であった。ユピテルの威厳とマルスの勇猛さをそなえ、アエスクラピウスのような慈愛に満ち、ヘリオスのように光り輝いていた。

その一方で、都においては最善の市民として振る舞いながら、属州にあっては神として崇められることを拒まなかった。元老院を尊重し、協調を旨としながら、都とイタリアの外では元老院をないがしろにすることもしばしばであった。優れた資質と才能をいかんなく発揮した皇帝でありながら、矛盾、対立、撞着をうちにもつ人間でもあった。その複雑で大きな人格こそが、巨大都市ローマの現実を全体として把握させ、適切な改善整備を行わせたのである。新しい建物を建設するときも、既存の建物を撤去することがなかったというおだやかな都市改造の手法は、ハドリアヌスの都市についての考え方そのものを反映している。

二回目の大旅行から帰ってきた一三四年ごろ、墓廟の工事は最終段階に入っており、あとは後継者を指名する仕事がのこされているだけであった。しかし、強健な肉体をもつハドリアヌスにとって、すぐに解決しなければならない問題というわけではなく、先送りにされていた。ところが、一三六年の夏、重い病でたおれると、にわかに現実味をおびた急を要する問題として浮上してきた。

後継者として以前からハドリアヌスが頭に描いていたのは姉の夫、つまり義兄のセルウィアヌスだったが、すでに九〇歳という大きな難点があった。セルウィアヌスは自他ともに後継者候補の筆頭であることを認めていたので、もし指名されなくともハドリアヌスの死後、大きな影響力を行使するおそれがあった。このため、彼だけでなく一八歳になったばかりのその孫ともども自殺に追いやった。ついで、周囲の反対にもかかわらず、ケイオニウス・コンモドゥスを後継者に指名した。エトルリア出身の凡庸かつ病弱な男を後継者としたことに多くの者は驚きを隠そうとしなかったが、ハドリアヌスの真意はほかにあった。病弱のため即位しても長く皇位にある心配はなく、その間に、ハドリアヌスがもっとも寵愛していた一六歳の少年アンニウス・ウェルス（のちのマルクス・アウレリウス）がそのつぎの後継者に成長すると考えていたためである。少年に皇位を引き継ぐ役回りでしかなかったケイオニウスは、属州総督から帰任した一三八年一月一日、脳溢血のため突然のように他界してしまった。このような紆余曲折を経て最後に選ばれたのがアリウス・アントニヌス（のちの皇帝アントニヌス・ピウス）である。

執政官をすでに経験した元老院の有力議員であり、有能な属州総督としての名声も高かったので、次期皇帝として、少なくとも彼以前の二人の候補者よりもふさわしい人物であった。しかし、同年二月に行われたこの後継者指名に際しても、ハドリアヌスはアウグストゥスの先例にならっている。アウグストゥスがティベリウスを後継者に指名したとき、ティベリウスの弟ドルススの息子をティベリウス自身の後継者としておしつけたように、アリウス・アントニヌスの後継者として、ハドリアヌスはアンニウス・ウェルスとケイオニウスの遺児ルキウス・ウェルスを同時に指名した。

後継者をローマで指名した数週間後、ハドリアヌスの病状はさらに悪化し、万病に効くといわれるナポリ湾の温泉地バイアでの治療に最後の望みを託したが、一三八年七月一〇日、その地で息をひきとり、プテオリのキケロが所有していた土地に埋葬された。

4 篤実な皇帝アントニヌス・ピウス

歴史のない時代

皇帝となったアントニヌスが、道義心に厚く孝謹であることを意味する添え名「ピウス」を元老院から贈られた訳について、『ローマ皇帝伝』(アントニヌス・ピウス、第一巻三―六)はいくつかの理由をあげている。高齢の元老院議員だった義父の身体を支えるようにしてともに登院したこと、ハドリアヌスの晩年に死刑を宣告された人々を赦免したこと、それに、ハドリアヌスの死後、元老院の反対にもかかわらずさまざまな栄誉を亡き皇帝に贈ったこと、などである。直接の理由がなにかを同書は明言していないが、いずれもアントニヌス・ピウスの人となりと政治の特徴を物語っている点で興味深い。

八六年九月一九日、ニームに生まれたアントニヌス・ピウスは、両親の家系のどちらも執政官まで出世した先祖をもつ名門貴族であり、イタリア中部から北部にかけて、また北アフリカに広大な土地を所有していた。それだけでも膨大な財産であったが、母親からローマ近郊の煉瓦工場を相続していた。トラヴァーチンと凝灰岩以外これといった石材がとれないローマでの煉瓦に対する需要はきわめて高く、所有する煉瓦工場からの収入もかなりのものであったと推定される。しかも、煉瓦の製造にともなう収入は、農業などと同じように不動産からの収入とみなされていたので、商業活動を禁じられていた元老院議員の職務規定に違反することのない堂々たる正業だった。さらに妻のファウスティナからも別の煉瓦工場を相続しているので、帝国広しといえどもアントニヌス・ピウス以上に富裕なローマ人はいなかった。

それほどの富を所有していたからであろうか、彼の夢は、地方の広大な所有地で農業経営に専心し、田園生活を楽しむことだった。しかし、後継者問題が難航すればするほど、人格高潔で行政能力にたけたアントニヌス・ピウスに注目が集まり、ハドリアヌスの後継者指名によって個人としての夢を放棄しなければならなかった。都督をつとめ、市民に愛されていた義父の手をとって元老院に向かう姿が、市民だけでなくハドリアヌスの目にも映ったのはそのようなときであった。

アントニヌス・ピウスがハドリアヌスの養子となることによって落着するまでの後継者問題は、政治的にもかなり深刻な、混迷した事態をもたらした。病に倒れていたハドリアヌスの判断力が衰えていたためかもしれない。帝国にとっての懸案を解決できない焦りからか、ハドリアヌスは猜疑心にさいなまれるようになり、セルウィアヌスをはじめとする有力者を処刑し、何人かの元老院議員に死刑を宣告した。アントニヌス・ピウスが即位後、まず手がけたことは、死刑を宣告された元老院議員の赦免であり、そのことは元老院におけるアントニヌス・ピウスの評価を大いに高めた。

14　アントニヌス・ピウス

その一方で、元老院はすでに故人となっているハドリアヌスをゆるそうとはしなかった。晩年の元老院議員に対する処分だけでなく、皇位を引き継いだばかりのころにハドリアヌスが断行した有力議員の処刑を、元老院は決して忘れてはいなかったからである。逝去の報に接した議員のなかには、ハドリアヌスの事績すべてを記録から抹消すべきであると主張する者さえいたので、皇帝にふさわしい葬儀を都でとり行うことはまったく不可能な情勢だった。盛大な葬儀の最後に行われる火葬は、天へのぼり神となるハドリアヌスを認めることになるからである。ハドリアヌスが息をひきとる直前、バイアに呼ばれていたアントニヌス・ピウスは、元老院の空気を察知していたのでプテオリにひとまず遺体を埋葬したのである。

埋葬はあくまでも一時しのぎの便法でしかなかった。都に戻ったアントニヌス・ピウスは、元老院を説得してハドリアヌスの神格化を承認させ、プテオリで再度火葬の儀を行ったあと、その遺骨をテヴェレ川右岸の墓廟におさめた。プテオリの埋葬地の近くにはハドリアヌス神殿を建立し、その護持のために神官団を創設して、五年ごとに祭りを開催するよう義務づけた。

神格化の決定や火葬など逝去した皇帝にふさわしい処遇が実行されたのは一三九年のこ

とで、その間、アントニヌス・ピウスは後継者に指名された者としての責務を忠実に遂行した。そればかりでなく、都のローマにも神となったハドリアヌスを祀る神殿の建立を決定し、同年、工事に着手した。場所は、ハドリアヌスが広範囲にわたって整備したカンプス・マルティウスの中心部、マティディア神殿の東隣である。完成したのは、ケイオニウスの遺児ルキウス・ウェルスが成人式をあげた年、つまり一四五年と推定される。

列柱回廊がとりまく神域の中央にそびえたつ正面八柱式の堂々たる周柱式神殿は、近くにあるウェスパシアヌス神殿やティトゥス神殿よりも大きな建物ではあったが、パンテオンほどの斬新さはなく、ウェヌスとローマ神殿ほどの壮大さももっていなかった。しかし、この神殿の内陣には少なくとも一六の属州を擬人化してあらわした浮彫りが並んでいた。ハドリアヌスの属州重視政策と帝国統治の理念を雄弁に物語る浮彫りであり、アントニヌス・ピウスが踏襲しようと考えていた政治スローガンの、公正、幸福、信義の表明でもあった。

15　ハドリアヌス神殿

事実、属州問題と辺境のゲルマン人およびパルティア人との関係に関して、アントニヌス・ピウスは細心の注意をはらい、紛争が戦争にまで発展しないよう適切な手をうった。このため、ハドリアヌスの時代以上にアントニヌス・ピウスの治世は平穏無事な時代であり、それゆえに「歴史のない時代」と称する者がいるほどである。もちろん、この平和な時代が到来する背景としては、ハドリアヌスによる平和のための戦争遂行、平和のための反乱弾圧という努力があったからにほかならず、そのことをアントニヌス・ピウス自身も十分認識していた。しかし、統治理念は同じでも、二人のあいだには大きな違いがあった。

もともと所有地での田園生活に憧れていたアントニヌス・ピウスは、属州歴訪に一二年間を費やしたハドリアヌスのような、行動的な人間ではなかった。皇帝に即位してから都を離れることはほとんどなく、イタリアの外へ出ることは一度もなかった。「世界の中心であるローマにあって、より早く情報に接することができるようにした」(『ローマ皇帝伝』アントニヌス・ピウス、第七巻一二)からである。属州に派遣した有能な部下たちがパラティヌス丘の宮殿(ドムス・ティベリアナ)にもたらす情報をもとに命令を下したのである。その際、かならず皇帝顧問団の意見を聴取し、判断の材料としただけでなく、元老院の意向も尊重した。

当時の元老院は、小アジア、ヒスパニア、ガリア、北アフリカなど属州出身の議員が中核を占めていたので、かつてのように都とイタリアだけでなく、帝国全体を見わたす視野をもっていた。このため皇帝の考えと元老院の意向が深刻な対立にまで発展することは少なく、元老院との協調が皇帝の政策実行を妨げることもなかった。ハドリアヌス時代の皇帝主導による政治とは大きな違いである。しかも、トラヤヌス時代のダキア戦争、ハドリアヌス時代のユダヤ人反乱のような大規模な武力衝突がなかったことは、軍事を得意としていたわけではないアントニヌス・ピウスにとって幸運としかいいようがない。

そのような安定した社会状況のなかで、都の市民はあいかわらず「パンとサーカス」の生活を謳歌していた。穀物倉庫が底をつく冬もたまにはあったが、オスティアのトラヤヌスの港ができてから、それまでのような深刻な飢饉に見舞われることはなくなった。コロッセウムでの剣闘士競技や大競馬場での戦車競技は以前よりも開催日が増え、公共浴場もしばしば無料開放された。市民の関心は、ひいきの剣闘士がつぎの試合ではなばなしい勝利をおさめるかどうか、白、赤、緑、青の四つに色分けされた党派のいずれの戦車が勝つかどうかに集中した。そのため、一五万人以上の収容能力がある大競馬場が満員となることも多く、最上段の木造観客席が崩れて、一一一二人の観客が死亡する事件さえ起きた。平和という繁栄の大前提は、ネルウァ以来、当たり前のこととして背景のなかにかすんでいき、剣闘士競技や戦車競技の、その場かぎりの刺激が市民生活の活力源となっていた。その刺激をつくりだすのは皇帝の施しによってであり、その意味で市民は皇帝なしに生きることができなくなっていた。

維持保全のための工事

即位当時五一歳だったアントニヌス・ピウスは、その両肩に重くのしかかる都の現実をハドリアヌスのように変革する意図はなく、あきらめに近い気持ちで容認した。皇帝に課せられた責務がいかに大きく重いものであるかを深く認識していたからであり、それ以上のことに手を出せば、先帝のように反発をくらうこともわかっていたからである。後継者に指名され、帝国を手に入れたことは、それまでもっていたものを失うことであるというアントニヌス・ピウスにとっては明白な図式を、妻が理解できなかったのは、皇帝の重責を彼女が知らなかったためである。

長年連れそった妻ファウスティナを、皇帝は些細なことで叱り、ときには辛辣な言葉を投げかけることもあったが、ハドリアヌスとは違って睦まじい夫婦仲だったと推定される。というのも、即位三年目の一四一年、ファウスティナが他界し、元老院によってその神格化が承認されると、皇帝はフォルム・ロマヌムの東端、バシリカ・アエミリアの東隣に彼女を祀る神殿を建立しているからである。そればかりでなく、アントニヌス・ピウスの死後、その神殿は彼女だけでなくアントニヌス・ピウスをともに祀る神殿として再度献堂され、アントニヌスとファウスティナ神殿と命名されたからである。おそらく、養子として、また女婿として彼らを身近に観察していたマルクス・アウレリウスの指示によるのであろう。

アントニヌスが創建した建物は、上記二基の神殿といくつかの建造物にすぎない。もちろんハドリアヌスが工事中のままにのこした多くの建物を完成させ、個人の負担で属州都市の整備を行っている。その気前よさは、地方の金持ちを刺激し、エヴェルジェティズム（金持ちの寄付行為）がかつてない規模で普及した。しかし、トラヤヌスとハドリアヌスの造営事業にくらべれば、規模においても、また数においても大きく劣っていることは否めない。もちろんテヴェレ川の護岸工事のような地味な造営も行っているが、それは多くの皇帝たちが手がけていた仕事で、特筆すべきものではない。その治世下における造営事業の特質として指摘すべきは、むしろ修理修復事業である。

16　アントニヌスとファウスティナ神殿

文献や碑文によって確認されるだけでも、聖道沿いのバックス神殿、アエスクラピウス神殿、アウグストゥス神殿、コロッセウム、大競馬場、ウェスタの巫女の家、グラエコスタディウム（コミティウムにかつてあった外国使節団席グラエコスタシスをさすのかもしれない）がある。これらの建物のなかで比較的新しいものでも七〇年近くの歳月を経ている。神殿および公共建築管理事務所が日常的な手当てをしていたとはいえ、大規模な修理修復を必要とする建物が都には数多くあった。都市としての都の成熟化は、新築工事よりも維持保全のための工事をより多く必要とするようになり、その意味での硬直化が確実に進行していたことをこの時代の造営事業が示している。それは、晩年、副木《そえぎ》をあてなければ背中を伸ばすことのできなかったアントニヌス・ピウスの身体のようであった。

その彼も一六一年三月七日、七四歳で息をひきとった。平穏な時代が、温厚篤実な皇帝の死とともに過ぎ去ろうとしているかのようであった。

5　哲人皇帝マルクス・アウレリウス

二人の皇帝

アントニヌス・ピウスは、死ぬ数カ月前、マルクス・アウレリウスとルキウス・ウェルス（ケイオニウスの遺児でアントニヌス・ピウスの養子）を一六一年の執政官に指名していた。ハドリアヌスとの約束どおり、二人のいずれかを皇帝に即位させるための布石である。もちろん、すでに執政官に二度就任し、護民官職権と執政官相当職権を付与されていたマルクス・アウレリウスは皇帝と肩を並べるほどの権力をもっていたので、同じ養子で義弟にあたるルキウス・ウェルスとはくらべようもなかった。

したがって、マルクス・アウレリウスの皇帝即位は、ティベリウスやティトゥスと同じように、いやそれ以上に当然のこととして進められた。幼いときからハドリアヌスの眼鏡にかなない、当代一流の学者や芸術家二五人の薫陶を受けて本来の才能にさらなる磨きをかけ、若くして哲学、修辞学、法律を完全に修得していたばかりか、ハドリアヌスの死後は、アントニヌス・ピウスのもとで実際の政治に参与し、一四五年、女婿となってからは皇帝の筆頭補佐として重きをなしていた。素養、係累、経歴、いずれをとっても彼の右に出る者はいなかった。しかも、人並みはずれた忍耐力と完璧なまでの自制心を身につけ、自然の摂理に従って生きることを身上とする「ストア的義務感の崇高な奴隷」だったのであるから、皇帝としてはまさにうってつけの人物だった。

17　マルクス・アウレリウス

元老院で亡き皇帝の遺書が朗読され、帝国全体が喪に服すことと、あらゆる栄誉がアントニヌス・ピウスに贈られる決議がなされた。栄誉のなかには神格化も含まれており、ファウスティナ神殿の正面に記されている碑文にアントニヌスの名前が書き加えられ、神としての彫像が安置された。また、カンプス・マルティウスのパンテオン北側につくられた火葬場（ウストリヌム）からさらに二五メートル北の地点に、亡き皇帝を顕彰する記念柱が赤御影石の一本石で、直径一・九メートル、高さ一四・七五メートルの円柱は、先端にアントニヌス・ピウスの彫像をいただいて高い基壇の上にのっていた。基壇の正面（南面）には神となって天にのぼる皇帝夫妻の姿が浮彫りであらわされ、両方の側面には神格化を記念する騎馬行進の兵士たちが彫られていた。この記念柱は、トラヤヌス記念柱のように柱身が浮彫りで装飾されてはおらず、高さも約二分の一にすぎなかったが、カエサルを荼毘《だび》に付したところに建立された記念柱を想起させる格式の高いタイプの記念碑であった。アウグストゥスに並ぶ善政を施した皇帝であるから、きわめて当然の処遇である。しかも、アントニヌス・ピウスは皇帝財庫に六億七五〇〇万デナリウス（二七億セステルティウス）もの大金をのこしていた。ティベリウスのように市民の不興を買う緊縮財政をしいたわけではないのに、これほどの大金をのこすことができたのは、巧みな財政運営と莫大な個人財産を所有していたからである。

マルクス・アウレリウスは養父におとらず信義に厚く弟おもいの人間だった。自分とは対照的ともいえる性格のルキウス・ウェルスにほぼ同等の権威と権力を与えたので、ローマはその歴史上はじめて二人の皇帝をもつことになった。賢明な皇帝と豊かな財庫を擁するローマは、八月三一日、双子の皇子誕生で沸きかえり、その繁栄は永遠に続くかと思われた。一年前から不穏な情勢にあるアルメニアの問題も、帝国の力をもってすれば容易に鎮圧できるように思われた。

戦争と疫病

ところが、一六二年春、ブリタニア、ゲルマニア、それにアルメニアの情勢がにわかに深刻さを増した。ブリタニアとゲルマニアの反乱は現地の総督と軍団司令官の努力によって沈静化したものの、アルメニアではパルティアの王族が王位につき、小アジアとシリアに軍を進めてきた。マルクス・アウレリウスは、ルキウス・ウェルスを最高司令官に任命すると同時に、属州各地から集めた大軍と、辺境守備にあたっていた有能な将校たちを東方に派遣した。ローマ軍は小アジアとシリアからパルティア軍を一掃しただけでなく、メソポタミアに攻め入ってセレウキアとクテシフォンを陥落させ、パルティア王ウォロガセス四世を敗走させた。東方におけるトラヤヌス以来の赫々たる大勝利であった。

勝利の美酒に酔いしれていた一六五年秋、セレウキアで突然はやりだした疫病は、またたく間に兵士のあいだに蔓延し、犠牲者を数多く出したので、翌年春、ローマ軍はメソポタミアから撤退せざるを得ない状況となった。しかも帰還する兵士によって、小アジア、ギリシア、エジプト、イタリアにこの疫病が広がり、数年後には辺境のゲルマニアにまで達した。その結果、帝国各地の人口が減少するという深刻な事態が生じ、兵員充足に支障をきたす軍団さえあった。イタリアでは天候不良による凶作が続き、飢饉で苦しむ市民を救うため二度にわたる賜金が皇帝財庫から拠出された。

疫病といういまわしい副産物をうんだとはいえ、また、暗雲が帝国を覆っていたとはいえ、パルティア戦争に勝利したことは確かである。一六六年一〇月二六日、二人の皇帝は凱旋式を挙行し、ルキウス・ウェルスは国父の称号を元老院から贈られた。

パルティア戦争の勝因として、属州各地から派遣された軍団とその司令官たちの活躍を見落とすことはできないが、パルティア自体が弱体化していたことが最大の原因だった。ローマ軍の手をやかせた、かつての強さをすでに失っていた。そうであるにもかかわらず、パルティア戦争の影響は間接的で副次的だったとはいえ都にまでおよんだ。強力なパルティア軍を敵として戦った、クラッスス、アントニウス、ネロ、トラヤヌスたちの戦争のとき、その影響が都にまでおよぶことはなく、ローマ世界の辺境における限定戦争でしかなかったことを考えるなら昔日の感がある。パルティアほどでないにしても、ローマ帝国もまた弱体化の道をたどりはじめていたのであり、ダニューブ川からライン川にかけての辺境地帯ではさらに深刻さを増していた。

パルティア戦争のために東方へ軍団を派遣し、兵力が手薄となっていたゲルマニアとダキアでは、その間隙をつくかのように蛮族の蜂起があいついだ。部族や集落群を分断するように配備されていたローマ守備隊が抜けたあと、いくつかの大きな勢力に結集した蛮族の一部は、一六七年、アルプスを越えてアドリア海に面するアクイレイアにまで達した。別の一派はダニューブ川流域から南下してマケドニアを蹂躙し、アテネに迫る勢いをみせた。南下の理由は、辺境地帯に定住していた蛮族が、その北方に住んでいたゴート族の大移動を脅威と感じたからであるが、南下を阻止する防衛力がローマになかったことも確かである。

事態を重く見たマルクス・アウレリウスは、屈強な奴隷、剣闘士、それにならず者をも加えた二つの軍団を創設するだけでなく、ゲルマン人やスキタイ人を兵士として徴用し兵力の増強に努めた。また、比較的平穏な地方の軍団を戦地に投入し、属州を超えた広範囲な地域の統治を有能な人間にまかせた。蛮族の侵入路にあたる都市の要塞化を急ぎ、街道整備による補給路の確保をすすめた。戦争が長期化することを見越した賢明な対策であった。

戦争の準備が整った一六八年初春、両帝は反攻に出る。まずアクイレイアを解放し、イタリアから蛮族をアルプス以北に追いやった。その戦果をたずさえてローマへ帰還途中の一六九年、ルキウス・ウェルスが突然脳溢血で死去したので、マルクス・アウレリウスはふたたび軍を率いて転戦し、蛮族を帝国から駆逐することに成功した。一七一年のことである。ただし、疫病蔓延で減少した人口を補うため、ローマへの恭順を誓った蛮族には帝国内に定住することを認めた。そのことがのちに大きな災いを生むことになる。

その後も、ダキアからゲルマニアにかけての戦闘は続き、戦費捻出のため、トラヤヌス広場で皇室に眠る財宝を競売にかけるほどであった。悪いことに、東方では、かつてルキウス・ウェルスをたすけて輝かしい戦功をあげたシリア総督アウィディウス・カッシウスが、一七五年、反乱を起こし、皇帝を宣言した。この反乱は、三カ月後に下級将校の裏切りによって終結したが、マルクス・アウレリウスは東方統治を彼に一任した自らの責任を深く自覚し、シリアに赴いて公正で慈愛にみちた裁判を主宰した。

東方からの帰還間もない一七七年、マウレタニアに出征して反乱を鎮圧し、ダキア地方でふたたび反乱の火の手があがったので、一七八年八月、息子コンモドゥスをともなって遠征の途につき、ダニューブ川に至った一八〇年三月一七日、皇帝は息をひきとった。享年五八である。

防御のための拡張

若くして当時最高の学芸を身につけ、ストア哲学を実践したマルクス・アウレリウスは、哲学者としての静謐簡素な生活にあこがれ、皇帝となるまで軍務の経験もなければ、属州を訪問したこともなかった。パラティヌス丘のドムス・ティベリアナで養父アントニヌス・ピウスを補佐する政務以外は、学者との交歓に時間をさいた。その彼が、皇帝即位以降、とくにパルティア戦争以降、軍を率いて各地を転戦し、ローマで腰をおちつける時間がほとんどなかったことは歴史の皮肉としかいいようがない。それでも軍営にあって寸暇を惜しむようにギリシア語で書き綴った『自省録』は、哲学者たらんとした皇帝のせめてもの慰めであった。自分自身への語りかけを記すことが唯一の楽しみであったと思われるほどに政務と軍務に励んだ皇帝は、自らに厳しく、他者に寛容な人間であった。例外は、キリスト教徒に対する厳しい措置である。

疫病や飢饉に苦しむ都の市民には八回にもおよぶ賜金をあたえ、その額は一人当り合計八五〇デナリウスにものぼったという。スミュルナ、ニコメディア、エフェソス、アンティオキア、カルタゴなど疫病の被害に苦しむ属州都市にも復興のための援助を惜しまなかった。それらの支出が大きかったため、都での造営事業にマルクス・アウレリウスの足跡を見いだせるものはごくわずかしかない。ハドリアヌスのように、皇帝権威を造営事業によって誇示する必要がなかったし、市民生活に欠けている緊急を要する公共施設も成熟した都にはなかった。必要なのは、既存の施設をいかに維持するか、困窮の度合いを増す社会の秩序をいかに回復するかであった。

疫病による人口減少と困窮化という帝国全体の問題は、都も例外ではなかった。このため、アリメンタ（児童福祉）管理官には執政官経験者をあててその強化改善につとめ、未成年者をまもる管理官（プラエトル・トゥテラリス）の職権をイタリア全体におよぶようにした。これらの役職や制度が強化される過程で、皇帝は身分よりも実力を重んじたので、元老院が選出する公職者の役割がしだいに小さくなり、その一方で皇帝官僚団の力がますます大きくなった。

それでも元老院と皇帝は良好な協調関係を維持していた。大部分の元老院議員は皇帝に推薦されて議員となった人間であり、以前のように元老院階級の出身者であることが必要条件ではなくなっていた。騎士階級の人間でも、場合によっては解放奴隷の息子であっても、皇帝の眼鏡にかなえば元老院議員になることができた。つまり、皇帝の知己を得るかどうかが議員になるための唯一の条件だったのである。そして、彼らに課せられた義務といえば、財産の四分の一はイタリアの土地でなければならないことぐらいであった。帝国各地から皇帝が選んだ議員たちは、皇帝政治に追従賛同しても、それに立ちはだかることは決してなかった。ハドリアヌスの時代からわずか半世紀も経っていないのに、元老院の性格は大きくかわっていた。

元老院さえもが本来の機能を喪失していたように、皇帝の権力は以前にも増して強大となった。この権力を背景にマルクス・アウレリウスがとった最大の政策は、トラヤヌスと同じ帝国の拡張政策である。ただし、トラヤヌスと違うのは、蛮族に侵寇された経験に基づく防御のための領土拡張であった。その意図をもって、一七八年、ふたたびダニューブ川方面への遠征に出発し、川岸のウィーンで作戦の継続を息子コンモドゥスに命じて、息を引きとった。

後継者の愚行

偉大な皇帝の死は帝国にとって大きな損失であったが、クラウディウス・ポンペイアヌスをはじめとする皇帝の幕僚たち（アミキ）が、その損失を補った。作戦計画どおり、マルコマンニ族やクァティ族をダニューブ川の北側に追いやり、ローマ側への兵士供出などを条件として講和条約が締結された。一刻も早いローマ帰還を望んでいたコンモドゥスは、即位して約六カ月後の一〇月二二日、ローマへ帰還し、皇帝としての承認を元老院から受けただけでなく、壮麗な凱旋式も挙行した。優れた皇帝の長子として帝王学を授けられたコンモドゥスが、父親同様の偉大な皇帝になることを誰もが期待していた。しかし、その期待は凱旋式のとき、もろくも崩れ去った。凱旋戦車に新皇帝とともに乗り、背後から月桂冠をさしだす従者とコンモドゥスは、市民の歓声をうけながら接吻を繰り返したのである。

18　コンモドゥス

宮殿に三〇〇人の美女と同数の美男をはべらせて、放蕩に明け暮れるコンモドゥスにとって、先帝に仕えた忠実な部下だけが目障りだった。適当な口実をもうけて処刑もしくは隠棲させ、コンモドゥスの視界から彼らの多くを消し去った。隠棲させられた有力者の一人ポンペイアヌスには、ルキラというコンモドゥスの姉にあたる妻がいた。マルクス・アウレリウスの同僚皇帝ルキウス・ウェルスに嫁いで皇妃とあがめられた女性で、ルキウスの死後、ポンペイアヌスと再婚していた。気位の高いルキラにとって隠棲生活は屈辱でしかなく、その屈辱をぬぐうためにはコンモドゥスを亡き者にするしかなかった。しかし、夫の縁者を実行者とする暗殺計画は失敗に終わり、ルキラはカプリ島で処刑された。

近親者による暗殺計画という不幸は、コンモドゥスの性格をいっそう屈折させ、放蕩に加えて狂気ともいえる妄想にとりつかれるようになる。ギリシア最強の英雄ヘラクレスを守護神として崇拝し、自らをヘラクレスに見立てるほどであった。また、放蕩仲間とともに戦車競技に明け暮れ、剣闘士をまねて自ら剣をとることも日常化していた。政務を奴隷上がりのペレンニスやクレアンデルにまかせ、気にくわぬ元老院議員をつぎつぎに処刑してその財産を没収した。すでに皇帝の追従機関となっていた元老院は、目にあまる専横、凶行に対してもなす術《すべ》を知らなかったが、親衛隊長や側近の従者たちは元老院ほどに腰抜けではなかった。慎重に皇帝暗殺が計画され、毒殺は失敗したものの、宮殿内の浴場に逃げ込んだコンモドゥスを、屈強な男が頸を絞めて窒息死させた。一九二年一二月三一日のことである。

失われた信頼

政治をつかさどる見識においてはアウグストゥスに並び、裁判の公正さと政務への精勤においてハドリアヌスに匹敵し、元老院との協調でもアントニヌス・ピウスに劣ることのなかった哲人皇帝マルクス・アウレリウスは、ローマ歴代皇帝のなかでもとくに傑出した一人にかぞえられる。しかし、完全無欠の英傑だったわけではない。領土防衛のためとはいえ蛮族をとり込んでの大規模な軍事行動は、疲弊しつつあった帝国経済をさらに悪化させ、実子コンモドゥスへの皇位継承は、養子皇帝のよき伝統を断ち切っただけでなく、ネルウァ以来の五賢帝時代を完全に終焉させてしまった。

そのような誤りを犯したとはいえ、帝国衰退の速度を緩めたことは確かであり、その功績がもっとも輝いていたのは一七六年から一七七年にかけての二年間である。この短い期間に、ゲルマン人とサルマタイ人に対する戦勝を市民に知らせるため、カンプス・マルティウスのハドリアヌス神殿近くに記念柱を建立することにした。トラヤヌス記念柱をモデルとしたこの記念柱には、一七二年から翌年にかけての戦争と一七四年から一七五年の戦争が円柱の柱身を螺旋状にとりまく浮彫りにあらわされている。しかし、トラヤヌス記念柱に見ることのできる明快な構図と確固としたローマ軍への信頼は失われており、漠然とした社会不安が戦勝記念碑であるはずのマルクス・アウレリウス記念柱の浮彫りにも色濃く反映しているかのようである。圧倒的な軍事力で勝利を確実なものにしていったかつてのローマ軍の勢いをこの浮彫りに見いだすことはできない。むしろ奇跡の到来を切望しているかのようであり、事実、辺境の軍団では、東方起源の復活思想をもつミトラス教が兵士たちの不安な心をとらえ、ローマの各所にミトラエウム（ミトラス教礼拝所）がつくられるようになる。

マルクス・アウレリウス記念柱の完成はコンモドゥスの時代になってから、もしくはセプティミウス・セウェルスの治世に入ってからである。その完成を見ることなく他界したマルクス・アウレリウスは妻のファウスティナとともに神格化され、記念柱のそばに神殿が奉献されたが、その正確な位置は現在不明である。

記念柱と神殿が建立された区域はレクタ通りの北側で、アグリッパが整備した庭園のなかである。同じ通りの反対側にはハドリアヌスが建設したパンテオンやマティディア神殿などが立ち並び、大きな建造物をつくる空き地がもはやなかったのであろう。このため、マルクス・アウレリウスとコンモドゥスは、ポメリウムの拡大を行っているが、どの程度の拡大であったのかを正確に知ることはできない。

市民生活に関連する造営事業としては、コンモドゥス浴場の建設があげられる。皇帝の寵臣クレアンデルが建設の指揮をとったこの浴場は、アグリッパ浴場、ネロ浴場、ティトゥス浴場、トラヤヌス浴場に次ぐ五番目の大規模な公共浴場で、のちに建設されるカラカラ浴場とアウェンティヌス丘とのあいだに位置していたが、現在その痕跡は完全に失われている。

浴場の建設は、市民の日常生活に恩恵をもたらす事業として歓迎されるはずであったにもかかわらず、コンモドゥスの愚行がその効果を半減してしまった。とくに、ヘリオス像に改変されていたネロの巨像を、ヘラクレスに扮したコンモドゥス自身の像につくりかえたので、市民たちはネロのいまわしい記憶をよみがえらせたのである。

都の都市機能を維持し改善することは、皇帝に課せられた任務であったが、公共建築管理事務所などによる通常業務以外の事業を、積極的に行う構想も気力もコンモドゥスにはなかった。そのような状況のなか、一九一年に大火が起こった。炎は平和の神殿とその近くの穀物倉庫に甚大な被害を与えたばかりか、フォルム・ロマヌムのウェスタ神殿やカピトリヌス丘の一部にまで広がった。皇帝財庫の逼迫から復旧工事は遅々として進まず、それらの建物がふたたびもとの姿に戻ったのは、セウェルス朝の時代になってからである。

第六章　王朝都市

——セウェルス朝の目論見——

（セプティミウス・セウェルスが）セプティゾニウムを建設したのは、アフリカからの旅行者の目をそこにひきつけるためだった。

『ローマ皇帝伝』
セプティミウス・セウェルス XXIV. 3.

1　競り落とされる帝位

親衛隊の実質支配

三一歳の若さでコンモドゥスはこの世を去った。彼を継いで皇帝に即位したのは、都督の地位にあったペルティナクスである。マルクス・アウレリウスの時代から優れた将軍として人望があり、なお権力を保持していたポンペイアヌスの信頼も厚かったばかりか、コンモドゥス暗殺に直接参画していなかった。しかも、当時の都督は、以前とはちがって都では皇帝に次ぐ権威を有する地位であり、その意味では順当な推挽だった。皇帝暗殺の首謀者である親衛隊長のラエトゥスは、暗殺直後の真夜中にペルティナクスをカストラ・プラエトリアにともない、一万二〇〇〇セステルティウスの賜金を親衛隊兵士に与える約束をさせて、皇帝即位の実質的な承認をかちとった。

親衛隊を後ろ楯にしているので、元老院の承認は形式的なものにすぎず、コンモドゥスが暗殺された翌日の一九三年一月一日、ペルティナクスは名実ともに皇帝となった。しかし、新皇帝の前には思いもかけない障害がまちぶせていた。皇帝財庫には、親衛隊兵士への賜金一〇〇人分にも満たない、一〇〇万セステルティウスの金しかのこっていないことが判明したのである。マルクス・アウレリウスが六億七五〇〇万デナリウス（二七億セステルティウス）を引き継いだ約二〇年前とくらべれば隔世の感がある。しかも、兵士だけでなく市民にも賜金を施さなければならなかった。宮殿に眠る不用品を競売にかけることが当座をしのぐ唯一の手段で、そのなかにはコンモドゥスが緑色の服を着て得意げに駆った戦車や、金銀宝石をちりばめた剣闘士の衣装も当然含まれていた。それだけではもちろん不十分なので、コンモドゥスが相続していた皇帝領地も売却された。

内乱の広まり

軍人らしい潔癖さから皇室財産と私的財産を区別し、都の秩序回復につとめたが、結局ペルティナクスは、彼を皇帝におしあげた親衛隊とラエトゥスによって殺害されてしまった。即位してわずか八七日目の出来事である。親衛隊はカストラ・プラエトリアにこもり、帝位という獲物をできるだけ高く売りつけようとした。高値で帝位を競り落としたのはユリアヌスである。政務と軍務の両面にわたって輝かしい経歴をもっていたが、ペルティナクスほどの人望はなく、まして帝位を競り落としたという噂を地方の有力者が黙認するはずがなかった。シリアではペスケンニウス・ニゲルが、パンノニアではセプティミウス・セウェルスがそれぞれ皇帝を宣言した。とくに強力な軍隊を擁するセプティミウス・セウェルスはローマに兵を進め、ユリアヌスを死に追いやった。元老院との協調を約束することによって皇帝即位を承認させたセプティミウス・セウェルスは、東方に遠征してペスケンニウス・ニゲルを破り、ついで矛先を西に向けて、同じく皇帝を宣していたブリタニア総督のクロディウス・アルビヌスを一九七年二月、撃破した。

セプティミウス・セウェルスが政治基盤を固めるまでの約四年間は、ネロ没後の混乱期に似ていたが、事態ははるかに深刻だった。内乱が都ローマだけにとどまらず、帝国の広い範囲に拡大したからである。軍団は駐屯する地方ごとに兵員を調達したので、都からの統制がきかない独自の勢力を形成しており、そのローマ軍同士が矛を交えたのであるから、アンティオキア、ビザンティウム、リヨンなどの主要都市が戦火にまきこまれて荒廃没落し、帝国全体に甚大な損害をおよぼした。

皇位継承にともなう混乱が属州にまで波及することはほとんどなく、辺境での大規模な戦争があってもその影響が都にまでおよぶことがなかったアントニヌス・ピウスまでの帝政時代とくらべるなら、帝国全体が大きく変質していた。

2 北アフリカ出身の皇帝セプティミウス・セウェルス

「神の家」としての家族

セプティミウス・セウェルスが自らの基盤を確立するために行わなければならないことは、都に君臨する中央政権の統治能力を高め、そのことによって帝国全体の秩序をとり戻すことであった。彼が最初に手がけたことは、つねに政権をゆさぶる不安定要因である親衛隊を解散して、麾下《きか》の軍団から選抜した兵士一万五〇〇〇人による新たな親衛隊の組織である。都の兵力をしっかりとその支配下においたセプティミウス・セウェルスは、新たな王朝樹立を企図し、その権威による帝国秩序の回復につとめることにした。

北アフリカのレプティス・マグナで一一四五年もしくはその翌年に生まれたセプティミウス・セウェルスは、高名な詩人スタティウスの友人だった者や執政官に就任した者を輩出した同地きっての名門家族の出身である。しかし、北アフリカの名門といっても都で通用するはずはなく、王朝確立に必要な軍隊、権力、権威のうち、なによりも権威に欠けていた。軍隊に関しては、軍団司令官としての長い経歴によって多くの将兵を掌握しており、権力に関しても、枢軸のポストをアフリカ出身者で固めたからである。

1　セプティミウス・セウェルス

権威の確立には五賢帝時代の栄光とコンモドゥスの軍隊における人気を利用した。一九五年から自らをマルクス・アウレリウスの養子と称し、碑文にも「マルクス・アウレリウスの息子、コンモドゥスの兄弟、アントニヌス・ピウスの孫、ハドリアヌスの曾孫、トラヤヌスとは四親等、ネルウァとは五親等の子孫であるルキウス・セプティミウス・セウェルス」と記すほどであった。また王朝としての皇位継承を確実なものとするため、妻のユリア・ドムナと息子のカラカラおよびゲタに、早くから名誉ある称号と権力とを付与した。

妻のユリア・ドムナは、セプティミウス・セウェルスがスキュティア第九軍団司令官としてシリアに滞在中の一八五年に娶った女性である（一八七年のガリア総督のときとする説もある）。太陽神崇拝を主宰する神官の娘で、知性と美貌と野心に富み、占星術に造詣が深かった。二人のあいだには一八八年、カラカラが、そして翌年ゲタが生まれた。

2　セプティミウス・セウェルス一家をあらわすメダル

最大のライバルであるペスケンニウス・ニゲルを破り政治基盤を確かなものにしつつあった一九六年、セプティミウス・セウェルスは、息子カラカラの本名セプティミウス・バシアヌスをマルクス・アウレリウス・アントニヌスと改名して五賢帝とのつながりを強調し、一九七年、次期皇帝であることを明示する称号（インペラトル・デスティナトゥス）を、一九八年には皇帝の尊称アウグストゥスを与えた。次男のゲタにも一九八年、副帝であることを意味するカエサルの称号を与え、二〇九年にはアウグストゥスに列した。このため二〇九年からセプティミウス・セウェルスが没する二一一年まで、三人のアウグストゥスが並び立つことになった。王朝としての皇位継承を磐石なものとするための徹底した配慮である。

息子たちと並んでユリア・ドムナにも皇妃であることを示すアウグスタの尊称を贈り、アウグストゥスたちの母（マテル・アウグストルム）、祖国の母（マテル・パトリアエ）、あるいは元老院の母（マテル・セナトゥス）とさえ呼ばせた。また、自らの正式名称にも凱旋勝利を意味するパルティクス、アラビクス、アディアベニクスなどのおくり名を加えた。

称号による権威づけだけでは不十分と考えたのか、宮廷においても荘重でにぎにぎしい東方的な儀礼をとり入れた。たとえば、それまでの皇帝が坐る椅子は、市民の第一人者というたてまえから簡素な床几にすぎなかったが、セプティミウス・セウェルスのときから豪華な玉座を用いるようになり、元老院の会議だけでなくコロッセウムやキルクス・マクシムスでの催し物の際も、同様の玉座が据えられた。また、マルクス・アウレリウスに似せた皇帝の肖像は、前髪を額に垂らし、濃い髭をたくわえた風貌によってセラピスを連想させ、皇妃は幸運の女神テュケにたとえられた。皇帝家族は「神の家」だったのである。

建造物と碑文

これらの称号や儀典だけでなく、新しい皇帝家系の栄光を誇示するための造営が、ハドリアヌス以来の規模をもって展開された。それらの造営事業を大別するなら、アントニヌス・ピウス以来、通常業務と化していた修理修復事業と新築事業に分けることができる。都ローマには年々老朽化する建造物が数多くあったばかりでなく、一九一年の大火で被害をこうむった建物もそのままに放置されていたので、この修理修復事業にはかなりの資金が投じられたものと推定される。

3　ウェスタ神殿

　創建からすでに三五〇年近くを経ているマルキウス水道は、ティトゥス以来、数次の改修工事が行われていたが漏水が激しく、また市民が不法に取水していたので給水量がいちじるしく低下していた。もっとも良質の水を供給する水道として市民に根強い人気のあるこの水道を一九六年に修理して、市民生活への関心を強調した。また、テヴェレ川の流域確保と不法建築を禁止する境界石を一九七年から一九八年にかけて再度設置し、洪水防止につとめた。

　これ以外の修復事業としては、平和の神殿、ウェスタの神殿と巫女たちの家、ウェスパシアヌス神殿、ユピテル・スタトル神殿、パンテオンなどがある。平和の神殿は一九一年の火災で被害をうけ使用不能になっていたのを修復して、以前に劣らぬ壮麗な公共広場に再現した。この修復工事の際、平和の女神を祀る至聖所（神殿）南隣の部屋の壁面に都ローマの地図（フォルマ・ウルビス）をあらわす大理石板がはめこまれた。幅一八・一メートル、高さ一三メートルの地図は一五一枚の大理石板からなり、縮尺率は一対二四六だった。全体で二三八平方メートルにもおよぶ巨大な地図は、永遠の都ローマの全貌を誇らしげに示していた。現在、その約一〇分の一程度が発見されており、古代ローマのさまざまな建物の位置と名称を知るうえで貴重な資料となっている。

フォルム・ロマヌムの南端に建つウェスタ神殿とその南側に広がるウェスタの巫女の家は、ユリア・ドムナによって再建された。ローマでもっとも古いとされるこの神殿は、創立時の掘立小屋のなごりから円形の平面プランであり、再建されたコリントス式の神殿もその伝統的な形を継承していた。また、巫女たちが住む広大な家も、プランをかえることなく再建され、その中庭には二〇一年の最高女祭司であったヌミシア・マクシミラの彫像などが並べられた。ローマ社会で大きな尊敬を集めていたウェスタの巫女たちの家とその神殿を再建したユリア・ドムナは、彼女たちよりもさらに上に立つ、女性として最高の地位を獲得し、その権勢は夫や息子たちに比肩する強大なものになった。

セプティミウス・セウェルスとその一族が行った修理修復事業は、ハドリアヌスの事業に類似していたが、両者には大きな違いが一つあった。トラヤヌスによってすでに王朝の基盤を確立されていたハドリアヌスにとっては自らの名前を建造主として建物に刻みこむ必要がなく、むしろそれを隠すことによって謙譲な皇帝としての名声を獲得することができ、元老院との協調もはかれた。一方、セプティミウス・セウェルスは、セウェルス朝の初代皇帝として、自身の名前だけでなく後継者たちの名前を機会あるごとに披露する必要があった。しかも、皇帝の追従機関にすぎない元老院を考慮する必要もなくなっていた。再建に近い大規模な修復であろうと単なる手直し程度の修理であろうとセウェルス朝の名前がはっきりと建物に書き込まれた。ウェスパシアヌス神殿の梁に記された「至福なる皇帝セウェルスとアントニヌス（カラカラ）は、これを再建した」という碑文のようにである。

権威の告知板としての建設

修理修復事業だけで王朝の栄光を誇示することはもちろん十分ではなく、市民を瞠目させる大規模な創建事業も並行して推進された。その一つがフォルム・ロマヌムの北西端に建立されたセプティミウス・セウェルス凱旋門である。凱旋門が建設された地点は、クリア・ユリアのほぼ前面、ロストラに接するところで、フォルム・ロマヌムにのこる唯一の空き地であったが、幅二三・二七メートル、奥行一一・二メートルもの凱旋門をつくるにはロストラの一部を削りとるしかなかった。共和政期にまでさかのぼるロストラの形をかえてまでその地点に凱旋門を建設したのは、都でもっとも由緒ある場所でセウェルス朝の栄光を市民に印象づけるためである。

この凱旋門が記念する凱旋勝利は、パルティア戦争である。トラヤヌスのときのような、あるいはマルクス・アウレリウスのときのような圧倒的勝利とはいえなかった。しかし、ローマ帝国の仇敵に対する勝利は、王朝とローマ軍の強大さを呈示する格好の口実となった。おそらくハドリアヌスがサエプタ・ユリアに建造した四面門を手本に三つのアーチを設け、中央のアーチよりも小さい両側のアーチの上にパルティア戦争の場面を大きな浮彫りパネルであらわした。トラヤヌス記念柱にならった戦争記録としての浮彫りである。しかも凱旋門の上部には、つぎのような長文の碑文が刻まれた。

「マルクス（・アウレリウス）の息子ルキウス・セプティミウス・セウェルス・ピウス・ペルティナクス・アウグストゥス皇帝へ。国父、アラビアのパルティア人の、そして、アデイアベネのパルティア人の（征服者）、大神祇官、第一一回護民官職権、第一一回軍最高司令官、第三回執政官、執政官相当。そしてルキウスの息子マルクス・アウレリウス・フェリクス（カラカラ）皇帝へ。第六回護民官職権、執政官、執政官相当、国父。最善最強の皇帝たちへ。国家を復興し、ローマ国民の帝国を、彼らのあらたかなる徳により祖国にも国外にも広めたがゆえに、元老院とローマ国民は（これを奉献する）」

碑文の内容から凱旋門の工事は一九五年に始まり、二〇三年に終了したことがわかる。また、碑文の四行目、「最善最強の皇帝たちへ」と記された部分だけ青銅製の文字をはめ

4　セプティミウス・セウェルス凱旋門

こむ穴に変更が認められる。当初、「そして、高貴なる副帝、ルキウスの息子プブリウス・セプティミウス・ゲタへ」とあったものを、セプティミウス・セウェルスの死後、カラカラが書きなおしたからである。兄弟の仲は、父親が生きていたときから極度に悪く、皇帝となった一年後にカラカラは弟ゲタを殺害し、記憶抹消の罰を科したからである。したがって、王朝の栄光を誇示するはずのこの凱旋門は、王朝内部におけるすさまじい葛藤を物語ってもいる。

それまでのフォルム・ロマヌムには少なくとも三基の凱旋門があった。アウグストゥスの凱旋門二基とティベリウス凱旋門である。それらはいずれも隣接する建物との調和を考慮しており、またフォルム・ロマヌム全体の景観に従属するようつくられていた。ところがセプティミウス・セウェルス凱旋門は、周囲との調和をむしろ壊すことによってそれ自体の存在を主張しているかのようであった。フォルム・ロマヌムの伝統的景観は一変し、カエサル神殿とロストラを結ぶ中央軸線が、凱旋門とカエサル神殿を結ぶ線にかわり、広場を睥睨するかのように屹立するコンコルディア神殿の前に凱旋門が立ちはだかった。このため、広場からは神殿の一部が見えなくなってし

5　フォルム・ロマヌム西側景観（復元図）

まった。広場の一方の端に建つカエサル神殿に対応する反対側の建物は、ロストラでもコンコルディア神殿でもなく、セプティミウス・セウェルス凱旋門そのものとなった。つまり、カエサルに対峙し、彼と対等の位置にあることを凱旋門によって明らかにしたのである。それこそが、セプティミウス・セウェルスの意図した凱旋門建立の政治上の目的だったのである。

フォルム・ロマヌムの南側にそびえるパラティヌス丘は、当時、ドムス・ティベリアナとドムス・アウグスタナによってほぼ全域を占められていたが、その南東端のキルクス・マクシムスとアッピウス街道を見下ろせるところに空き地がのこっていた。セプティミウス・セウェルスは丘の南東斜面に高さ二〇メートルを超す擁壁を設けて空き地を拡張し、その部分に皇帝一族用の浴場をはじめとする宮殿を増築した。

6　大競馬場とパラティヌス丘の皇帝宮殿

この増築された宮殿の南側テラスから、皇帝たちは大競馬場での競技を直接観戦できるようになった。また、南東方向からアッピウス街道をたどって都に到着した者は、垂直にそそり立つ擁壁の上にそびえる宮殿の威容に圧倒されたはずであり、その威容をさらに高めるために、丘の下にはセプティヅォニウムが二〇三年に建設された。巨大な屏風を左右に広げたかのようなこの建物には七つの大きな壁龕とそれらを枠どる列柱が上下三層に並び、中央のもっとも大きな壁龕にはセプティミウス・セウェルスの彫像が、両側のより小さな壁龕には天空の神々の彫像が置かれた。アッピウス街道にとっての舞台背景のような効果をもつ泉水堂をかねたこの建物は、アフリカや南イタリアから都を目指して北上してきた旅人たちに、皇帝権力の強大さをまざまざと印象づけた。

このほかフォルム・ボアリウムに両替商が寄進した記念門やフォルム・ロマヌムの皇帝騎馬像など、セプティミウス・セウェルスとその一族を顕彰する記念物がつぎつぎと建設され、都は次第にセウェルス朝の都と化していった。そのような数多くの、また大規模な造営事業が都で展開されたにもかかわらず、セプティミウス・セウェルスの生地であるレプティス・マグナでの都市整備事業や周辺耕作地の整備、それにエジプトでの都市化事業にくらべれば決してぬきんでたものではなかった。現実主義者であり、属州出身のセプティミウス・セウェルスにとって、都とイタリアだけに特権的地位を与える必要は微塵も感じられなかった。むしろ、権威確立の場として利用しただけである。

そのことは、彼が都で建設した建物の性格に顕著にあらわれている。凱旋門、皇帝宮殿の増築、セプティヅォニウムのいずれをとっても、市民生活の向上に直接かかわるものではない。すべてが皇帝権威をひけらかすための建造物であり、正面から見られることだけを意識している、いわば看板建築である。宮殿増築にしても、大競馬場とアッピウス街道からの視線を意識した擁壁の建造が主たる目的だった。権威の巨大な告知板を建設することが現実政治家セプティミウス・セウェルスの目的だったのである。

ハドリアヌスの属州重視政策の場合でも、都とイタリアの従来からの特権は尊重されていた。セプティミウス・セウェルスは、その特権を剥奪して、都のための帝国ではなく、帝国のための都にかえたのである。したがって、市民が「都の再建者」と皇帝をたたえる声は、セプティミウス・セウェルスの耳には「帝国の再建者」と聞こえたことであろう。

官僚化と軍団重視

政権基盤の確立にともなってセウェルス朝の性格が次第に明らかとなった。専制的で官僚的な傾向と、軍団重視の傾向である。政務は皇帝顧問団によって決定され、主な行政管理事務は騎士階級の管理官によって行われた。行政管理官の台頭傾向はすでにフラウィウス朝の時代までさかのぼるが、そのウェスパシアヌスのときでさえ管理官ポストは五四しかなかった。それがコンモドゥスのときには一三六に増え、セプティミウス・セウェルスはさらに五〇を追加している。彼らの管轄する領域の拡大にともない、元老院の権限はさらに縮小していった。したがって、皇帝即位のとき元老院との協調を約束し、良好な関係にあったにもかかわらず、セプティミウス・セウェルスと元老院は次第に疎遠となっていった。皇帝は元老院を信用できなかったし、元老院もさまざまな理由で財産を没収する皇帝に憎しみをつのらせていたからである。

軍団重視の傾向は、皇帝即位後ただちに行った親衛隊兵士の入れかえに端を発していた。それまでの親衛隊兵士の大部分を占めていたイタリアやローマの出身者が、セプティミウス・セウェルス麾下のイリュリクム、パンノニア、ダニューブ川流域出身者によって構成されるようになると、その影響は各軍団にまで浸透していった。というのも、空席となった軍団将校の後任には親衛隊の将校や下士官をもって充足するという従来からのしきたりが依然として生きていたからである。皇帝の息のかかった将兵が各地の軍団の要職につき、軍務をつとめあげた者は、文官として官僚組織にとり込まれた。したがって、セウェルス朝の特質である官僚化と軍団重視は構造的関連をもっていたのであり、そのことがさらに専制化をすすめたのである。

王朝としての権力基盤を固めたものの帝国には経済、軍事の両面にわたって難問が山積していた。帝国各地で繰り広げた造営事業の出費と戦費、それに増員した官僚への報酬と増額された兵士への給与は財政を逼迫させ、増収の方策が求められた。その一つが、さまざまな商品を扱う商人にそれぞれ同業組合を組織させ、彼らの経済活動を政府の統制下に置くことである。また、地方都市の参事会議員に徴税の義務を課し、税収の増加をはかった。自由経済がたてまえだった帝国は次第に統制経済へと移行したのである。このような方策と並んで、デナリウス銀貨の銀含有量をマルクス・アウレリウスのときにくらべれば六五パーセント以下に減少させた。その結果、劣化した貨幣の大量発行によるインフレーションが帝国経済を着実にむしばんでいった。

一属州と化したイタリアの経済的没落はさらに顕著となり、北アフリカ、メソポタミア、ダニューブ川流域では紛争があいつぎ、ブリタニアの反乱も激しさを増した。官僚組織と軍団を基盤とする専制的権力による力の政策をとらざるを得ない状況にあり、皇帝は顧問団と官僚を従えて帝国各地を歴訪し、秩序の回復と戦争の指揮にあたった。

二〇八年、ユリア・ドムナと二人の息子をともなってブリタニア遠征に出発したセプティミウス・セウェルスは、二一一年二月四日、エブラクム（現在のヨーク）で病気のため不帰の客となった。息をひきとる直前カラカラとゲタにのこした言葉は、「兄弟仲よくしろ、兵を富ませろ、そして、それ以外のことは気にするな」（ディオ・カシウス、第七七巻一五）だったという。

3 カラカラと皇母の分担統治

弟殺し

一八八年四月四日、リヨンで生まれたマルクス・アウレリウス・アントニヌスは皇帝即位のとき二二歳にすぎなかった。小柄で貧弱な身体を大きく見せるためか、ゲルマン人やガリア人が着る長い外衣（カラカラ）を愛用したので兵士たちからカラカラと呼ばれた。軍団でのあだ名が通称となったローマ皇帝は、カリグラとカラカラだけである。

哲学と宗教に深い関心をもつ母ユリア・ドムナのまわりに集まる多くの学者に接して育ち、ヒエラポリス出身の哲学者アンティパテルのような優れた教師の薫陶を受けた。しかし、カラカラが文芸に興味を示すことはなく、唯一の例外がアレクサンドロス大王への偏執的な憧れだった。

即位当初、父の遺言にしたがって、カラカラは帝国の西半分を、弟のゲタは東半分を分割統治する案が浮上したが、ユリア・ドムナの反対にあい、計画は挫折した。仲の悪い兄弟が共存できるただ一つの方策を断念してからは、どちらかが殺すか殺されるかの闘いだけがのこっていた。とくにゲタは身辺警護を厳重にして外出をひかえ、警護兵なしにはどのような場所にも出席しなかった。手のつくしようがなくなったカラカラは、母の立会いのもと仲直りを誓いあう場を設定し、両者とも従者をともなわずに出席する約束をした。二一二年二月二七日、約束どおり一人でユリア・ドムナの前に現れたゲタに、百人隊長が襲いかかり、二二歳の若者は母親の胸に抱かれて息をひきとった。

ゲタの暗殺をなし遂げたカラカラは、公文書や碑文から弟の名前を抹消し、彫刻、絵画、メダルにあらわされたその顔をすべて搔き消した。それればかりでなく、ゲタに好意をもっていた二万人もの人間を粛清した。そのなかには、親衛隊長のパピニアヌスや、カラカラの家庭教師だったので父とさえ呼んでいたかつての都督ファビウス・キロのような要人も含まれていた。帝国全体に暗雲のたれこめていた時代の、権力確保のためにとられた方策と是認できないわけではないが、常軌を逸脱した粛清の規模はカラカラの性格によるところが大きかった。気まぐれと臆病と無謀さはガリアから、残酷で粗野な性格はアフリカから、狡猾さはシリアから引き継いだと当時の歴史家はカラカラの性格を評している。

7　カラカラ

ポメリウムの撤廃

最大のライヴァルであるゲタを亡き者にしたカラカラは、「帝国内に住む外国人も含めたすべての人々をともなって、苦難から解放してくれた神々に感謝の意をあらわしたいので、それらの人々にもローマ市民権を付与する」という内容の勅令を発表した。帝国の全自由民に市民権を与えることを決定したアントニヌス勅令である。帝国全体を均一の制度によって統治しようとするセプティミウス・セウェルスの改革の総仕上げである。

帝国内の自由民すべての身分を均一化しただけでなく、帝国内で特権的地位にあった都ローマの、その特権の前提をカラカラはとり除いた。つまり、神聖不可侵な領域であることを明示するポメリウムの撤廃である。

それまでのローマが支配する領域（インペリウム・ロマヌム）、つまり帝国は二つのカテゴリーに分かれていた。都とそれ以外の地域であり、その二つを分けていたのがポメリウムだったのである。ポメリウムの撤廃によって帝国は、領域に関しても均一化を実現したのである。その均一化した市民と領域を支配する人こそ皇帝として君臨するカラカラと皇母ユリア・ドムナであった。官僚的、軍事的政権が、統制経済によって統治するための適切な制度改革であり、その制度のうえにカラカラは戦争の指揮をとり、ユリア・ドムナは内政を担当した。

共和政期のローマは、都およびイタリアと属州との二つに区分され、統治されていた。その建て前は帝政期に入ってもかわることはなく、したがって属州においては絶対的権力をふるっていた皇帝も、都においては市民の第一人者であることに甘んじていた。この統治区分と皇帝の二面性は、アントニヌス勅令とポメリウムの廃止によって解消され、皇帝は都においても、属州におけると同様の専制的皇帝となった。つまり、イタリアは帝国の一属州にすぎなくなり、都ローマはその州都のような地位に没落した。

もちろん、当時の歴史家が指摘しているように、アントニヌス勅令発布の目的には税収の増加という側面も含まれていた。二〇分の一税から一〇分の一税に、つまり一〇割増税した相続税や奴隷解放税などは、市民権保有者だけに課せられた税金であり、課税対象の拡大が増収につながった可能性は高い。しかし、最大の目的は、軍団制度にならった統治制度の簡素化だったのである。帝国全体が均一化と等質化を促進する制度に移行したため、帝国内部の社会的、文化的、経済的格差による地域間の相互的刺激が失われ、その結果、内的活力に欠ける社会構造へ移行することになった。

それまでの都に住む市民は、皇帝たちの手厚い庇護により「パンとサーカス」の生活を楽しみ、辺境での反乱や戦争の影響も、ポメリウムという制度的防壁によって遮断することができた。その特権の前提である、伝統によってかたくなに守られてきたポメリウムが撤去されたことは、都ローマをさまざまな地方主要都市と同じレヴェルにまでひき下げることを意味した。このため、後背地の生産性、交通路の有無、港湾施設の優劣など経済的、社会的、地理的条件が都市の繁栄を決定づける要因として急速に浮上してきたのである。それらの条件のなかでローマが抜きんでていることといえば、交通路の要所であることと社会的条件ぐらいだった。帝国全土を縦横に走る主要街道の起点であり終点だったローマには、帝国各地からの人間と物資だけでなく情報が集まるようになっていた。また帝国首都としてのローマの地位に疑問をさしはさむ者もいなかった。しかし、それらの恵まれた条件は、属州を犠牲にして培われたものであり、皇帝の政策に依拠するところが大きかった。

その政策が転換し、しかも帝国全体が衰退傾向にあるなかで、なお豊かな蓄積があるとはいえ、手厚い皇帝の庇護になれていたローマには厳しい前途しかなかった。その厳しさを和らげるため、また、先帝によって王朝確立のための造営事業がほぼ達成されていたので、カラカラは、コンモドゥス浴場のさらに南東に、かつてない大規模な公共浴場の建設に着手し、都の市民を無視しているわけではないことを示した。

娯楽施設としての建設

正確な着工の時期は明らかにされていないが、使用されている煉瓦のなかにゲタの名前を刻印したものがあるため、二一一年二月から翌年二月までのあいだと考えられ、完成したのは二一六年である。正式名称はアントニヌス浴場といったが、一般にはカラカラ浴場の名で親しまれている。場所は、カペナ門に発するアッピウス街道を南へ五〇〇メートルほどたどった右側、貴族の別荘が点在する緑多い平坦地である。堅牢な外壁をめぐらせた幅三三七メートル、奥行三二八メートル、総面積約一一万平方メートルにもおよぶ広大な敷地全体が人工基盤によってかさ上げされている。このかさ上げされて地下構造部分となった人工基盤のなかには、浴場建設以前その場所にあった貴族の別荘が一階の天井部分までをのこしてそのまま取り込まれているので、六メートル以上のかさ上げが行われたことになる。湯を沸かすための巨大な炉や貯湯タンク、各浴室に熱気を送るトンネルや給湯管はこの人工基盤のなかに設置されたので、浴場を訪れる市民の目にそれらが映ることはなかった。

外壁のなかは、散歩のための遊歩道や運動場それに図書館が整備された庭園と、浴場施設からなっていた。浴場施設は面積にして二万五〇〇〇平方メートルにもおよぶ巨大な建物で、プールのように大きな冷浴室、中央ホール、微温浴室、それに熱浴室が中央軸線上

8　カラカラ浴場

9　カラカラ浴場（復元図）

に並び、その両側に、脱衣室、各種の浴室やマッサージ室、室内競技場などが左右対称に配置されていた。一度に一〇〇〇人以上の市民が利用できるローマ最大の公共浴場は、庶民の住宅地から離れていたので少々不便な点を除けば、きわめて安い入浴料で利用できる総合娯楽センターだった。

この巨大施設で消費される水を供給するため、マルキウス水道から枝分かれした水道が新たに建設された。この水道建設がカラカラの都における唯一といってもよい公共建設事業だったが、目的は娯楽施設への給水であり、真の公共基盤充実のためではなかった。皇帝の責務であった都の公共基盤充実という仕事からも、また、王朝権威の誇示という効果をもたない仕事からも、カラカラは自らをすでに解放していたのであり、そのような地味な事業を推進する意図も余裕もなかった。

膨張する官僚団や法律家の監督は母にまかせ、カラカラは父と同様に属州各地を転戦しなければならなかった。二一三年にはゲルマニアからダニューブ川流域方面を鎮圧して将兵の人気を博し、翌年、パルティア戦争に出発する。二一五年秋、父の例にならって一時エジプトに滞在し、二一六年初頭、ふたたびシリアに戻り戦争を指揮していたが、二一七年四月八日、親衛隊長のマクリヌスの陰謀にあい、カッラエ付近で暗殺された。享年二九の若さだった。

4 国家理念の喪失

地方神官から皇帝へ

カラカラ暗殺の張本人マクリヌスが皇帝に即位し、当時アンティオキアに滞在中のユリア・ドムナを同市から追放して病死させると、セウェルス朝皇帝をなつかしむ将兵のなかから不穏な動きがでてきた。親衛隊長だったとはいえ、法律を専門としていたマクリヌスが、彼らの心をつかむことができなかったことも一因である。ユリア・ドムナの姉マエサは、その動きを察知して彼らに孫のバシアヌスを皇帝に擁立させた。皇帝を名乗る二人の戦いは、当初、マクリヌス側の優位のうちに展開したが、バシアヌスの祖母と母の献身的な働きによって逆転し、マクリヌスはローマ兵によって殺害された。二一八年四月もしくは五月のことで、バシアヌスは一四歳の少年にすぎなかった。

皇帝となったバシアヌスを、母親のソアエミアスはカラカラの落胤であると主張し、父親と同じマルクス・アウレリウス・アントニヌスを名乗ることになった。しかし、少年は皇帝になる以前から太陽神崇拝を主宰する神官でありエラ・ガバル（山の神）と呼ばれていたので、一般にはエラガバルもしくはヘリオガバルスと呼ばれることが多い。

東方各地を訪問しながらエラガバルがローマに到着したのは二一九年九月二九日である。

太陽神崇拝の聖石「黒い石」をたずさえ、きらびやかな衣装をまとった少年皇帝を見て、市民の誰もが驚いた。ポメリウムの撤去以来、外国の神を都で祀ることに支障はなかったが、シリアの一地方でしか崇拝されていない特殊な宗教が皇帝とともに都のなかに入ってきたことをこころよく思う市民はいなかった。地方神官が皇帝として君臨することを意味したからである。

事実、エラガバルは、パラティヌス丘の宮殿脇に神殿（エラガバリウム）を建立し、そこにシリアから運んできた「黒い石」だけでなく、ローマ古来の崇拝の対象であった主要な聖物をおさめた。つまり、ウェスタ神殿で焚かれていたウェスタの火、アエネアスがトロイアからもたらしたというアテナ神像のパラディウム、マルスの盾（アンキリア）などである。そこでは皇帝が主宰する東方的で神秘的な祭祀が毎日のように繰り広げられた。

10　エラガバル

幼いときから神官として崇められてきた少年皇帝は、自らを神と信じるようになり、そのうえ処女を守ることをかたく決められていたウェスタの巫女と結婚する暴挙にまででた。祖母と母はどうにかしてエラガバルの奇行を改めさせようとしたが効果はなく、祖母は最悪の事態を想定してもう一人の孫を副帝にすえた。それでもエラガバルの奇行はおさまらず、市民や兵士の怒りはさらに高まった。その結果、二二二年元旦に、皇帝は親衛隊兵士の手によって殺害され、遺体はテヴェレ川に投げ込まれた。

元老院による貴族政治

エラガバルを継いで皇帝となったのは、すでに副帝の地位にあったエラガバルの従弟、一四歳のセウェルス・アレクサンデルである。賢く温和な性格の少年は、エラガバルとの違いを明らかにするため、「黒い石」をシリアへ送り返し、ローマの伝統的な神々とその儀式を尊重した。おそらく祖母と聡明かつ控え目な母親のユリア・ママエアの指示にしたがったのであろう。

かつての活力を失いつつある帝国の現状を察知していた市民は、将来への不安から、宗教に敏感な反応を示すようになっており、あまりに地方的な宗教を押しつけることは逆効果でしかないことを、母子は十分承知していたからである。ミトラス教やキリスト教が普及し、とくにキリスト教はたび重なる迫害にもかかわらず貧民だけでなく、知識階級にも浸透していた。

最強の軍事力を有し、発展、拡大を繰り広げるローマ、という国家理念を失った帝国にとって新たな理念が必要となり、その理念を宗教に求めるようになった。エラガバルの神聖政治は国家理念を模索する時代を的確にとらえてはいるが、彼のもちこんだ宗教には理念となりうるような普遍性が欠けていたのである。

エラガバルの失敗によって新たな国家理念の呈示が困難なことを知ったマエサとユリア・ママエアは、親衛隊長ウルピアヌスを中心とする顧問団を設けて息子の補佐にあたらせ、財政、行政、司法の実際的な改善を当面の政治課題とした。顧問団の一六人のメンバーはすべて元老院議員だったので、元老院による貴族政治と称されるほどであった。エラガバルを犠牲にした教訓から元老院との協調を意図した人選であった。また、伝統的な皇帝の責務である造営事業にも関心をはらった。二一七年の落雷で被害を受けたコロッセウムを修復し、ユピテル・ウルトル神殿やイシス神殿に以前の壮麗を与えた。ネロがカンプス・マルティウスに建設した公共浴場を新築同様に改修したので、爾来この浴場はアレクサンデル浴場と呼ばれるようになった。カラカラ浴場にくらべれば規模の点でも設備の点でも劣っていたが、市街地の中心にある利便性が市民の人気を集めた。この浴場に潤沢な水を供給するためアレクサンデル水道が同時に建設された。約二二キロ東の水源地と都を結ぶ水道建設は二二六年に完成し、ローマ水道としては最後の新設事業となった。そのほか、ユリア水道を改修してエスクイリヌス丘のほぼ中心部に巨大な噴水を建設した。

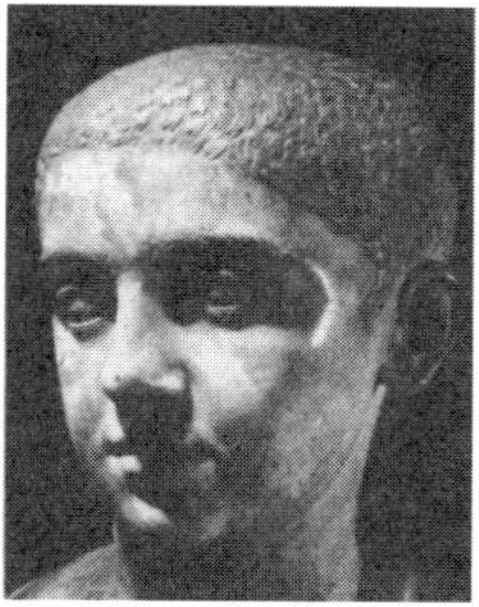
11　セウェルス・アレクサンデル

これらの事業はセプティミウス・セウェルス以来の数と規模であり、顧問団を中心とする政治が順調に進んでいたことを示している。しかし、数々の制度改革に敏腕をふるったウルピアヌスが、二二九年、部下の手にかかり殺されるという事件が起こった。おそらく軍紀粛正をあまりに厳しく進めたための反動であり、そのころから帝国にはふたたび暗雲がたれこめてきた。

都ローマの地位低下

東ではパルティアを倒したササン朝ペルシアが急速に勢力を拡大して、メソポタミアに侵入を開始した。この新たな強敵との戦いで、セウェルス・アレクサンデルとユリア・ママエアが軍事に暗いことを部下の将兵に暴露しつつあった二三一年、ダニューブ川流域に蛮族襲来の報が届いた。遠く離れた二つの地方で大規模な戦争を同時に展開することは、アウグストゥスの時代でさえ困難であった。ペルシア人との戦いは中断され、ダニューブ川流域に主力を移し属州各地から援軍を集めた。このとき、膨張する戦費を節約するため兵士の給与削減が断行される。戦争のさなかにありながら平時に目を向けた措置である。兵士の不興を買った母子は、二三五年五月一九日、マインツ近くでローマ兵の剣の犠牲となった。セプティミウス・セウェルスの遺訓「兵を富ませろ」を守らなかったための失脚といえよう。

セウェルス・アレクサンデルの死によってセウェルス朝は断絶した。その前半はアフリカ出身の皇帝が君臨し、後半はシリア出身の皇帝が支配したセウェルス朝の治世は、大きな変革の時代であり、その変革の影響をもっとも強く受けたのが都ローマであった。親衛隊兵士の多くがイリュリクム人など北方属州の出身者となり、要職にもアフリカや東方の人間が大部分を占めるようになった。たとえば、セプティミウス・セウェルスの治世で重要な役職についた七九人のうち、三五人が北アフリカ出身者であり、一九人がイタリア、一五人が東方、残りの一〇人がガリアもしくはヒスパニア出身だった。また、属州総督になった六九人のうち三四人が北アフリカ出身である。

トラヤヌスからアントニヌス・ピウスの時代にかけてヒスパニア出身者が幅をきかせたが、セウェルス朝ほどではなかった。アフリカとシリア出身の皇帝たちは、まず帝国全体を、ついで出身属州を、そして最後に都に目を向けるようになり、その結果、都ローマは属州都市に対して相対的にそして確実にその地位を低下させざるを得なかったのである。また、政治基盤を都にもたない属州人が権力を確立し維持するには、軍隊に依存せざるを得ず、同時に帝国防衛にも軍隊の力に頼らなければならなかった。当然の推移として軍事国家の性格を強めていった帝国の政治状況が、「兵を富ませろ」というセプティミウス・セウェルスの言葉に象徴されている。かつて都ローマの、都市の自由を象徴していたマルシュアス像がこの時代もフォルム・ロマヌムにあったなら、額に手をかざして、遠く彼方を見ていたことであろう。

第七章　永遠の都

――都市に刻印される歴史――

そして、あなたの目を楽しませるために、ローマはかつてよりもさらに偉大であることを誇示するようになりました。ゴート人襲来の報によって完成されたあたらしい城壁が、ローマに、麗しきあらたな相貌を与えました。恐怖こそが、美しきものをつくる建築家として作用したのです。不思議な変化によってローマは平和という古い衣を脱ぎ捨て、物見の塔を忽然とつくらせ、破られることのない城壁によってふたたび七つの丘を光輝かせたのです。

クラウディアヌス
『スティリコの第7回執政官職』529-36

1　皇帝・元老院・キリスト教徒の確執

権力と合法性のせめぎあい

セウェルス・アレクサンデルの死後、皇帝に即位した軍人マクシミヌスから、ディオクレティアヌスの前任者ヌメリアヌスまで、つまり二三五年から二八四年までの五〇年間に公式の手続きをふんで皇帝となった主な二〇人のうち、暗殺などで非業の死を遂げたのは一三人、戦死が三人、自殺が二人、捕虜として屈辱のうちに世を去ったのが一人で、病死したのはクラウディウス二世だけである。この数字を見ただけでも、いかに乱れた時代であるかがわかる。歴史家が「危機の三世紀」と呼ぶのも当然である。

兵卒上がりの軍人がつぎつぎと皇帝を宣言し、権力を確保する以前に消えていくのが通例となった。セウェルス・アレクサンデルを殺害した軍隊によって皇帝に推戴されたマクシミヌスは、即位当時、元老院議員でなかったばかりか、元老院から皇帝としての承認を受けなかった最初の皇帝であり、それゆえに僭主のような存在とみなす者もいた。一方、アフリカでは元老院議員であり同地の総督であるゴルディアヌスが皇帝を宣した。同僚議員であるゴルディアヌスに元老院は大きな期待を寄せたが、マクシミヌスに忠実なアフリカ駐屯の正規軍団との戦いで息子ともども戦死してしまった。

皇帝即位の承認権を無視するマクシミヌスを黙認するわけにはいかない元老院は、二三八年、二人の皇帝を独自に擁立するという決起にでた。元老院のこの勇気ある行動を粉砕するため、マクシミヌスは軍を率いて都へのぼる途上、北イタリアのアクイレイア攻撃に予想外の手間をとり、部下の失望を買って殺害された。権力と正統性および合法性とのせめぎあいのなかで、後者を代表する元老院が勝利をおさめたかのようであった。しかし、元老院が擁立した二人の皇帝も親衛隊によって殺害され、その親衛隊と市民が推すゴルディアヌス三世が最終的に皇帝の座を獲得したので、結局、権力の勝利に終わるのである。

1　ゴルディアヌス三世

皇帝に追従するしかなかった元老院が、九六年のネルウァ即位以来、久方ぶりに皇帝即位に直接関与したことは、元老院の存在を帝国全体にアピールしただけでなく、元老院がある都ローマの存在を人々に喚起した。混乱の時代にあって正統性、合法性を主張する元老院と、過去の栄光にすがる都の連携は、衰退傾向にある両者の最後のあがきでもあったが、一時的な奏功をおさめたことは確かである。

皇帝の手厚い庇護により「パンとサーカス」の生活に慣れきったローマの市民は、市民総体としての意志を形成する制度も組織も、そして意欲さえもとうの昔に放棄していた。帝政に移行したときから市民共同体としての実質をなくしていたし、「皇帝の都」であるかぎりその必要もなかった。しかし、セウェルス朝の皇帝たちによって制度上、都としての特権的地位を剝奪され、もはや「皇帝の都」ではなくなったローマは、元老院を頼りにするしかなかった。「皇帝の都」が次第に「元老院の都」にかわっていったのである。一見、共和政期のローマへ回帰するかのように見える元老院との結びつきは、短期間の単発的な成功をみたが、長期的傾向としては、皇帝との、つまり権力との隔たりをより大きくすることになった。伝統と正統性および合法性にこだわる元老院は、軍隊を権力基盤として勝手に即位を宣言する皇帝たちの非合法性を容認するわけにはいかず、両者のあいだに深い溝ができたからである。

アラブ人皇帝の登場

マクシミヌスに忠実な軍団によって殺されたアフリカ総督の孫ゴルディアヌス三世は、即位のとき一三歳の少年にすぎなかった。それでも六年間という時代としては比較的長期の在位を記録できたのは、父方、母方ともに多くの執政官を輩出したローマの名門出身であるため、元老院の協力が得やすく、しかも、有能な親衛隊長の後ろ楯があったからである。出身地を別とすれば、セウェルス・アレクサンデルに共通する政治状況にあった。

ネルウァ以来、久しぶりに属州出身ではない皇帝をいただくことになった都ローマは、若い皇帝に大きな期待を寄せた。皇帝は、いまだ修理の終わっていないコロッセウムの工事を完成し、いくつかの浴場を整備し、岳父が隊長をつとめるカストラ・プラエトリアに記念門を建立した。また、クイリナリス丘の下に広大な列柱回廊を建設し、市民の散策の場にしようと計画した。東方属州と北部国境に関心を奪われていた皇帝の目が、ようやく都に戻ったのである。しかし、いつまでもというわけではなかった。ササン朝ペルシアがふたたびメソポタミアに侵入してきたからである。

東方での戦いは優位に推移したものの、内政をまかせていた岳父が病死し、親衛隊長にはアラブ人のフィリップスが就任した。あからさまに皇位をねらうフィリップスは、二四三年、ゴルディアヌス三世の暗殺に成功し、元老院の承認もとりつけた。帝国は、はじめてアラブ人を皇帝にいただくことになった。

2　フィリップス

前任の親衛隊長が行政に目をいきとどかせていたので、都ローマには十分な食糧があり、平穏な時代であった。しかも、ゴルディアヌス三世は、ペルシア人に戦勝して凱旋式をあげるために、数多くの猛獣を都にのこしていた。二二頭の象、一〇頭の虎、六〇頭のライオン、三〇頭の豹などのほか、カバやサイ、キリンのようなめずらしい動物もいた。また、一〇〇〇組の剣闘士も用意されており、凱旋式を記念する剣闘士競技と猛獣狩りに出場させ、市民を楽しませる予定だった。フィリップスはこれらの剣闘士と猛獣を有効に使うため、ローマ建国一〇〇〇年祭を二四八年に開催することとした。ロムルスがパラティヌス丘に建国した紀元前七五三年から数えて、ちょうど一〇〇〇年になるからである。

もちろん、祭りに必要な剣闘士や猛獣がそろっていたから建国一〇〇〇年祭を思いついたわけではない。東と北でいつ戦争が起きても不思議ではないこの時代、人心を掌握するための手段として計画されたのである。おそらくこの計画はゴルディアヌス三世がすでに構想していたものと推定される。セウェルス朝の皇帝たちが推進した専制統治と統制経済を継承したその後の皇帝たちにとっては、そのような統治、経済システムにふさわしい国家理念の呈示が必要だったからである。しかも、東方属州で深く広く浸透していたキリスト教の隆盛を熟知するフィリップスには、なおのこと重大な政治課題として認識されていた。

建国からすでに一〇〇〇年を経たローマは、まさに「永遠のローマ」(ローマ・アエテルナ)と呼ぶにふさわしく、また、帝国市民にとって「ローマの永遠」(アエテルニタス・ローマエ)は、帝国の平和を意味していたからである。都ローマを基盤としてその永遠性を高く掲げることは、混乱の時代に復活救済を唱えるキリスト教の精神主義に対する、歴史的、経験的な主張でもあった。ハドリアヌスが建立したウェヌスとローマ神殿を、都ローマの神殿に改修し、「永遠の都」の象徴とした。また、ユピテル・カピトリヌス神殿をはじめとする多くの神殿で荘厳な儀式がいとなまれ、修復工事が終了していたコロッセウムと大競馬場では、何百組もの闘技が繰り広げられた。都の市民は豪華な催し物に目を奪われ、感嘆し、フィリップスの目論見はまんまと成功した。しかし、「ローマの永遠」という理念は、フィリップスにとっては「皇帝の永遠」を同時に意味していたのであり、その理念を引き継いだ彼以降の皇帝たちは、キリスト教と理念上の戦いを繰り広げざるを得ない状況に陥ったのである。

そして、祭りの宴も長くつづくはずはなかった。ダニューブ川を越えてまたもや蛮族が侵入し事態が深刻化したので、フィリップスは部下のデキウスを司令官として同方面に派遣した。この派遣がフィリップスの命とりとなる。麾下の軍団によって皇帝にまつりあげられたデキウスとの戦いに敗れ、殺されてしまったからである。わずか五年の治世であったが、デキウスも即位二年目に戦死する。

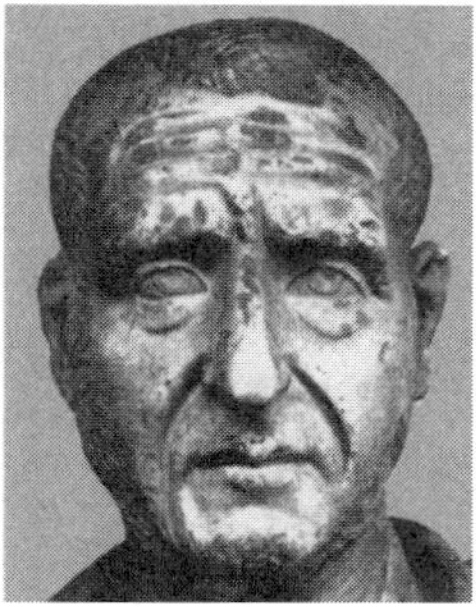

3　デキウス

宗教イデオロギー強化策

二年という短い治世にもかかわらず、デキウスの名前はローマの歴史にしっかりと刻み込まれている。即位直後の二四九年秋に、すべての国民がローマの神々に参拝し、その参拝を役人に証明してもらうことを義務づける勅令を発布したからである。つまり最初の公のキリスト教徒迫害である。政治、経済、社会の統制化が進む重苦しい時代、国民の精神にも統制の網をかけようとした。わずか一年足らずで終わる迫害ではあったが、国家の発展というすでに失われた希望と理念にかわって、キリスト教が人々の心をとらえる危惧を抱いたからである。

二〇〇年近くをさかのぼる六一年、パオロがローマ市民権を盾に郷里での裁判を忌避して都ローマにのぼったとき、都にはすでにキリスト教徒がいた。ネロ、ドミティアヌス、マルクス・アウレリウスらの迫害にもかかわらず、キリスト教徒の数は着実に増加していた。フィリップスのときローマには四六人の司祭（プレスビテル）がおり、一五〇〇人の困窮者を教会が援助していたという記録があるので、都のキリスト教徒は五万人を数えたと推定する研究者もいる。

富裕なキリスト教徒の邸宅がやがて教区教会（ティトゥルス）に発展し、郊外別荘の庭園の地下には共同墓地がいくつも建設された。アッピウス街道沿いにある地下四層造りの広大なカリクストゥスのカタコンベは三世紀初頭には教会の所有となり、組織的な運営が行われていた。都の総人口にくらべるなら一割にも満たない絶対的少数者でしかなかったが、富裕階級や中層階級に普及しつつあったキリスト教の教会財産は、かなりの額にのぼったと考えられる。ローマの教会は、多くの信者と財産を擁して、教会行政組織ともいうべき秩序をつくりあげていたのである。

デキウスの祭儀に関する勅令が、発布当初からキリスト教徒迫害を目的としていたわけではない。あらゆる統治政策が手詰まりとなっている時代の突破口として、宗教イデオロギー強化策が発令されたのである。しかし、いったん発令してみると、勅令に服さないキリスト教徒が数多く現れ、結果として迫害となった。迫害による殉教者がどれほどの数にのぼったのかを示す資料はないが、詰問の過程で改宗を誓う者や、金を払って役人の証明書を手に入れる者もいた。現場担当者の裁量によるところが大きかったため、教会指導者への組織的迫害に移行しようとしたとき、デキウスはゴート人との戦いで戦死してしまった。

キリスト教徒との融和

何人かの皇帝がつぎつぎと交代したあとの二五三年、ウァレリアヌスが即位すると、キリスト教徒の指導的階層と教会を標的とする迫害が始まった。政府の要職にある者や富裕な市民のあいだにまでキリスト教は広まっており、彼らの財産を没収することが迫害の目的の一つであった。しかし、この迫害もしたたかな教会側の防御策によって十分な成果をあげることなく中断された。というのも、アケメネス朝への回帰という明確な政治理念を掲げ領土拡張に意欲を燃やすペルシア人の進撃をくい止めるため、皇帝が都をあとにしなければならなかったからである。強敵に苦戦を強いられていたウァレリアヌスは、小アジ

4　ウァレリアヌス

5　ガリエヌス

アに侵入してきたゴート人によって退路を断たれ、二六〇年、ペルシア軍に捕らえられてしまった。

　ローマ皇帝が敵軍の捕虜になるという前代未聞の不名誉な出来事にもかかわらず、皇位継承は穏やかにすすんだ。というよりも、すでにもう一人の皇帝が存在し、帝国を共治していたのである。ウァレリアヌスの息子ガリエヌスである。彼の統治期間は、単独の治世だけでも八年間という、この時代としては例外的な長さである。シリアを中心とする東方をパルミュラの首長オデナトスにまかせ、ライヴァルのポストゥムスがガリアとブリタニアを実質的に支配していたとはいえ、長期政権を維持するだけの優れた政治家であり軍人だった。

　キリスト教徒に対しても、父のような弾圧政策ではなく寛容な政策をとったので、キリスト教は事実上公認されたとみなす者がいるほどであった。このときからディオクレティアヌスの大迫害にいたるまでの四〇年という長い期間にわたる、皇帝とキリスト教徒との平和は、キリスト教の力を増大させることに大きく役立った。その端緒を開いたガリエヌスの善政によって、瀕死の淵に立たされていたローマは、ようやく息を吹き返し、アウレリアヌスの登場が、回復の度合いをさらに高めた。

2 アウレリアヌスの防衛対策

都をとり囲む城壁

二七〇年、皇帝の位にのぼったアウレリアヌスは、独立国家のような状態を一〇年近く保っていたガリアとブリタニアを鎮圧後、矛先を東に向けやはり独立王国のようにエジプトまでをも占領していたパルミュラの女王ゼノビアを捕らえてローマに凱旋した。帝国の統一をふたたび回復したアウレリアヌスは、捕虜のゼノビアをともなって久しぶりの凱旋式を挙行した。都の市民は往時の帝国が戻ったかのようなよろこびにあふれた。しかし、皇帝だけは、なお苦難の状況が一掃されたわけではないことを深く承知していた。

蛮族がいつ都にまで侵入してくるかわからない時代、都ローマの防御施設を確立しておく必要を強く感じていた。東方遠征に旅立つまえの二七一年、都を城壁で守ることを計画

6　アウレリアヌス

し、その工事を開始させた。紀元前四世紀、ケルト人の侵入を教訓として建設されたセルウィウスの城壁は、カエサルによってとり壊され、爾来ローマには城壁がなかった。いや、必要がなかった。都ローマを守るためには、はるか彼方の辺境に軍団を配置することが得策と考えられた。国境を破られても、都までの途上にある地方都市によって進撃をくい止めることができた。マルクス・アウレリウスのときでさえ、それらの都市の防御施設は強化されたが、都が城壁で囲まれることはなかった。それから約一世紀、ローマをとりまく状況は一変していた。

アウグストゥスが制定した一四区のほとんどを囲い込む城壁は、平均の高さ約八メートル、厚さ約四メートルであったが、総延長は約一八キロにもおよぶため、できるかぎり既存の建物を城壁の一部として活用し、新築部分を少なくすることにつとめた。完成を急ぐ必要があり、建築資材にも不足していたからである。アキリウス庭園の外壁を約六〇〇メートル、親衛隊軍営のカストラ・プラエトリアの壁を一〇五〇メートル城壁に組み込んだだけでなく、マルキウス水道橋やクラウディウス水道橋、集合住宅や貴族の別荘、軍隊用の円形闘技場やピラミッド形の墓までもが利用された。城壁が不整形な輪郭を示しているのはこのためである。約三〇メートルおきに矩形の塔がつくられ、矢を射るために上部に窓が設けられた。街道と交差するところには堅牢な二重の城門が両側に塔をともなって建設された。

セウェルス朝崩壊以来、建設事業が低迷し、建築材料に対する需要も減少していたので、煉瓦工場の生産能力はかなり低下していた。城壁建設に際してすぐに生産能力を高めることは不可能なので、既存の建物に使用されている煉瓦が転用された。つまり、既存の建物をとり壊し、それに使用されていた煉瓦を城壁建設用として転用したのである。そのためにとり壊された建物は、集合住宅で換算すると優に二〇〇〇棟を超える。城壁建設地点に近いクイリナリス丘、エスクイリヌス丘、カエリウス丘、アウェンティヌス丘などにある不要な建物がとり壊しの対象となったのであろう。マルクス・アウレリウス時代の疫病の蔓延以来、帝国内の人口は大きく減少しており（一説には七〇〇〇万から五〇〇〇万に減ったという）、都の人口も帝国全体の減少率ほどではないにしても減っていた。とり壊された建物がすべて集合住宅だったとしても、一棟当り一〇〇人程度の居住者であるから、二万人程度が家を失う計算になり、都の人口減少はその数をはるかに上まわっていたと推定

7　アッピア門

される。

切り捨てられた未来

荘厳な神殿と公共建築が密集する中心部をとりまくかのように四階建て五階建ての集合住宅が軒をつらね、そのまわりを緑豊かな庭園や貴族の邸宅が点在し、やがてラティウム地方特有の田園へとつながる都の景観は、アウレリアヌスの城壁によって一変した。歴代の皇帝が三〇〇年近くにわたり大切にしてきた都の壮麗は、垂直にそそりたつ城壁のなかに閉じこめられ、城壁のまわりいたるところにとり壊された建物の瓦礫の山が続いた。それは、まさに帝国の縮図であった。地中海域という中心部と蛮族やペルシア人によって蹂躙された辺境との対比に見られる縮図である。

アウレリアヌスは、都の壮麗を犠牲にしても城壁を建設し、防御を固めなければならなかった。ポメリウムという制度と規制によって都市を発展させ、その応用から天才的な統治制度を生みだし、広大な帝国を支配してきたローマの、柔軟な現実対応の可能性が城壁によって遮断され、閉じ込められてしまった。将来の新たな発展という願望を切り捨てたのである。それも、現実対処の一つの方法であり、決断したからには、また工事に着手したからには完成を急がなければならなかった。しかし、城壁が一応の完成を見たのはアウレリアヌスの死後のことである。

突貫工事で出現した城壁を見て、都に住む市民はひとときの安堵を覚えたことであろう。蛮族の襲撃を遮断してくれる城壁ができたので、安心して「パンとサーカス」の生活を楽しむことができた。以前ほど華やかでなくなったとはいえ、あいかわらず剣闘士や戦車競技がさかんに催された。しかし、そのような催し物を神にそむく行為として冷たく見守るキリスト教徒も着実に増加していた。かつて統治者側の神々のリストにないからといって無神論者扱いされたキリスト教徒の目には、それらの催し物を楽しむ人々こそ無神論者と見えたことであろう。

小アジア、シリア、パレスティナ、エジプト、北アフリカにくらべてキリスト教徒が占める割合は小さかったとはいえ、都も着実にキリスト教の社会に移行しつつあった。その移行は、社会構造の変質を促進し、官僚組織による都市行政とは別個の、教会による行政組織が次第に浸透していったのである。

3 ディオクレティアヌスの伝統復帰策

四分割統治

二八四年、一兵卒から身を起こしたディオクレティアヌスが即位すると、難問山積する帝国統治を円滑かつ強力にすすめるため、そして皇帝を僭称する者同士の内乱を防ぐため、

8　ディオクレティアヌス

帝国の分割統治の制度が導入された。すでにウァレリアヌスのとき、息子のガリエヌスを正帝として帝国の西半分を統治させる二分割統治が行われていたが、このたびは分割統治にともなう諸制度を整備しての四分割統治であった。つまり、ディオクレティアヌス自身が上位の正帝として東を統治し、二八六年に同じく正帝となったマクシミアヌスが西を統治する。両者は副帝をもうけてそれぞれの領域をさらに二分割するという制度であった。また若干の変更があったとはいえ、アウグストゥス以来継続していた属州制度を改めて五〇の属州に改編し、それらの属州をいくつか集めて一二の管区にまとめた。

この結果、帝国東半分の首都としてニコメディアが制定され、ローマは西半分の首都でしかなくなった。しかも、防衛上の理由から皇帝がローマに滞在することはほとんどなく、実際の首都機能はトリアー、ミラノ、ラヴェンナのような北の都市に移った。ローマは過去の栄光だけをひきずる象徴的な首都でしかなくなったばかりか、そのために大きな制約を受けることになった。

ディオクレティアヌスが確立した帝国を四分割して統治する四帝共治体制（テトラルキア）は、混乱のなかにあった帝国に一定の秩序と安定をもたらした。その結果、ディオクレティアヌスはさらなる秩序の回復を目的として、ローマ的伝統の復活という国家理念を掲げ、その浸透をはかった。その具体的政策の二つの柱が、キリスト教徒大迫害と伝統復活の象徴としての都の再建であった。

秩序回復の試み

三〇三年から翌年にかけて発布された四つの迫害勅令は、周到な準備を経て起案されたものである。キリスト教徒の軍紀違反や祭儀の妨害が顕著となり、それに対する伝統宗教や哲学者の反論がさかんになったこと、また、価格統制令を発布したもののいっこうに経済が好転せず、帝国財政の逼迫と市民へのしわ寄せがなんらかの捌け口を必要としたこと、さらに、二九七年、ペルシアを撃退して当面の外敵がなくなったことなどが背景として考えられるが、最大の理由はローマ的伝統の復活による帝国秩序の回復であった。

勅令の実施は、帝国の東半分にくらべて西では徹底したものではなかったが、ローマでもかなりの犠牲者をだした。とくに教会組織とその財産が被害を受け、その反面、都がもつ伝統復活の象徴的地位はさらに高まった。帝国の統一と新たな制度の確立を喧伝する場として、ディオクレティアヌスはこの古き都を活用することにしたからである。

政治的効果をあげる場所としては、フォルム・ロマヌムをおいてほかになかった。ディオクレティアヌスは、セプティミウス・セウェルス凱旋門脇のロストラ（古いロストラ）

9　ロストラの５本の柱（復元図）

とカエサル神殿前のロストラを修理して、フォルムの中央軸線をアウグストゥス時代の状態に戻した。この軸線をさらに強調し、四帝共治を印象づけるため、古いロストラの背後に五本の円柱を並べ、中央の円柱にはユピテルの彫像を、両脇の四本に四帝の彫像をのせた。

また、元老院議事堂であるクリア・ユリアを改修し、バシリカ・ユリアも修理した。創建から三〇〇年以上もたっている老朽化した建物であったばかりか、カリヌスが皇帝だった二八三年の大火で被害を受けていたからである。この大工事によって、フォルム・ロマヌムは以前の壮麗をとり戻し、市民はディオクレティアヌスをアウグストゥスの再来とたたえた。それこそが、ディオクレティアヌスが意図した造営事業の真の目的だったのである。市民の反応に満足した皇帝は、マクシミアヌスの名とともに、ウィミナリス丘にカラカラ浴場に匹敵する巨大な公共浴場を建設して、市民の称讃に応えた。

数々の造営事業だけでなく、都市行政の改革にも着手し、アウグストゥス制定の町役人の再編も行った。彼の頭のなかにはアウグストゥス時代の栄光の都ローマが描かれていたのである。しかし、その再現の困難なことをもっともよく承知していたのもディオクレティアヌスであった。三〇五年、病気を理由にアドリア海に面したスパラトの宮殿に引退した。

キリスト教が、新しい時代のイデオロギーとなりつつあったとき、伝統の保持と復活を代表する都市にローマが選ばれたことは、時代の流れに逆行する責任を負わされる結果となった。フォルム・ロマヌムが整備され、元老院議事堂が再建されても市民の生活向上に益することはなかった。大浴場の建設も、すでに十分な施設が整っていたので、皇帝権力の強大さをいまさらながらに確認する程度であった。しいていえば、これらの造営事業によって一部の市民が潤ったぐらいである。しかも、それらのいずれもが、伝統復活を目的とする、後ろ向きの事業だった。帝国社会の動きからは遊離した、実体のない事業だったのである。

4　コンスタンティヌスの遷都

ディオクレティアヌス引退後の帝国は、ふたたび混迷をきわめる権力闘争のるつぼと化した。とくに都ローマをめぐる覇権の戦いは、ディオクレティアヌス時代の正帝と副帝であるマクシミアヌスとコンスタンティウス・クロルスとのあいだで、また、両者の息子たちのあいだで熾烈をきわめた。三〇六年、父の死によって帝位に推戴されたコンスタンティヌスは、ブリタニアからガリアを中心として権力基盤の確立につとめ、一方、同じ年に正帝となったマクシミアヌスの子マクセンティウスも、都にあって来るべき決戦にそなえた。

アウレリアヌスが建造した城壁を、三〇九年から三一二年にかけて以前の二倍近い一五メートルの高さにまで強化した。それと並行して市民の信頼をかちとるためには、ウェヌスとローマ神殿の西隣に、交差穹窿による大天井をもつ広大なバシリカ・ノウァの建設にとりかかり、「ロムルス神殿」と現在呼ばれている建物をアントニヌス・ピウスとファウスティナ神殿の隣に建立した。また城壁を出たすぐのアッピウス街道北側に戦車競技場も建設した。

都へのぼるための十分な準備を整えたコンスタンティヌスは、ミラノを出発して南下し、マクセンティウスの軍隊がたてこもるボローニャを陥落させ、さらにカッシウス街道をたどってローマを目指した。コンスタンティヌスとマクセンティウスの軍隊が正面から剣を交えたのは、サクサ・ルブラである。戦いはコンスタンティヌス側の優勢で推移し、三一二年一〇月二八日、ローマ北端のムルウィウス（ミルヴィオ）橋での戦いでマクセンティウスを溺死させ、コンスタンティヌスは最終的勝利を獲得した。

伝統宗教との妥協

コンスタンティヌスは、都の解放者として市民の熱烈な歓迎を受けて入城した。フォルム・ロマヌムのロストラに立った皇帝は、元老院議員や市民を前に凱旋演説を行い、隣のカエサル広場で都の市民に賜金を与えた。このときのようすは、三年後に完成するコンスタンティヌス凱旋門の浮彫りに克明にあらわされており、そこにはつぎのような内容の碑文も掲げられている。

「インペラトル・カエサル・フラウィウス・コンスタンティヌス・マクシムス（コンスタンティヌスの公式名）へ、ローマの元老院と国民は、神の啓示と偉大なる精神によってその軍隊の正当な武器をもって暴君のみならずそのあらゆる賛同者たちから国家を解放したがゆえに、凱旋で装飾された門を献ずる」

10　コンスタンティヌス凱旋門（復元図）

市民のよろこびと同時に、コンスタンティヌスの誇らしげな自負を見ることができる。セプティミウス・セウェルス凱旋門を模しているとはいえ、ローマ世界最大のこの凱旋門は、コンスタンティヌスの即位一〇周年を記念した三一五年に奉献式が開催されたと考えられる。

11　コンスタンティヌスのバシリカ（バシリカ・ノウァ）

しかし、この凱旋門をよく見ると、はめ込まれている浮彫りの多くは、既存の記念建造物から転用したものであることに気づかされる。中央通路両側にはめ込まれた騎馬戦闘をあらわす大パネルはトラヤヌス時代のものであり、狩りを主題とする円形浮彫りはハドリアヌス時代、碑文の両側にある浮彫りはマルクス・アウレリウス時代にそれぞれ帰せられている。二〇〇年近く昔の浮彫りで飾られた凱旋門を見て、市民たちはどのような印象をもったのであろうか。賢帝たちの浮彫りとともに自らの姿をあらわすことによって、彼らと同列の地位を獲得しようとしたのであろうか。それとも、伝統宗教を信奉する者が多い都の有力者に対する妥協だったのであろうか。いずれにしても、転用材を用いざるを得ないほどに都の石工や彫刻職人が不足していたわけでないことだけは明らかである。

凱旋門の建立だけでなく、マクセンティウスがほぼ完成していたバシリカ・ノウァにわずかな設計変更を加えてコンスタンティヌスのバシリカという名前を与え、裁判や集会、謁見のために用いた。東西約一〇〇メートル、南北約六五メートルもあるこの巨大なバシリカは、公共浴場の中央を占める大広間のような造りだったので、中世には公共浴場そのものとまちがえられるほどであった。玄関広間はコロッセウムに面した東側にあり、ホール全体は各三本の巨大なピラー二列によって三廊に分割されていた。中央の身廊は奥行約八〇メートル、幅二五メートルあり、穹窿天井までの高さが三五メートルである。身廊の奥には半円形のアプスが開いており、そのなかに頭部は大理石、身体は木造、身にまとう衣は鍍金青銅によるコンスタンティヌスの巨像が安置されていた。現在、カピトリーノ博物館の中庭にある高さ二・八メートルの大理石製頭部がこの巨像の一部であったと考えられている。

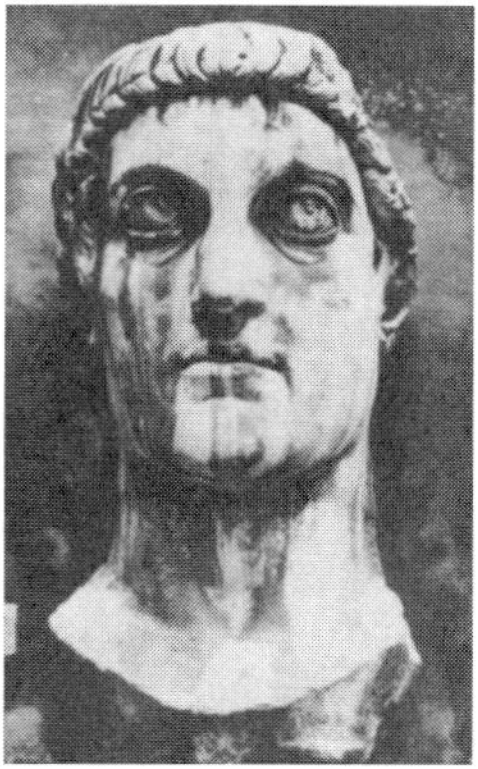
12　コンスタンティヌスの巨像頭部

コンスタンティヌスは、ローマで最後のバシリカを完成しただけでなく、クイリナリス丘にやはり最後の公共浴場を建設し、多くの水道施設を修理した。それらの皇帝として行うべき伝統的な造営事業と並んで、新しい時代の到来を予告する建築、つまりキリスト教関連の建物を、慎重な配慮を加えて建設した。伝統主義者の反発を避けるための配慮である。

キリスト教の都への改造

コンスタンティヌスが最初に手がけたのは、救世主のバシリカと命名した大聖堂である。カエリウス丘と城壁が接近するところ、かつてラテラヌス家が所有していた広壮な邸宅は、皇帝所領に帰しており、そこに奥行九八メートル、幅五六メートル、内部が五廊に分かれている大聖堂、それに洗礼堂を建立し、ローマの大司教座教会堂とした。工事は三一二年末から始まったと推定されるので、キリスト教を公認するミラノ勅令が発布される直前ということになる。現在、サン・ジョヴァンニ・イン・ラテラノ大聖堂と呼ばれる教会堂の前身である。またコンスタンティヌスの母ヘレナがイェルサレムからもたらしたキリストの聖遺物を収納するため、彼女の邸宅であったパラティウム・セッソリアヌムを改築して聖堂とし、そこに聖十字架を安置した。そのため、この聖堂はサンタ・クローチェ・イン・ジェルサレンメ教会堂と呼ばれている。

城壁のなかに建立したキリスト教関係の建物は以上の三つだけであるが、城壁外には彼とその一族によってさまざまな教会堂が建設された。すでにキリスト教徒の共同墓地があ

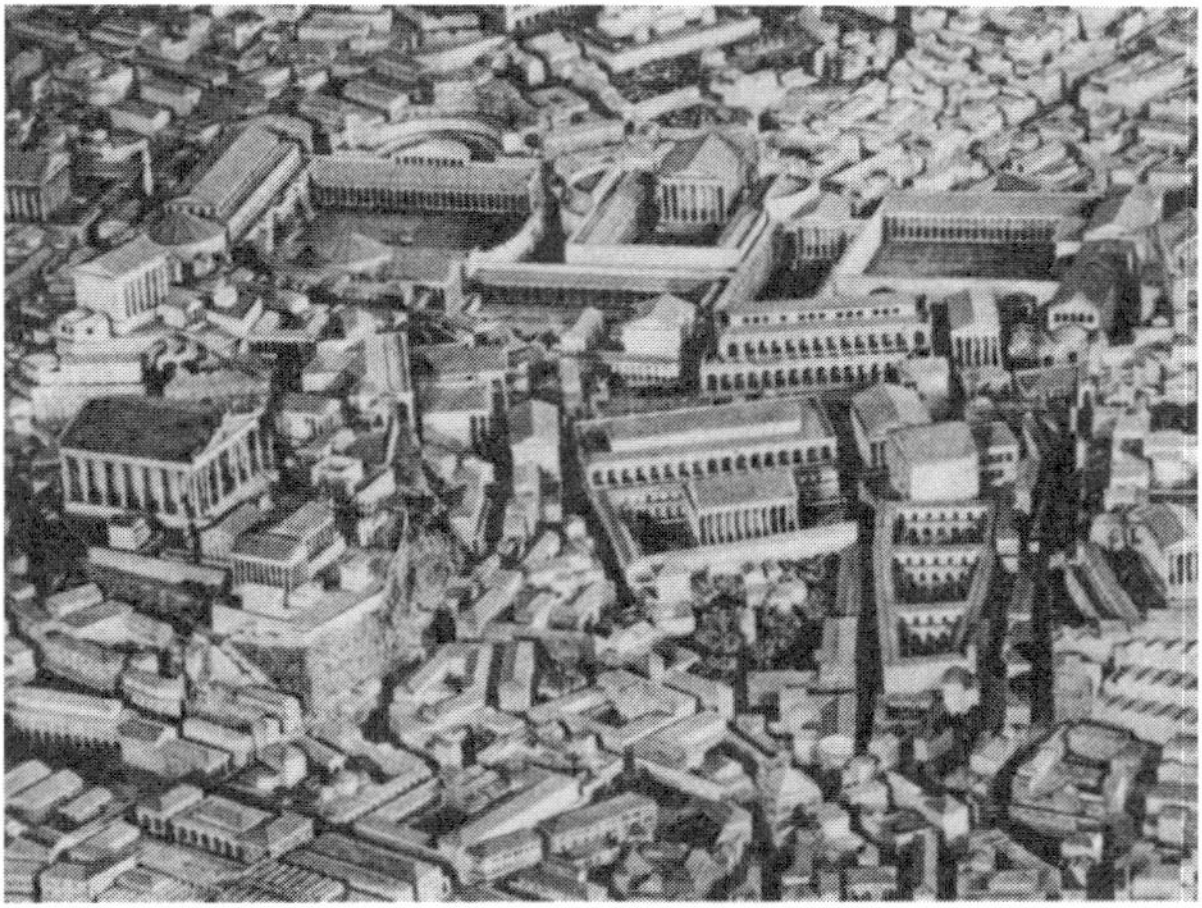

13　コンスタンティヌス時代のローマ中心部（模型）

ったアッピウス街道沿いには聖ペテロと聖パオロを記念する使徒聖堂（バシリカ・アポストロルム）がつくられ、現在はサン・セバスチャーノ教会堂と呼ばれている。サン・ロレンツォ・フオリ・レ・ムーラ教会堂は、ウァレリアヌスの迫害によって二四八年に殉教した聖ラウレンティウスを記念するために建立された礼拝堂だった。また、カリグラとネロの戦車競技場があるウァティカヌス丘の一帯はキリスト教徒の墓が点在する地域であったが、ここにカタコンベから聖ペテロの遺体を移して埋葬し、その上に十字形プランの大聖堂、バシリカ・ペトリ・イン・ウァティカノ、つまりサン・ピエトロ大聖堂を建設した。

これら一連のキリスト教関係の造営事業を概観するなら、つぎのようなことが指摘できるだろう。マクセンティウスを破りローマに凱旋した当初のコンスタンティヌスは、三世紀後半の皇帝たちと同じように不敗のユピテルを公的には信奉していた。その証拠に、三一五年完成する凱旋門には、海からのぼる太陽と、海に沈む月の擬人像をあらわすことによってユピテルを象徴させており、その碑文にもキリストに言及する言葉は何もない。しかし、数年間のうちにキリスト教に対する共感を強くした皇帝は、伝統が根強く生きる都を、また過去の伝統の象徴でもある都を、キリスト教の都に改造しようと考えた。ただし、優れた政治家であるコンスタンティヌスは、その改造計画を一挙に進めるのではなく、市民の反応を確かめながら進めることにした。したがって、救世主のバシリカ建立にしても、またパラティウム・セッソリアヌムの改築にしても、都の中心から見れば郊外の目立たぬ地点で行われた。同じく、城壁外でのキリスト教関連施設の建設が城壁内にくらべて活発だったのも同様の理由からである。

歴史の重み

これらの造営事業を推進する過程でコンスタンティヌスは、ローマをキリスト教の都に改造することがいかにむずかしい事業であるかを認識したと思われる。都の中心部は、歴代の皇帝たちが巨額を投じて建設した建物が軒を接して立ち並び、あらたな建物を建設する余地はなかった。既存の建物を改築しようにも、皇帝たちの名前と伝統宗教のしみ込んだ過去の栄光を拭い去ることはできなかったし、市民の反発も無視できなかった。セウェルス朝以来、権力の中心地だったはずの都は、政治の中枢から遊離し、空洞化した伝統の象徴でしかなかった。しかも、元老院と都督と行政管理官が皇帝不在を前提とした都市行政を、過去の栄光にすがりながら行っていた。手厚い皇帝の庇護になれ、象徴としての伝統護持を誇りとする市民たちは、時代にとりのこされ、権力の中心地ではなくなっている現実を認識することはできなかった。フォルム・ロマヌムに蓄積された歴史の重み、パラティヌス丘の壮麗、カンプス・マルティウスに整然として立ち並ぶ公共建築、いずれの都市でも見ることのできない壮大な円形闘技場、戦車競技場、それに公共浴場、それらを毎日のように見慣れている市民に、新しい時代の潮流を肌で感じさせることは、明らかに無理な要求であった。

14　現在のフォルム・ロマヌム

しかも、時代の疲弊は、ローマの社会、政治、軍事の分野だけでなく、建物にも着実に浸透していたのである。すでに二世紀

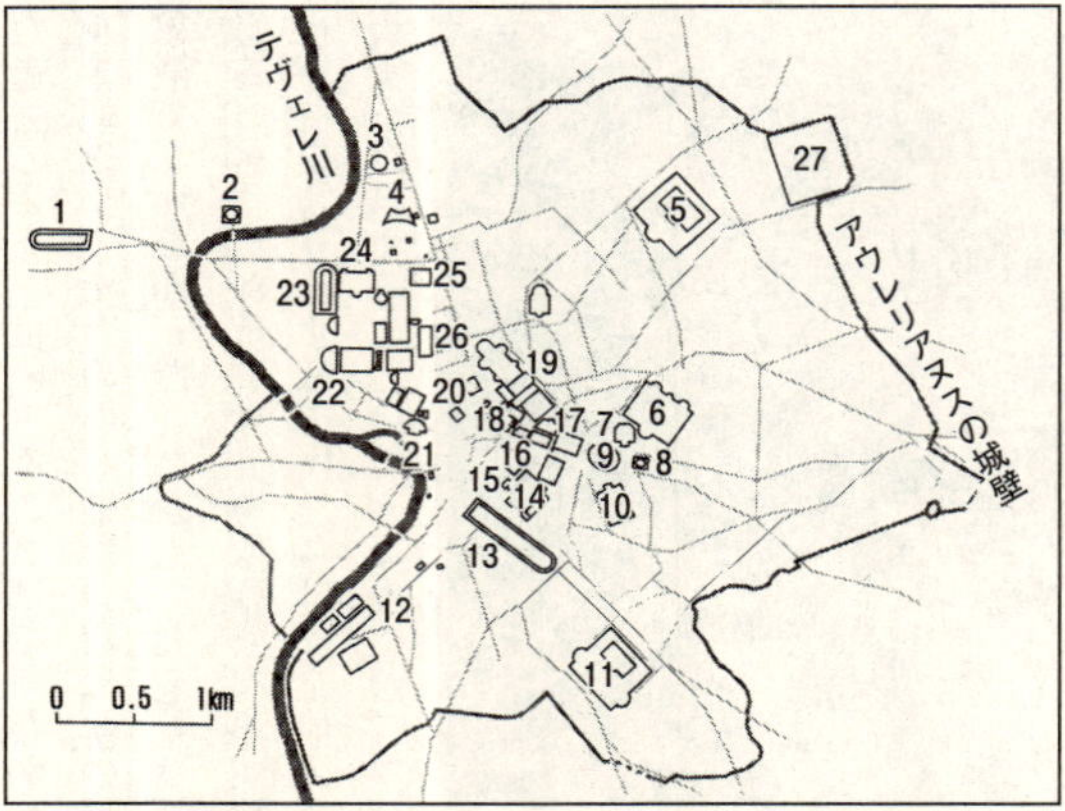

15　古代のローマ

1. カリグラとネロの競馬場　2. ハドリアヌス墓廟　3. アウグストゥス墓廟　4. アウグストゥスの日時計　5. ディオクレティアヌス浴場　6. トラヤヌス浴場　7. ティトゥス浴場　8. ルドゥス・マグヌス　9. コロッセウム　10. クラウディウス神殿　11. カラカラ浴場　12. ポルティクス・アエミリア　13. 大競馬場　14. ドムス・アウグスタナ　15. アポロ神殿　16. ドムス・ティベリアナ　17. ウェヌスとローマ神殿　18. フォルム・ロマヌム　19. 皇帝広場　20. ユピテル・カピトリヌス神殿　21. マルケルス劇場　22. ポンペイウス劇場　23. ドミティアヌス競馬場　24. ネロ浴場　25. ハドリアヌス神殿　26. ディウォルム　27. カストラ・プラエトリア

後半から皇帝の重要な仕事となっていた建造物の修理修復は、財政に大きな負担となっていた。ゲルマン人をはじめとする蛮族の脅威にさらされていながら、防衛条件に恵まれていない都ローマを維持することは大きな困難が見込まれた。さらに不利な条件としては、イタリア半島の生産性が、二世紀以来落ち込んでおり、古来の神殿が都の重要地点をすべて占拠していたことである。旧来の慣習にとらわれない、キリスト教という新しい理念による都市改造が不可能なほど都には過去の蓄積が累積していた。そのことを十分に認識していた皇帝はコンスタンティノポリスをローマに並ぶ首都とする決定を、三三〇年、下した。対等の地位にあるとはいえ一方は古い時代を象徴する異教徒の都であり、他方は新しい時代を推進するキリスト教徒の都である。遷都にもひとしい出来事であることは誰の目にも明らかであった。

カエサル以来の都ローマの歴史が、建物と都市に刻印されていることを前提としてたどってきた本書は、その前提が正しかったことを、コンスタンティヌスによる遷都によって証明されるという皮肉にいま遭遇している。その皮肉からは、これまで述べてきた皇帝たちも逃れることができない。栄光と事蹟を永遠に記念しようと建造した建物によって、ローマの栄光は終止符を打たれる結果となったからである。

しかし、壮大堅牢な遺構の存在によって、現代のわれわれは、わずかな知識と感性さえもちあわせれば、容易に古代最大の都ローマへ戻ることができるのである。皮肉と結論することが性急すぎることを教えてくれると同時に、古代の都ローマは、つねにわれわれとともにあることを教示している。人類があるかぎり存在する永遠の都なのである。

文庫版あとがき

本書が初めて読者の目に触れるようになったのが一九九二年なので三十年以上が経過したことになる。ちょうど一世代、というか変化の激しい現代では小さな時代が一つ過ぎていったともいえる。一九九〇年代はグローバル化が始まり、インターネットの商業化に伴い通信革命が意識されるようになった。新しい時代の到来を感じる一方、わが国ではバブルが崩壊して元気な日本というイメージが過去のものになりつつあった。小さな紛争は相変わらず地球のどこかで勃発していたが、クリントン大統領の登場とも相まって連携と融和の機運が国際社会に広まっていた。輝かしい人類の未来が決して幻想でないのかもしれない、そんな期待がいつもの儚い夢と片付けてしまう現実感を僅かに凌駕していた、そんな気分を持たせてくれた時代である。

しかし、二〇〇一年の九・一一が儚い夢さえ容赦なく潰してしまい、イラク戦争の勃発という現実に世界が直面せざるを得なくなった。二〇〇八年秋のリーマン・ショックは世界の金融システムと経済が密接に繋がっていることを負の側面から証明したにもかかわらず、連帯と互助に向かうのではなく個別主義への傾向を強めていった。

二〇一〇年に始まるアラブの春はいくつかのイスラム国に内政破綻をもたらした故にアラブの冬に化したともいえる。そして我が国は東日本大地震に見舞われ、福島第一原子力発電所事故が起こる。すでに十年以上が過ぎ外形の復興は進捗したが、この経験知を将来に役立てる知恵は顕在化していない。そして同じ二〇一一年の十月に世界人口が七十億に達した。六十一年前の一九五〇年の世界人口二十五億強と比較するなら驚異的というより爆発的な人口増である。地球の許容量を六割超過していると環境学者は言うので、地球全体が通勤電車の混雑率一六〇％の状態とも言える。

二〇一四年、ロシアによるクリミア併合が突如発表された直後に、シリアでイスラム国家ＩＳが国としての樹立を宣言し、この地域での混乱が一層深刻になった。

二〇一五年末に国連は持続可能な開発目標ＳＤＧｓを提唱した。ということは地球全体の持続可能な発展が怪しくなっているという自己評価でもある。それほどに宇宙船地球号は七十億という過剰な人口によって持続性を失いつつあり、地球全体にその軋みが現れてきた。二〇一九年末には新型コロナウィルスが発生し、瞬く間にパンデミック化したのもこの人口の稠密さによっている。

しかも二〇二二年二月二四日、ロシアのウクライナ侵攻という世界を驚かせる新たな局面が発生した。第二次世界大戦以降、さまざまな武力紛争や戦争が勃発したが、ロシアのような大国による他の主権国家の領土侵犯は初めてのこととして国際社会に大きな衝撃を与えた。世界大戦に発展しないように多くの国々が努力しているが、決して楽観できない状況が今も続いている。このような国際状況も影響してか、スウェーデンの機関によれば世界の国々を民主主義国家と強権主義国家とに区別したところ、二〇一九年には強権主義国家の方が多数を占めるようになったという。連携と融和の国際社会という三十年前の夢は跡形もなく、今や分断と対立の時代に入ってしまった。

本書を書き綴っていた頃、国際情勢を意識することなくただただ古代に没入していた。可能な限り客観的に古代の出来事とそれらによって見えてくる動静を記述し伝えることができさえすればそれでいいと考えていた。しかし、ローマ皇帝という権力者たちが営々と築き上げた都市ローマの記述を、現在のような厳しい国際情勢から全く無関係な状態のままにしておくことが果たして可能なのだろうか。古代という枠組みに限定しているとしても読者は古代都市と現代都市、そして都市整備に関与したそれぞれの権力者を比較したり関連づけたりするのではないだろうか。本書の改訂版を出版するにあたって、新たな認識を与えてくれたことに深く感謝したい。

解説　都市ローマでの古代との対話

陣内秀信

この地球のなかで「世界都市」という言葉が最もよく似合うのは、イタリアのローマに違いない。ギリシア文化を受け継ぎながら、地中海を中心に西アジア、北アフリカ、アルプス以北のヨーロッパまで版図を拡大し、その属州各地から豊富な物資、富と人材を集めたローマ帝国の首都として、経済的にも文化的にも繁栄を極めた巨大都市ローマ。この古代のローマは、帝国支配の権力装置としてのモニュメンタルな施設群から、市民の暮らしを支える各種の公共施設、娯楽施設、インフラ、住宅に至るまで、建築・土木の高度な技術を駆使し、近代そして現代の我々が享受する都市生活のあり方の多くを先取りするほどに、大きな発展を見せた。古代ローマが生んだ都市・建築の偉大な文化は、西洋のみならず世界の人々にとって、まさに古典的規範としての価値をもち続けてきた。

ローマはまた、古代末期の衰退から中世における都市の再生を経て、今度はキリスト教世界の中心都市として、ヴァティカンの教皇の強力なイニシアティヴのもと、古代の蓄積を宝に「永遠の都」の姿を創り上げた。世界中の人々がこのローマへ巡礼に訪れるようになった。キリスト教が大きく台頭し、市民権を得て、その後の発展の基礎をつくったのも帝政ローマ末期のローマだったのだ。都市ローマが今なお西洋のみか、世界の人々の心を捉える存在であり続ける背景には、歴史と深く結びつくこうした特別な理由がある。

*

本書は、考古学者として古代のイタリア、地中海を一貫して研究し、ポンペイから始まり今なおイタリアでの発掘調査で注目すべき成果をあげ続ける青柳正規氏が、該博な知識と溢れる情熱とで真正面から挑み、書き上げた古代ローマ都市の建設に関する通史の著作である。元々、三十年以上前に分厚い新書として刊行されたものだが、その二年前の一九九〇年に青柳氏は、文献学や測量、発掘調査といった先行研究の膨大な蓄積を礎として、ローマの古代遺跡や建造物の様式、装飾、歴史的背景などについて詳細に論じた学術書『古代都市ローマ』(中央公論美術出版)をすでに著しており、その成果をベースにしながら、ここでは新書にふさわしく自由なスタンスで自身のローマ論が存分に展開されている。

主役は、都ローマをつくった権力者、特に皇帝達である。彼らにとって、自らの功績と栄光を視覚的に示し、また市民からの支持や共感を得るためにも、様々な建造物、施設を現実のものとする造営事業は極めて重要な意味をもった。熾烈な権力闘争が、活発な建築競争を助長させもした。有能な指導者にとっては、都市の健全で望ましい発展を導く開発あるいは再生のための全体構想を描き、それを実現させることが重要な任務だった。本書は、それぞれの皇帝がいかなる野心をもってローマを眺め、様々な建物、施設の造営事業にどう取り組み実現したのかを丁寧に説き起こす。こうした建設、造営事業の連鎖と集積によって、古代都市ローマが創り上げられたダイナミックな過程が解き明かされる。発展成長期であれば開発・再開発の、成熟・衰退期であれば再開発・再生の歴史を描く内容となっていて、成熟社会に入った現代の視点から見ても興味深い。

＊

本書で次々に登場する皇帝達の造営事業の主な舞台となったエリアを具体的に追跡してみたい。掲載された図版の地図のそれぞれを今日の地図と重ね、さらに、できればパソコンでGoogle Earthのローマの画像を三次元に立ち上げて立体的に見比べると、現在の都市空間の様子とも重なり、リアリティが一層高まる。

都市の発展形成を読み解くには、縦軸（時間）に加え、横軸（空間）を考える必要がある。そのためにはまず、ローマが基礎条件として備える独特の地理的特徴を見ておきたい。著者の記述にも地形は重要ファクターとしてしばしば登場する。ローマは、七つの丘とテイベリス川（現テヴェレ川）、そして川の土砂の堆積で生まれた平坦地からなる。都市が誕生する前の原風景といえる。世界の重要な都市で、ローマほど都心に多くの丘があり、ダイナミックな凸凹地形を示すところは他にはない（唯一の例外が東京）。ローマは、基本的にこの地形＝自然条件を巧みに生かして個性的な都市を創り上げた。ただ、より地形を大切にしたギリシア都市と比べると、大きな経済力、技術力を手にしたローマだけに、必要に応じて大胆に丘を切り開き、また土地の造成によって巨大な建造物をつくるなど、都市を大規模に開発した興味深い事例についても著者は紹介している。

ローマの都心には、パラティヌス、カピトリヌス、アウェンティヌスをはじめ、いわゆるローマの七つの丘が分布する。古くはそれぞれの丘の上に分散的に人々が住んだが、一つの都市としてまとまるために、市民の集まる広場が必要となり、紀元前六世紀に、丘に囲まれた低地の沼沢地を干拓し、そのための大きな排水溝がつくられた。こうした生まれた広場が、本書に最も頻繁に登場する政治・行政・司法・商業の中心フォルム・ロマヌムである。紀元前四世紀初めには、ケルト人の侵略を教訓としてセルウィウス城壁が建設され、都市の安全性と一体感を高めた。

フォルム・ロマヌムには、王政期から共和政期までの歴史を証言する数多くの記念物がすでに並んでいた。ローマ社会を導く門閥派＝元老院の議事堂と民衆派＝民会の集会場が近接し、ヘゲモニー争いの場ともなった。特にカエサルの時代、広場を整然とした形に変える努力がなされ、初代皇帝のアウグストゥスがその事業を引き継いだ。本書で紹介される広場でのパフォーマスや出来事、例えば、西端のコンコルディア神殿の前の階段でキケロが人々に感動を与える演説を行った話、また、大きな円形闘技場がなかったカエサルの時代にここで剣闘士競技が開催された話は、広場の多彩な役割を物語っていて興味深い。後の皇帝達も神殿、凱旋門など新たなモニュメントを付け加え、自己顕示欲をまざまざと示した。

このフォルム・ロマヌム（現フォロ・ロマーノ）は十九世紀後半から発掘が進み、広い範囲に及ぶ遺跡として整備されている様子が上空からの写真を見るとよくわかる。都心にぽっかり空いた広大な土地に古代の様々な建造物の遺構がひしめくこの巨大遺跡の情景は、悠久の歴史を感じさせるローマならではといえる。

*

数多い丘のうち、宗教的、精神的に最も重要な意味をもつのが、フォルム・ロマヌムの西の高台に聳えるカピトリヌス丘で、王政期からアクロポリスの位置を占めた。その北側に城壁と一体化した要塞を配する一方、南側には共和政、帝政の時代を通じて、国家第一の格式をもつユピテル神殿が祀られた。特に、凱旋パレードの最終地点としてここで行われる生贄の儀式と戦利品の奉納は格別な意味をもった。高台に神域を創り低地の市民広場を見下ろすという、地形を活かした聖俗の二つの中心の配置は、古代アテネにおけるアクロポリスとアゴラの関係をより近づけて再現しているようにも見える。現在は神殿の大きな基礎の一部だけが残るに過ぎないが、このカピトリヌス丘（現カンピドリオ丘）の象徴性は中世以後も受け継がれた。ユピテル神殿の位置や向きとはややずれる形だが、この丘の東斜面を利用しフォルム・ロマヌムに向けて堂々とつくられていた公文書館（タブラリウム）の跡に、共和制の精神を宿す市庁舎が置かれた。さらに十六世紀には、その前面西側にミケランジェロ設計のカンピドリオ広場が登場して、ルネサンス・ローマの顔になっている。市役所で結婚式を挙げるカップルの華やかな姿を見ることもある。

フォルム・ロマヌムの南側にあるパラティヌス丘も本書によく登場する主役の一つだ。貴族が多く住んだが、ローマ発祥の地とする伝承が確立するに伴い、皇帝の権力と結びつく特権的な場所へと性格を変化させ、皇帝宮殿の建築群が段階を追って拡大した。Google Earthで見ると、パラティヌス丘（現パラティーノ丘）には広大な緑地の中に遺跡が多く存在し、北のフォルム・ロマヌム（現フォロ・ロマーノ）、東のコロッセウム（現コロッセオ）、南の大競技場も含めて、広大な考古学ゾーンが広がる様子に圧倒される。

その南の低地に登場した大競馬場の南にあるアウェンティヌス丘、さらには東側のカエリウス丘もまた庶民的な性格を本来もったが、後の時期に貴族の居住地に変化したという。一方、低地には庶民の集合住宅が建て込み、後の火災の被害を増幅することにもなった。

こうして、凸凹地形を特徴とするローマの中心部では、丘と低地の高低差と密接に絡みながら帝国の首都にふさわしい社会的・空間的なヒエラルキーが生まれたことが著者の解説から読み取れる。その状況は現在にも通じるように思える。

*

本書の記述にとって、フォルム・ロマヌムと並ぶ重要ゾーンは、城壁の北西の外に広がるカンプス・マルティウスである。蛇行するティベリス川と密接に結びついて形成された平坦なエリアだ。元は王家所有の放牧地で、共和政移行後も公有地として放牧・軍事訓練に使われた。手狭になった城壁の内側の旧市街地を拡大する必要から、前二世紀後半、新市街地として建設が始まったという。

ここで注目すべきは、権力の座についたポンペイウスが早い時期にこの地に実現した劇場と列柱回廊と四つの神殿からなるアーバンスケールの建築複合体だ。制約の少ない新天地に明快な東西軸にのるように設計されたため、その後の東西・南北軸を下敷きとする広域の都市計画を誘導する役割をもった、と青柳氏はその先見性を高く評価する。実際、後から続々と登場することになるアグリッパ浴場、パンテオン、ハドリアヌス神殿、ネロ浴場、さらにドミティアヌス競馬場（現在のナヴォナ広場）など、異なる権力者、皇帝によって造営されながら、どれも見事に東西・南北軸に乗っているのが注目される。

実は、このカンプス・マルティウスは、古代都市が衰退し、水道が廃棄されて高台が見捨てられた中世の時代にも、ティベリス川と井戸の水が使える好条件から人々が住み続けた意義深いエリアであり、ローマっ子が愛着をもつ場所なのだ。中世には、不要になった古代の大規模な施設は、人々の手で住宅など別の用途に分割転用される一方、その広場や大きな中庭には斜めや曲線の道が入り込むなど、古代の秩序が崩れ、独特の迷宮的な空間に変貌した。

このエリアをGoogle Earthで見てみると、中世以後も住み続けられた都市空間だけに、様々な時代の建物でぎっしり埋め尽くされ、緑はほとんどない。その中に、遺跡として存在感を見せているのが、先に見たポンペイウス劇場の東端の四つの神殿の跡だ。しかも、南北に四つ並ぶこれらの神殿は、著者が指摘した通り、見事に北に軸線をのばし、後に登場したアグリッパ浴場とパンテオンの軸に対応していることに驚かされる。今のカンプス・マルティウス（現カンポ・マルツィオ）の複雑に見える市街地の中に、本来存在した古代の空間秩序が浮かび上がるのは確かに新鮮だ。

＊

カンプス・マルティウスにあって、著者の筆により力が入るのが、パンテオンとその北のアウグストゥス墓廟を結ぶ南北軸を説明する箇所である。後の時代の発展が重なったため、このエリアの古代建造物で、今日までそのまま全体の形態を維持してきたものは限られる。最もよく原形を残し、訪ねる人の心を打つのが、ハドリアヌス帝のもとでつくられた巨大なパンテオンだ。中世以後、聖母マリアを祀る教会となって大切に使われ続けたからこそ、完璧にその全体をよく伝えている。

実はこのパンテオン、その前身の建物が、周辺の地域開発を進めたアグリッパによって建設されていた。水を供給するウィルゴ水道を背に、市街地の北限に立地し、そこから南に広がる新旧の市街地を眺望できたという。

すでに述べた丘に囲まれた旧市街の中心広場の場合、帝国の拡大によって手狭になったことを背景に、カエサル広場に始まり、アウグストゥス広場、さらにトラヤヌス広場と北側へ拡大したとはいえ、元祖のフォルム・ロマヌムは土地が限られていて、建物・施設の改造、建替え、隙間での新築を繰り返した。まさに都市の再開発、再生の論理を読み解く醍醐味がある。それに対し、青柳氏によるカンプス・マルティウスの記述には対照的に、新市街の拡大を見据えた権力者達による造営事業の展開の論理を見抜く面白さが感じ取れる。続くハドリアヌスの時代には、都市の領域の北への拡大がすでに見越されていた。そこで、新たなパンテオンは、入口を従来の南から北に付け替え、今後拓けるはずの都市の外側に軸を伸ばした。それがまさに、カンプス・マルティウスの北端に先につくられていたアウグストゥス墓廟に向かう象徴的な軸となったというのだ。

そもそも古代ローマの都市には、ポメリウムという宗教的な境界線が設けられ、その内側では武器を用いてはならず、また墓の建設も禁じられていた。その規則にのっとり、アウグストゥス墓廟も田園風景が続くカンプス・マルティウスの外れにポツンと建造されたのである。火葬場もその東に設けられた。この北に位置する墓廟に向けた軸線が引かれたことで、ハドリアヌスの抱くアウグストゥスへのリスペクトの意思が視覚的に示されたという興味深い解釈が示される。

こうした領域の拡大の話とも絡み、都市にとって城壁とは何か、本書の終盤を読んで改めて考えさせられた。古代都市ローマが城壁を二回建設したことはよく知られているが、実は、四世紀初めに建設された最初のセルウィウス城壁はアウグストゥスの時代に都市発展のために撤去され、その後、帝国が繁栄した長い期間、ローマには城壁は存在しなかったというのだ。平和・安全の維持のためには、はるか彼方の辺境に軍団を配することが得策なのであり、この帝国の首都ローマにとって城壁は必要なかったと著者は強調する。二つ目となるアウレリウス城壁がローマに建設されたのは、北方からの異民族侵入の危機が迫った三世紀の後半だった。やむなく構築されたこの高く堅固な城壁によって、象徴的な中心部、密度の高い集合住宅地、緑豊かな庭園や邸宅、そして田園へと連続的につながるローマの都市景観が一変し、その壮麗さが失われたと青柳氏は結論づける。

*

最後に、カンプス・マルティウスでの古代ローマの遺構のあり方で忘れられないものとして、一世紀につくられたドミティアヌス競馬場に触れておきたい。この民衆に熱狂の機会を提供した大施設も、城壁不在のよき時代に登場したことになる。本来の役割を終えた後、中世以後、長いU字形の観客席を支えた無数の平行な壁からなる都市組織の上にそのまま数階建ての住居群が建設され、中央の広場は庶民的な市場の機能をもった。バロック時代、立派な教会建築、オベリスク、噴水で飾られ、今の優雅なナヴォナ広場が完成し、ローマ市民の間で人気の場所となっている。著者の説明によれば、テヴェレ川が繰り返した氾濫による土砂の堆積で、帝政ローマ時代に比べ、この辺りの今の地盤はずっと高くなっているという。近年の発掘調査・整備によって、嬉しいことにこの競馬場の観客席を形づくった構造物とそのダイナミックな空間を、地下深い所まで降りて見学して回ることができる。現代都市の生活が営まれる市街地の真ん中で、こうして古代へのタイムスリップを経験できるのは、いかにもローマらしい。

青柳氏による本書の多岐にわたる内容のうち、私自身の専門と重なる都市・建築の形ある領域に焦点を当て、その記述から読み取れる幾つかの論点とその価値、意味について、現代のローマの状況とも重ねながら、自分なりの解説を試みてきた。古代都市ローマを読み解く醍醐味が少しでも多く伝われば幸いである。

私から見ても、ローマ最大の魅力はやはり、「古代との対話」ができる都市という点にある。ローマほど、古代の要素に包まれた現代都市は世界にない。地上に直接見える形で存在する圧倒的な数の古代の遺跡、遺構ばかりか、中世以後の活発な建設活動で建物の地下空間や壁の内部に隠れてしまった遺構に出会う機会もよくある。そして、失われた古代空間についても、青柳氏が示すような復元的な研究のおかげで、そのイメージを我々は体感できる。次にローマを訪ねる機会があれば、その前に是非この本をじっくり読み込み、学んでから出掛けたい。ローマという都市の見え方が驚くほど変わり、「古代との対話」がより深く何倍も楽しいものになるに違いない。

（じんない・ひでのぶ　法政大学名誉教授　建築史・都市史）

第6章

1, 2, 7, 10, 11. B. Andreae, 前掲書.

3. Fototeca Unione.

5. *Roma Antiqua*, 前掲書.

6. F. E. Brown, 前掲書.

9. S. A. Ivanoff and Ch. Hülsen, *Architektonische Studien III*, Berlin 1898.

第7章

1, 3, 6, 8. *EAA*.

2, 12. G. M. A. Hanfmann, *Roman Art*, New York 1970.

4, 5, 9. B. Andreae, 前掲書.

7, 13. B. Brizzi, 前掲書.

10. Alinari.

11. Th. Kraus, 前掲書.

15. 青柳正規ほか，小学館，前掲書.

12. Fototeca Unione.

14, 15, 16, 17, 18. E. La Rocca, *Ara Pacis Augustae*, Roma 1983（展覧会カタログ）.

19. M. Torelli, *Typology and Structure of Roman Historical Reliefs*, Ann Arbor 1982.

20. E. Buchner, Solarium Augusti und Ara Pacis, in *Röm. Mitt.* 83, 1976.

21. Fototeca Unione.

25. O. Richter, Der Castortempel am Forum Romanum, in *JdI* 13, 1898.

27. Fototeca Unione.

28. G. Lugli, *Roma antica, il centro monumentale*, Roma 1946.

29. *Città e architettura nella Roma imperiale*（*Analecta Romana 43*）, 1984 をもとに作製.

第3章

1, 5, 11. Th. Kraus, *Das Römische Weltreich*（*Propyläen*）, Berlin 1967.

2. L. Homo, *Rome impériale et l'urbanisme dans l'antiquité*, Paris 1951 をもとに作製.

4. Giraudon.

6, 8. *EAA*.

10. F. Coarelli, *Roma*（*Guida archeologica*）, Bari 1980.

第4章

3. Th. Kraus, 前掲書.

5, 6. *EAA*.

7. *Roma Antiqua*, 前掲書.

第5章

1. *Roma e l'Italia*, 前掲書.

2, 14. B. Andreae, 前掲書.

3, 4, 11. B. Brizzi, *Roma, i monumenti antichi*, Roma 1973.

10. M. Taliaferro Boatwright, *Hadrian and the City of Rome*, Princeton 1987 をもとに作製.

12. G. A. Mansuelli, *Roma e il mondo romano*, Torino 1981.

13. Th. Kraus, 前掲書.

16. Fototeca Unione.

挿図出典（出典が記されていない挿図は筆者による撮影または作製）

第１章

1. P. Veyne (ed.), *De l'Empire romain à l'an mil*, Paris 1985 をもとに作製.
2, 14, 32, 36. *Enciclopedia dell'arte antica classica e orientale* 9 vols., Roma 1958-66（以下 *EAA*）.
4, 34. F. E. Brown, *Roman Architecture*, New York 1961.
7. J. Charbonneaux, R. Martin, and F. Villard, *Grèce hellénistique*, Paris 1970.
8. Alinari.
10. Fototeca Unione.
16, 17, 18, 29. F. Coarelli, *Il Foro Romano*, Roma 1985.
19. B. Andreae, *Römische Kunst*, Freiburg 1973.
20. *Roma Antiqua*, Roma 1985（展覧会カタログ）.
23. V. Poulsen, *Les portraits Romains: Républiques et Dynastie Julienne*, Copenhague 1973.
24. 青柳正規ほか『ルーブルとパリの美術』第１巻，小学館　1987.
25. P. Zanker, *Augustus und die Macht der Bilder*, München 1990.
28. Ch. Hülsen, *Das Forum Romanum*, Rom 1904.
30. *Roma e l'Italia, radices imperii*, Milano 1990.
31. J. M. C. Toynbee, *Roman Historical Portraits*, London 1978.
33. R. Bianchi Bandinelli, *Roma: L'arte romana nel centro del potere*, Milano 1969.
37. E. Gjerstad, Il Comizio romano dell'età repubblicana, in *Opuscula Archeologica* 2, 1941.

第２章

1. J. M. C. Toynbee, 前掲書.
2, 23. Ch. Hülsen, 前掲書.
6. B. Andreae, 前掲書をもとに作製.
9. A. Boëthius and J. B. Ward-Perkins, *Etruscan and Roman Architecture*, Harmondsworth 1970.
11, 31. P. Zanker, 前掲書.

G. Panimolle, *Gli acquedotti di Roma antica* I-II, Roma 1984.
S. B. Platner and Th. Ashby, *A Topographical Dictionary of Ancient Rome*, Oxford 1929.
S. Settis (ed.), *La Colonna Traiana*, Torino 1988.
C. L. Urlichs (ed.), *Codex urbis Romae topographicus*, Wirceburgi 1871.
P. Zanker, *Forum Romanum, Die Neugestaltung durch Augustus*, Tübingen 1972.
P. Zanker, *Augustus und die Macht der Bilder*, München 1990.
青柳正規『古代都市ローマ』中央公論美術出版, 1990.

参考文献

C. M. Amici, *Foro di Traiano, Basilica Ulpia e Biblioteche*, Roma 1982.

Th. Ashby, *The Aqueducts of Ancient Rome*, Oxford 1935.

G. Becatti, *La colonna coclide istoriata*, Roma 1960.

M. E. Blake, *Ancient Roman Construction in Italy from the Prehistoric Period to Augustus*, Washington 1947.

M. T. Boatwright, *Hadrian and the City of Rome*, Princeton 1987.

A. Boëthius, *The Golden House of Nero*, Ann Arbor 1960.

F. C. Bourne, *The Public Works of the Julio-Claudians and Flavians*, Princeton 1946.

R. Brilliant, *The Arch of Septimius Severus in the Roman Forum* (*MAAR* 29), Rome 1967.

E. Brödner, *Untersuchungen an den Caracallathermen*, Berlin 1951.

G. Carettoni, A. M. Colini, L. Cozza, and G. Gatti, *La pianta marmorea di Roma antica* (*Forma Urbis Romae*), Roma 1960.

F. Castagnoli, *Topografia e urbanistica di Roma antica*, Bologna 1969.

F. Coarelli, *Roma* (*Guida Archeologica*), Roma 1980.

F. Coarelli, *Foro Romano* I-II, Roma 1983-85.

K. De Fine Licht, *The Rotunda in Rome* (*Jutland Archaeological Society* 8), Århus 1968.

C. F. Giuliani and P. Verduchi, *L'area centrale del Foro Romano*, Firenze 1987.

E. Gjerstad, Il Comizio Romano dell'età repubblicana, in *Opuscula Archaeologica* 2, 1941, p.97ff.

J. A. Hanson, *Roman Theater-Temples*, Princeton 1959.

L. Homo, *Rome impériale et l'urbanisme dans l'antiquité*, Paris 1971.

Ch. Hülsen, *Das Forum Romanum*, Rom 1904.

Ch. Hülsen, *Topographie der Stadt Rom im Alterthum* I-3, Berlin 1907.

H. Jordan, *Topographie der Stadt Rom im Alterthum* I-1, 2, II, Berlin 1871-85.

G. Lugli, *I monumenti antichi di Roma e suburbio* I-IV, Roma 1930-40.

G. Lugli, *Roma antica, Il centro monumentale*, Roma 1946.

G. Lugli, *Monumenti minori del Foro Romano*, Roma 1947.

本書は、一九九二年に中央公論社より中公新書として刊行された。

植物記　牧野富太郎
万葉集の草花から「満州国」の紋章まで、博識な著者の珠玉の自選エッセイ集。独学で植物学を学んだ日々など自らの生涯もユーモアを交えて振り返る。

花物語　牧野富太郎
自らを「植物の精」と呼ぶほどの草木への愛情。その眼差しは学問知識にとどまらず、植物を社会に生かす道へと広がる。碩学晩年の愉しい随筆集。

クオリア入門　茂木健一郎
〈心〉を支えるクオリアとは何か。ニューロンの発火から意識が生まれるまでの過程の解明に挑む。心脳問題について具体的な見取り図を描く好著。

柳宗民の雑草ノオト　柳宗民・文　三品隆司・画
雑草は花壇や畑では厄介者。でも、よく見れば健気で可愛い。美味しいもの、薬効を秘めるものもある。カラー図版と文で60の草花を紹介する。

唯脳論　養老孟司
人工物に囲まれた現代人は脳の中に住む。脳とは檻なのか。情報器官としての脳を解剖し、ヒトとは何かを問うスリリングな論考。（澤口俊之）

スモールワールド・ネットワーク〔増補改訂版〕　ダンカン・ワッツ　辻竜平／友知政樹訳
たった6つのステップで、世界中の人々はつながっている！　ウィルスの感染拡大、文化の流行など様々な現象に潜むネットワークの数理を解き明かす。

ローマ帝国衰亡史（全10巻）　E・ギボン　中野好夫／朱牟田夏雄／中野好之訳
ローマが倒れる時、世界もまた倒れるといわれた強大な帝国は、なぜ滅亡したのか。一世紀から一五世紀までの壮大なドラマを、最高・最適の訳でおくる。

史記（全8巻）　司馬遷　小竹文夫／小竹武夫訳
中国歴史書の第一に位する「史記」全訳。帝王の本紀十二巻、封建諸侯の世家三十巻、庶民の列伝七十巻。さらに書・表十八巻より成る。

正史 三国志（全8巻）　陳寿　裴松之注　今鷹真ほか訳
後漢末の大乱から呉の滅亡に至る疾風怒濤の百年弱を列伝体で活写する。厖大な裴注をも全訳し、詳注、解説、地図、年表、人名索引ほかを付す。

ディスコルシ
ニッコロ・マキァヴェッリ
永井三明 訳
ローマ帝国はなぜあれほどまでに繁栄しえたのか。その鍵は〝ヴィルトゥ〟。パワー・ポリティクスの教祖が、したたかに歴史を解読する。

戦争の技術
ニッコロ・マキァヴェッリ
服部文彦 訳
出版されるや否や各国語に翻訳された最強にして安全な軍隊の作り方。この理念により創設された新生フィレンツェ軍は一五〇九年、ピサを奪回する。

マクニール世界史講義
ウィリアム・H・マクニール
北川知子 訳
ベストセラー『世界史』の著者が人類の歴史を読み解くための三つの視点を易しく語る白熱の入門講義。本物の歴史感覚を学べます。文庫オリジナル。

古代ローマ旅行ガイド
フィリップ・マティザック
安原和見 訳
タイムスリップして古代ローマを訪れるなら? そんな想定で作られた前代未聞のトラベル・ガイド。必見の名所・娯楽ほか情報満載。カラー頁多数。

古代アテネ旅行ガイド
フィリップ・マティザック
安原和見 訳
古代ギリシャに旅行できるなら何を観て何を食べる? そうだソクラテスにも会ってみよう! 神殿等の名所・娯楽ほか現地情報満載。カラー図版多数。

古代ローマ帝国軍非公式マニュアル
フィリップ・マティザック
安原和見 訳
帝国は諸君を必要としている! ローマ軍兵士として必要な武器、戦闘訓練、敵の攻略法等々、超実践的な詳細ガイド。血沸き肉躍るカラー図版多数。

世界市場の形成
松井透
世界システム論のウォーラーステイン、グローバルヒストリーのポメランツに先んじて、各世界が接続される過程を描いた歴史的名著を文庫化。(秋田茂)

甘さと権力
シドニー・W・ミンツ
川北稔/和田光弘訳
砂糖は産業革命の原動力となり、その甘さは人々のアイデンティティや社会構造をも変えていった。モノから見る世界史の名著をついに文庫化。(川北稔)

スパイス戦争
ジャイルズ・ミルトン
松浦伶 訳
大航海時代のインドネシア、バンダ諸島。欧州では黄金より高価な香辛料ナツメグを巡り、英・蘭の男たちが血みどろの戦いを繰り広げる。(松園伸)

共産主義黒書〈ソ連篇〉
ステファヌ・クルトワ／ニコラ・ヴェルト
外川継男訳

史上初の共産主義国家〈ソ連〉は、大量殺人・テロル・強制収容所を統治形態にまで高めた。レーニン以来行われてきた犯罪を赤裸々に暴いた衝撃の書。

共産主義黒書〈アジア篇〉
ステファヌ・クルトワ／ジャン＝ルイ・マルゴラン
高橋武智訳

アジアの共産主義国家は抑圧政策においてソ連以上の悲惨を生んだ。中国、北朝鮮、カンボジアなどでの実態は我々に歴史の重さを突き付けてやまない。

ヨーロッパの帝国主義
アルフレッド・W・クロスビー
佐々木昭夫訳

15世紀末の新大陸発見以降、ヨーロッパ人はなぜ次々と植民地を獲得できたのか。病気や動植物に着目して帝国主義の謎を解き明かす。（川北稔）

民のモラル
近藤和彦

統治者といえど時代の約束事に従わざるをえなかった18世紀イギリス。新聞記事や裁判記録、ホーガースの風刺画などから騒擾と制裁の歴史をひもとく。

台湾総督府
黄昭堂

清朝中国から台湾を割譲させた日本は、新たな統治機関として台北に台湾総督府を組織した。抵抗と抑圧と建設。植民地統治の実態を追う。（檜山幸夫）

新版 魔女狩りの社会史
ノーマン・コーン
山本通訳

「魔女の社会」は実在したのだろうか？ 資料を精確に読み解き、「魔女」にまつわる言説がどのように形成されたのかを明らかにする。（黒川正剛）

増補 大衆宣伝の神話
佐藤卓己

祝祭、漫画、シンボル、デモなど政治の視覚化は大衆の感情をどのように動員したか。ヒトラーが学んだプロパガンダを読み解く「メディア史」の出発点。

ユダヤ人の起源
シュロモー・サンド
高橋武智監訳
佐々木康之／木村高子訳

〈ユダヤ人〉はいかなる経緯をもって成立したのか。歴史記述の精緻な検証によって実像に迫り、そのアイデンティティを根本から問う画期的試論。

中国史談集
澤田瑞穂

皇帝、彫青、男色、刑罰、宗教結社など中国裏面史を彩った人物や事件を中国文学の碩学が独自の視点で解き明かす。怪力乱「神」をあえて語る！（堀誠）

ヨーロッパとイスラーム世界
R・W・サザン
鈴木利章訳

〈無知〉から〈洞察〉へ。キリスト教文明とイスラーム文明との関係を西洋中世にまで遡って考察し、読者に歴史的見通しを与える名講義。（山本芳久）

消費社会の誕生
ジョオン・サースク
三好洋子訳

グローバル経済は近世イギリスの新規起業が生み出した！　産業が多様化し雇用と消費が拡大する産業革命前夜を活写した名著を文庫化。（山本浩司）

図説　探検地図の歴史
R・A・スケルトン
増田義郎／信岡奈生訳

世界はいかに〈発見〉されていったか。人類の知が全地球を覆っていく地理的発見の歴史を、時代ごとの地図に沿って描き出す。貴重図版二〇〇点以上。

レストランの誕生
レベッカ・L・スパング
小林正巳訳

革命期、突如パリに現れたレストラン。なぜ生まれ、なぜ人気のスポットとなったのか？　その秘密を膨大な史料から複合的に描き出す。（関口涼子）

ブラッドランド（上）
ティモシー・スナイダー
布施由紀子訳

ウクライナ、ポーランド、ベラルーシ、バルト三国。西側諸国とロシアに挟まれた地で起こった未曾有の惨劇。知られざる歴史を暴く世界的ベストセラー。

ブラッドランド（下）
ティモシー・スナイダー
布施由紀子訳

民間人死者一四〇〇万。その事実は冷戦下で隠蔽され、さらなる悲劇をもたらした――。圧倒的讃辞を集めた大著、新版あとがきを付して待望の文庫化。

奴隷制の歴史
ブレンダ・E・スティーヴンソン
所康弘訳

全世界に満遍なく存在する奴隷制。その制度のもっとも嫌悪すべき頂点となったアメリカ合衆国の奴隷制を中心に、非人間的な狂気の歴史を綴る。

同時代史
タキトゥス
國原吉之助訳

古代ローマの暴帝ネロ自殺のあと内乱が勃発。絡みあう人間ドラマ、陰謀、凄まじい政争を、臨場感あふれる鮮やかな描写で展開した大古典。（本村凌二）

明の太祖　朱元璋
檀上寛

貧農から皇帝に上り詰め、巨大な専制国家の樹立に成功した朱元璋。十四世紀の中国の社会状況を読み解きながら、元璋を皇帝に導いたカギを探る。

専制国家史論　足立啓二

封建的な共同団体性を欠いた専制国家・中国。歴史的にこの国はいかなる展開を遂げてきたのか。中国の特質と世界の行方を縦横に考察した比類なき論考。

暗殺者教国　岩村忍

政治外交手段として暗殺をくり返したニザリ・イスマイリ教国。広大な領土を支配したこの国の奇怪な活動を支えた教義とは？（鈴木規夫）

増補 魔女と聖女　池上俊一

魔女狩りの嵐が吹き荒れた中近世、美徳と超自然的力により崇められる聖女も急増する。女性嫌悪と礼賛の熱狂へ人々を駆りたてたものの正体に迫る。

ムッソリーニ　ロマノ・ヴルピッタ

統一国家となって以来、イタリア人が経験した激動の歴史。その象徴ともいうべき指導者の実像とは。既成のイメージを刷新する画期的ムッソリーニ伝。

資本主義と奴隷制　エリック・ウィリアムズ　中山毅訳

産業革命は勤勉と禁欲と合理主義の精神などではなく、黒人奴隷の血と汗がもたらしたことを告発した歴史的名著。待望の文庫化。（川北稔）

文天祥　梅原郁

モンゴル軍の入寇に対し敢然と挙兵した文天祥。宋王朝に忠義を捧げ、刑場に果てた生涯を、宋代史研究の泰斗が厚い実証とともに活写する。（小島毅）

歴史学の擁護　リチャード・J・エヴァンズ　今関恒夫／林以知郎／與田純訳

ポストモダニズムにより歴史学はその基盤を揺るがされた。学問を擁護すべく著者は問題を再考し、論議を投げかける。原著新版の長いあとがきも訳出。

増補 中国「反日」の源流　岡本隆司

「愛国」が「反日」と結びつく中国。この心情は何に由来するのか。近代史の大家が20世紀の日中関係を解き、中国の論理を描き切る。（五百旗頭薫）

中国の城郭都市　愛宕元

邯鄲古城、長安城、洛陽城、大都城など、中国の城郭都市の構造とその機能の変遷を、史料・考古資料をもとに紹介する類のない入門書。（角道亮介）

空間の経験　イーフー・トゥアン　山本浩訳
人間にとって空間と場所とは何か？　それはどんな経験なのか？　基本的なモチーフを提示する空間論の必読図書。（A・ベルク／小松和彦）

個人空間の誕生　イーフー・トゥアン　阿部一訳
広間での雑居から個室住まいへ。回し食いから個々人用食器の成立へ。多様なかたちで起こった「空間の分節化」を通覧し、近代人の意識の発生をみる。

自然の家　フランク・ロイド・ライト　富岡義人訳
いかにして人間の住まいと自然は調和をとりうるか。建築家F・L・ライトの思想と美学が凝縮された名著を新訳。最新知見をもりこんだ解説付。

マルセイユのユニテ・ダビタシオン　ル・コルビュジエ　山名善之／戸田穣訳
近代建築の巨匠による集合住宅ユニテ・ダビタシオン。そこには住宅から都市まで、ル・コルビュジエの思想が集約されていた。充実の解説付。

都市への権利　アンリ・ルフェーヴル　森本和夫訳
都市現実は我々利用者のためにある！――産業化社会に抗するシチュアシオニスム運動の中、人間の主体性に基づく都市を提唱する。（南後由和）

場所の現象学　エドワード・レルフ　高野岳彦／阿部隆／石山美也子訳
〈没場所性〉が支配する現代において〈場所のセンス再生の可能性〉はあるのか。空間創出行為を実践的に理解しようとする社会的場所論の決定版。

装飾と犯罪　アドルフ・ロース　伊藤哲夫訳
近代建築の先駆的な提唱者ロース。有名な「装飾は犯罪である」をはじめとする痛烈な文章の数々に、モダニズムの強い息吹を感じさせる代表的論考集。

朝鮮の膳／朝鮮陶磁名考　浅川巧
李朝工芸に関する比類なき名著として名高い二冊を合本し、初文庫化。読めば朝鮮半島の人々の豊かな暮らしぶりが浮かび上がってくる。（杉山享司）

増補　20世紀写真史　伊藤俊治
写真の歴史を通じて、20世紀の感受性と人間という概念の運命を浮かび上がらせた名著が、21世紀以降までの新しい道筋を書下し大幅増補して刊行。

反オブジェクト　隈研吾

自己中心的で威圧的な建築を批判したかった——思想史的な検討を通し、新たな可能性を探る。いま最も世界の注目を集める建築家の思考と実践！

新・建築入門　隈研吾

「建築とは何か」という困難な問いに立ち向かい、建築様式の変遷と背景にある思想の流れをたどりつつ、思考を積み重ねる。書下ろし自著解説を付す。

錯乱のニューヨーク　レム・コールハース　鈴木圭介訳

過剰な建築的欲望が作り出したニューヨーク／マンハッタンを総合的・批判的にとらえる伝説の名著。本書を読まずして建築を語るなかれ！（磯崎新）

S, M, L, XL+　レム・コールハース　太田佳代子／渡辺佐智江訳

世界的建築家の代表作がついに！　伝説の書のコア・エッセイにその後の主要作を加えた日本版オリジナル編集。彼の思索のエッセンスが詰まった一冊。

東京都市計画物語　越澤明

関東大震災の復興事業から東京オリンピックに向けての都市改造まで、四〇年にわたる都市計画の展開と挫折をたどりつつ新たな問題を提起する。

グローバル・シティ　サスキア・サッセン　伊豫谷登士翁監訳　大井由紀／髙橋華生子訳

世界の経済活動は分散したのではない、特権的な大都市に集中したのだ。国民国家の枠組みを超えて発生する世界の新秩序と格差拡大を暴く衝撃の必読書。

東京の空間人類学　陣内秀信

東京、このふしぎな都市空間を深層から探り、明快に解読した定番本。基層の地形、江戸の記憶、近代の都市造形が、ここに甦る。図版多数。（川本三郎）

大名庭園　白幡洋三郎

小石川後楽園、浜離宮等の名園では、多種多様な社交が繰り広げられていた。競って造られた庭園の姿に迫りヨーロッパの宮殿とも比較。（尼崎博正）

東京の地霊《ゲニウス・ロキ》　鈴木博之

日本橋室町、紀尾井町、上野の森……。その土地に堆積した数奇な歴史・固有の記憶を軸に、都内13カ所の土地を考察する「東京物語」。（藤森照信／石山修武）

ちくま学芸文庫

皇帝《こうてい》たちの都《みやこ》ローマ
都市《とし》に刻《きざ》まれた権力者像《けんりょくしゃぞう》

二〇二四年九月十日　第一刷発行

著者　青柳正規（あおやぎ・まさのり）
発行者　増田健史
発行所　株式会社　筑摩書房
東京都台東区蔵前二―五―三　〒一一一―八七五五
電話番号　〇三―五六八七―二六〇一（代表）
装幀者　安野光雅
印刷所　星野精版印刷株式会社
製本所　株式会社積信堂

ISBN978-4-480-51250-5 C0122